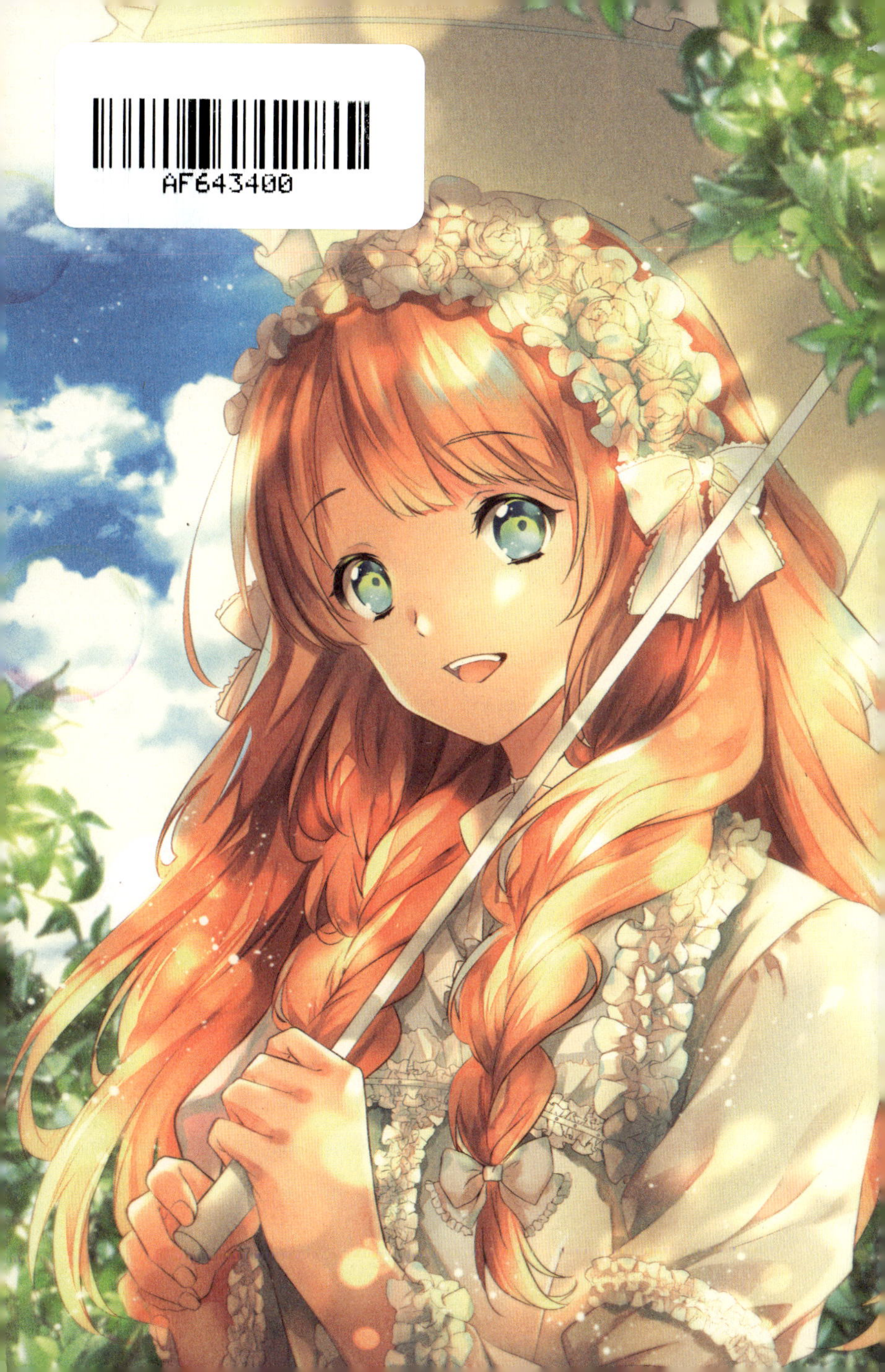

AF643400

# HÜTERIN DER DRACHEN

## Inhalt

1

Kapitel 1
3

Kapitel 2
37

Kapitel 3
57

Kapitel 4
75

Kapitel 5
97

Kapitel 6
115

Neues Romankapitel:
Das Getuschel der Hausmädchen
145

Nachwort
158

Bonus
160

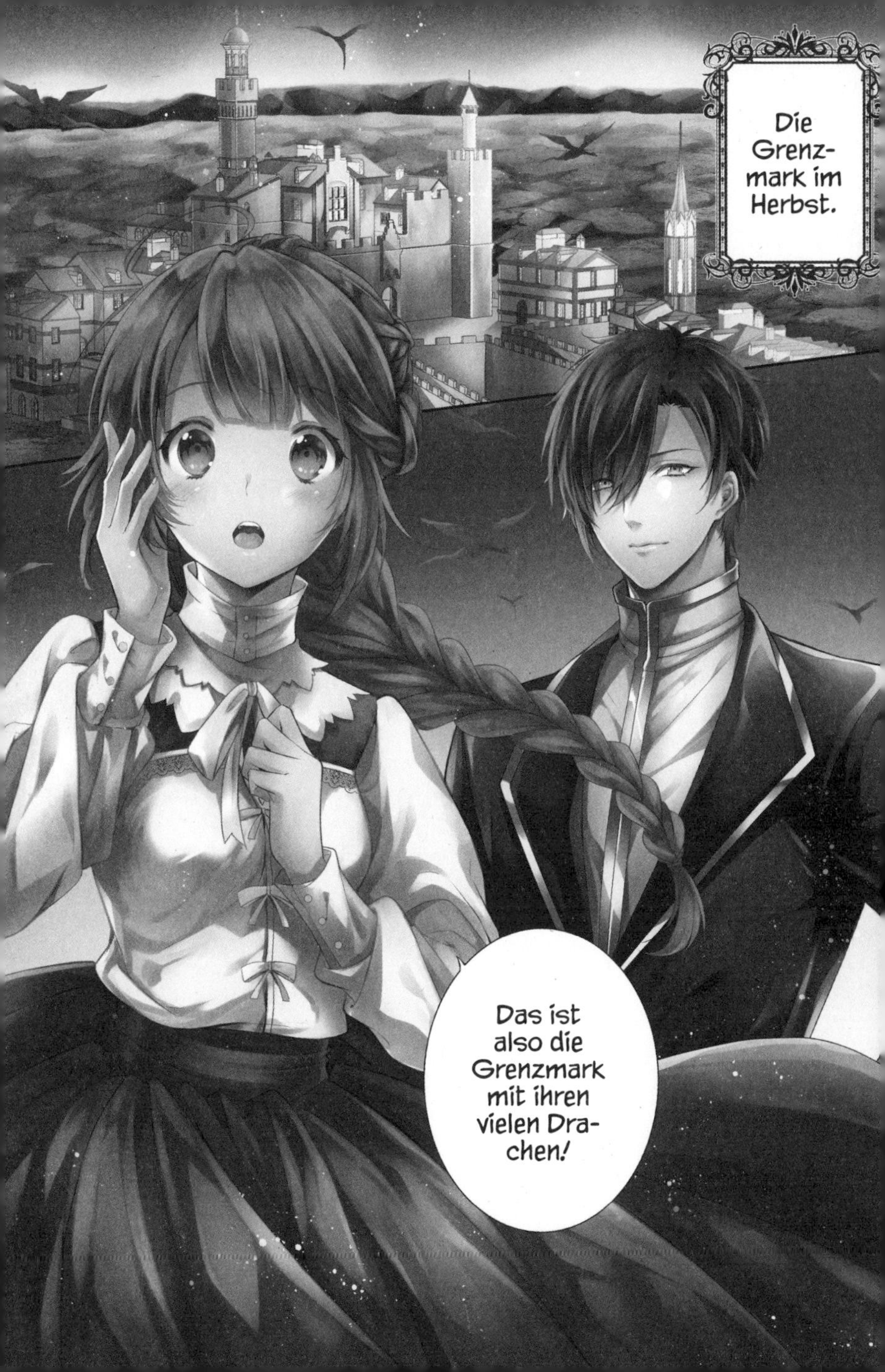
Die Grenzmark im Herbst.
Das ist also die Grenzmark mit ihren vielen Drachen!

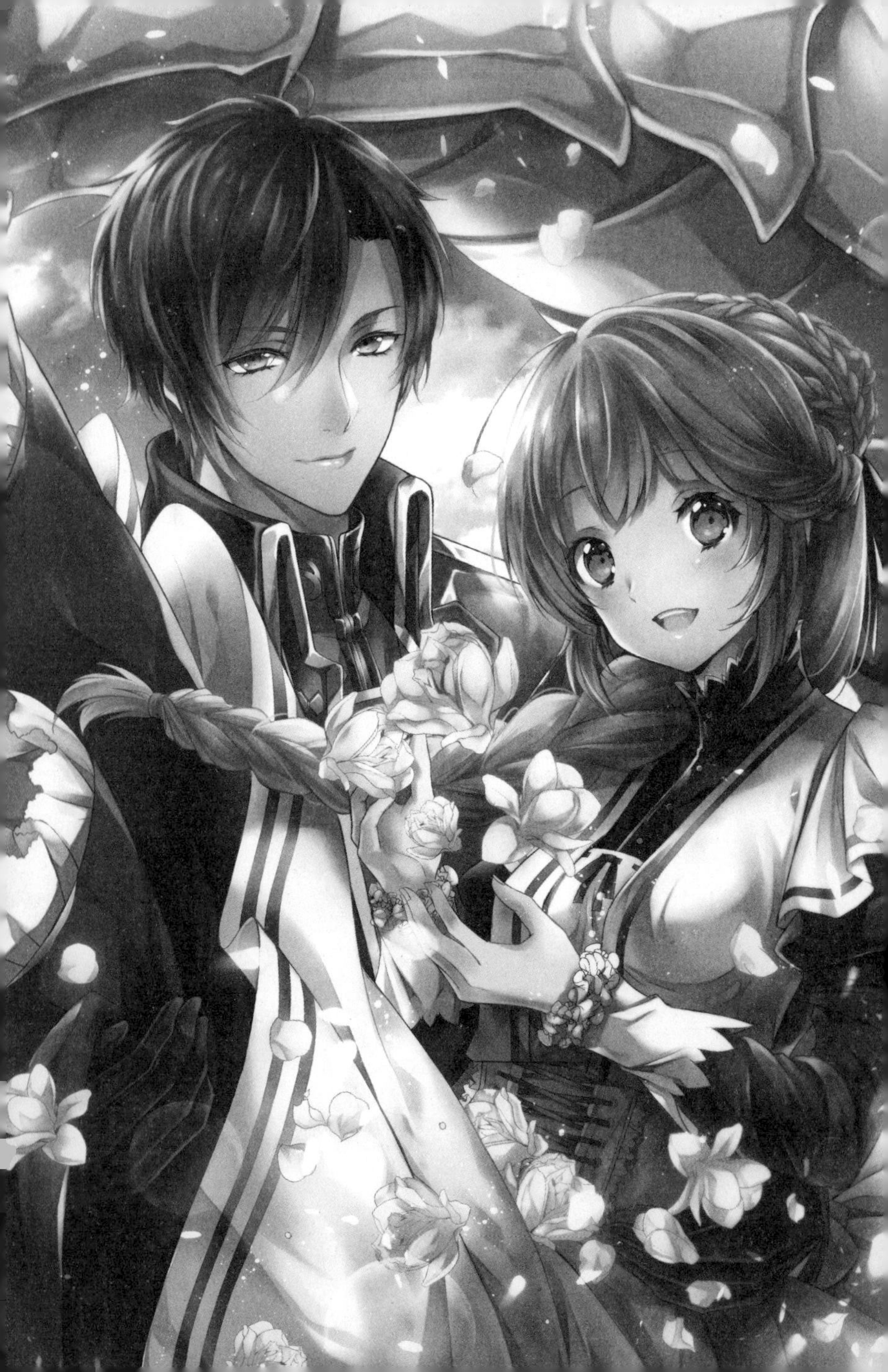

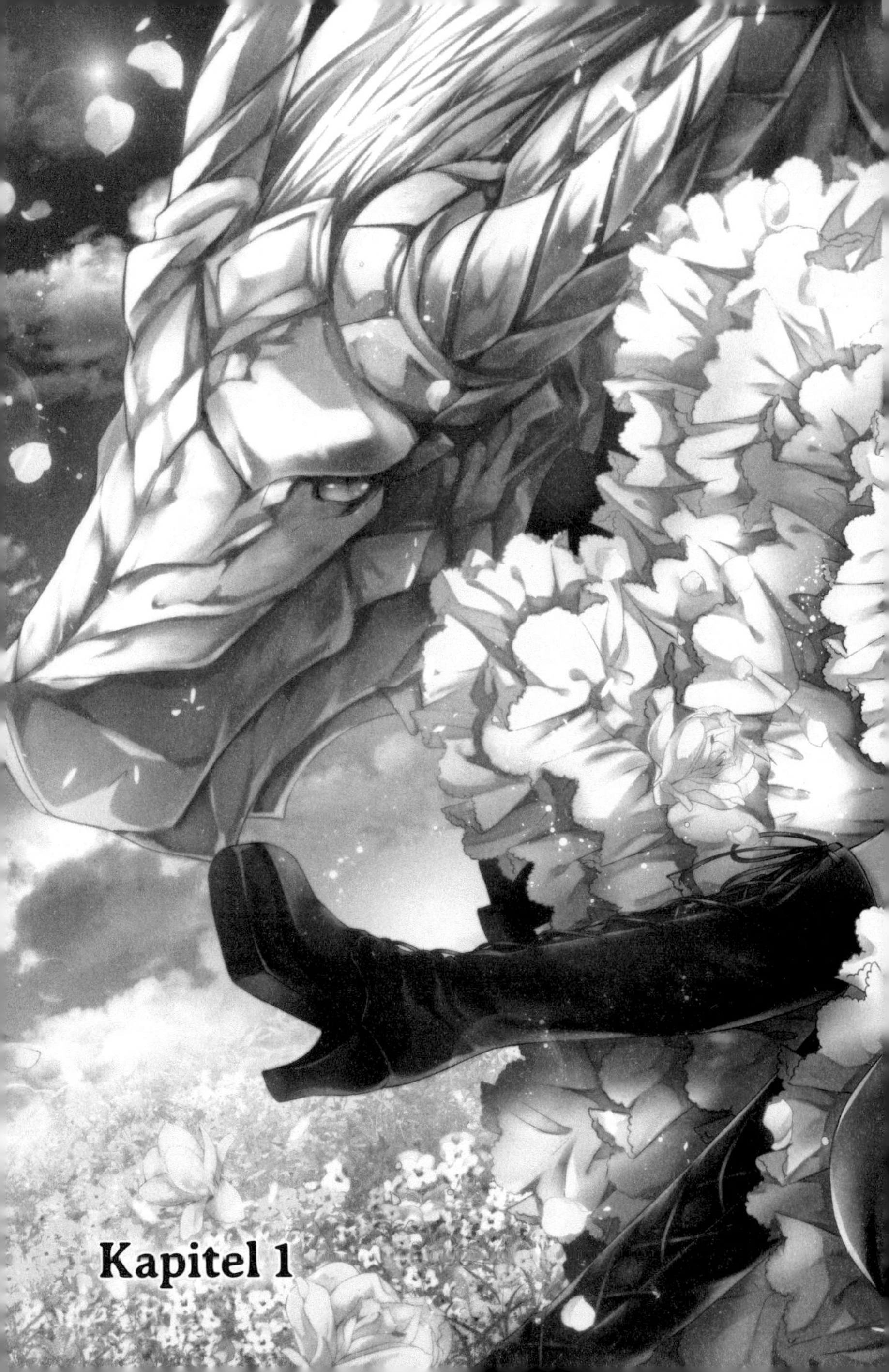

# Kapitel 1

HÜTERIN
DER
DRACHEN

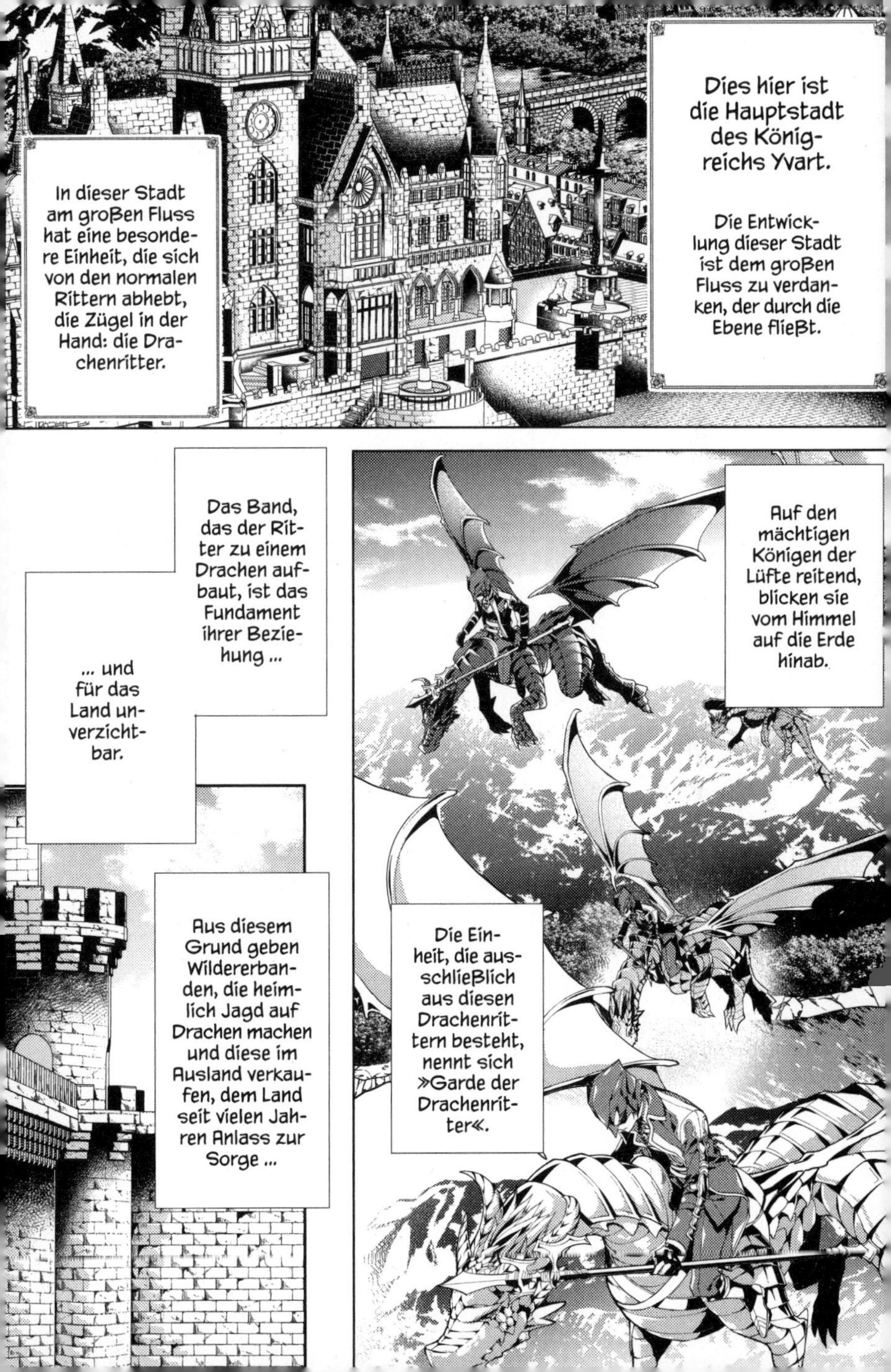
Dies hier ist die Hauptstadt des Königreichs Yvart.
Die Entwicklung dieser Stadt ist dem großen Fluss zu verdanken, der durch die Ebene fließt.
In dieser Stadt am großen Fluss hat eine besondere Einheit, die sich von den normalen Rittern abhebt, die Zügel in der Hand: die Drachenritter.
Auf den mächtigen Königen der Lüfte reitend, blicken sie vom Himmel auf die Erde hinab.
Das Band, das der Ritter zu einem Drachen aufbaut, ist das Fundament ihrer Beziehung ...
... und für das Land unverzichtbar.
Die Einheit, die ausschließlich aus diesen Drachenrittern besteht, nennt sich »Garde der Drachenritter«.
Aus diesem Grund geben Wildererbanden, die heimlich Jagd auf Drachen machen und diese im Ausland verkaufen, dem Land seit vielen Jahren Anlass zur Sorge ...

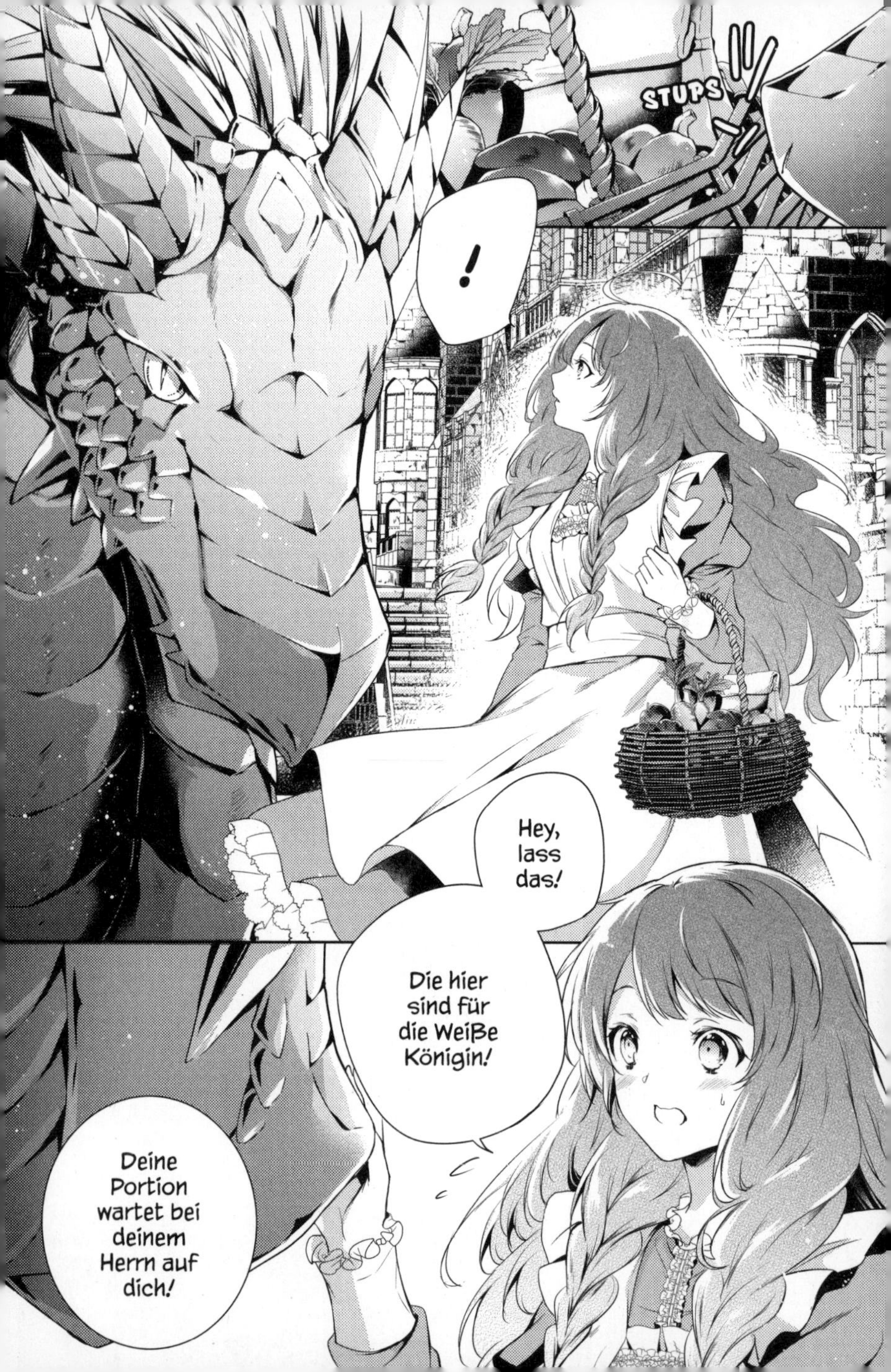
STUPS
!
Hey, lass das!
Die hier sind für die Weiße Königin!
Deine Portion wartet bei deinem Herrn auf dich!

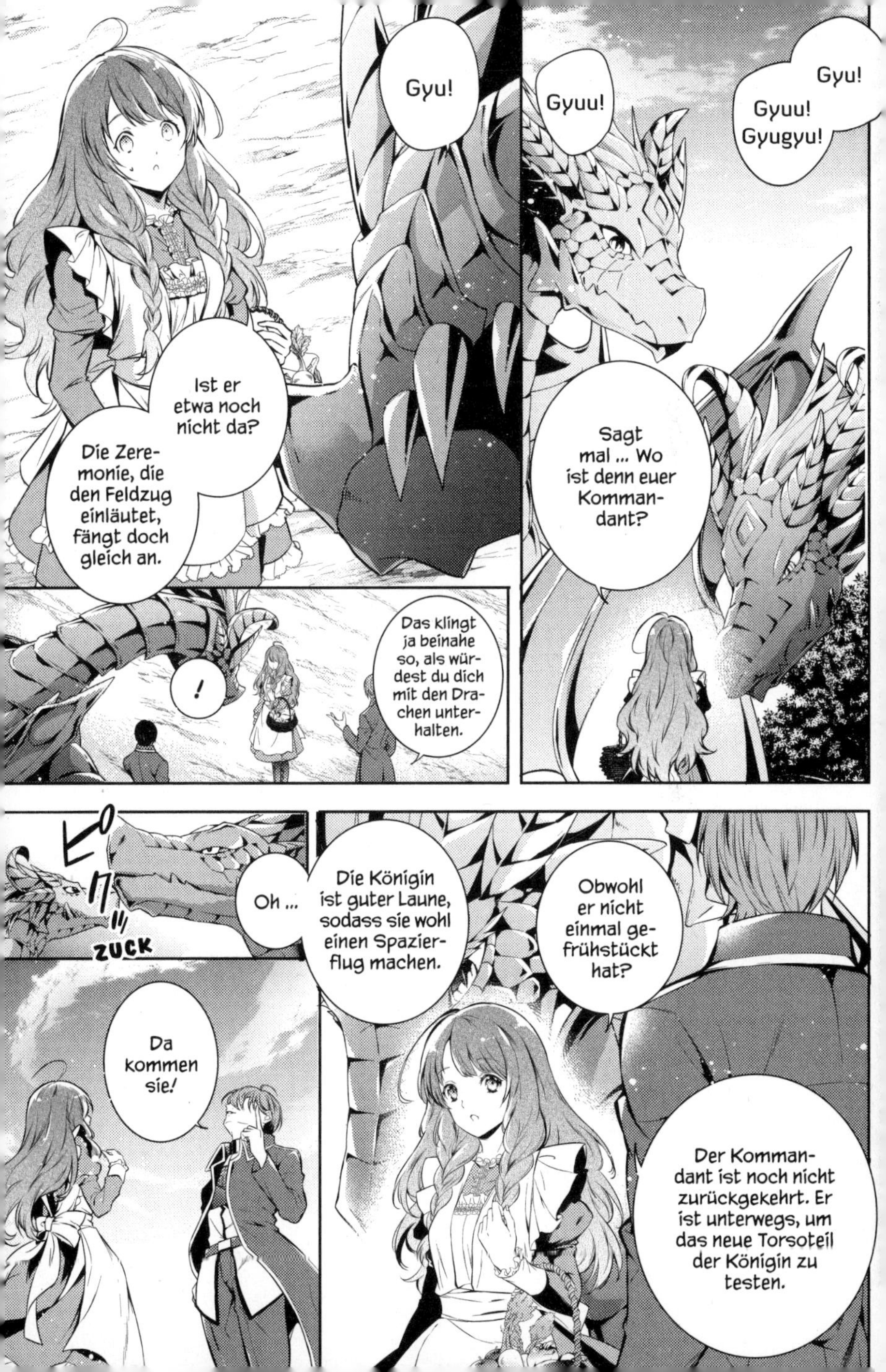
Gyu!
Gyuu!
Gyugyu!
Gyuu!
Gyu!
Sagt mal ... Wo ist denn euer Kommandant?
Ist er etwa noch nicht da?
Die Zeremonie, die den Feldzug einläutet, fängt doch gleich an.
Das klingt ja beinahe so, als würdest du dich mit den Drachen unterhalten.
!
Obwohl er nicht einmal gefrühstückt hat?
Die Königin ist guter Laune, sodass sie wohl einen Spazierflug machen.
Oh ...
ピク
ZUCK
Der Kommandant ist noch nicht zurückgekehrt. Er ist unterwegs, um das neue Torsoteil der Königin zu testen.
Da kommen sie!

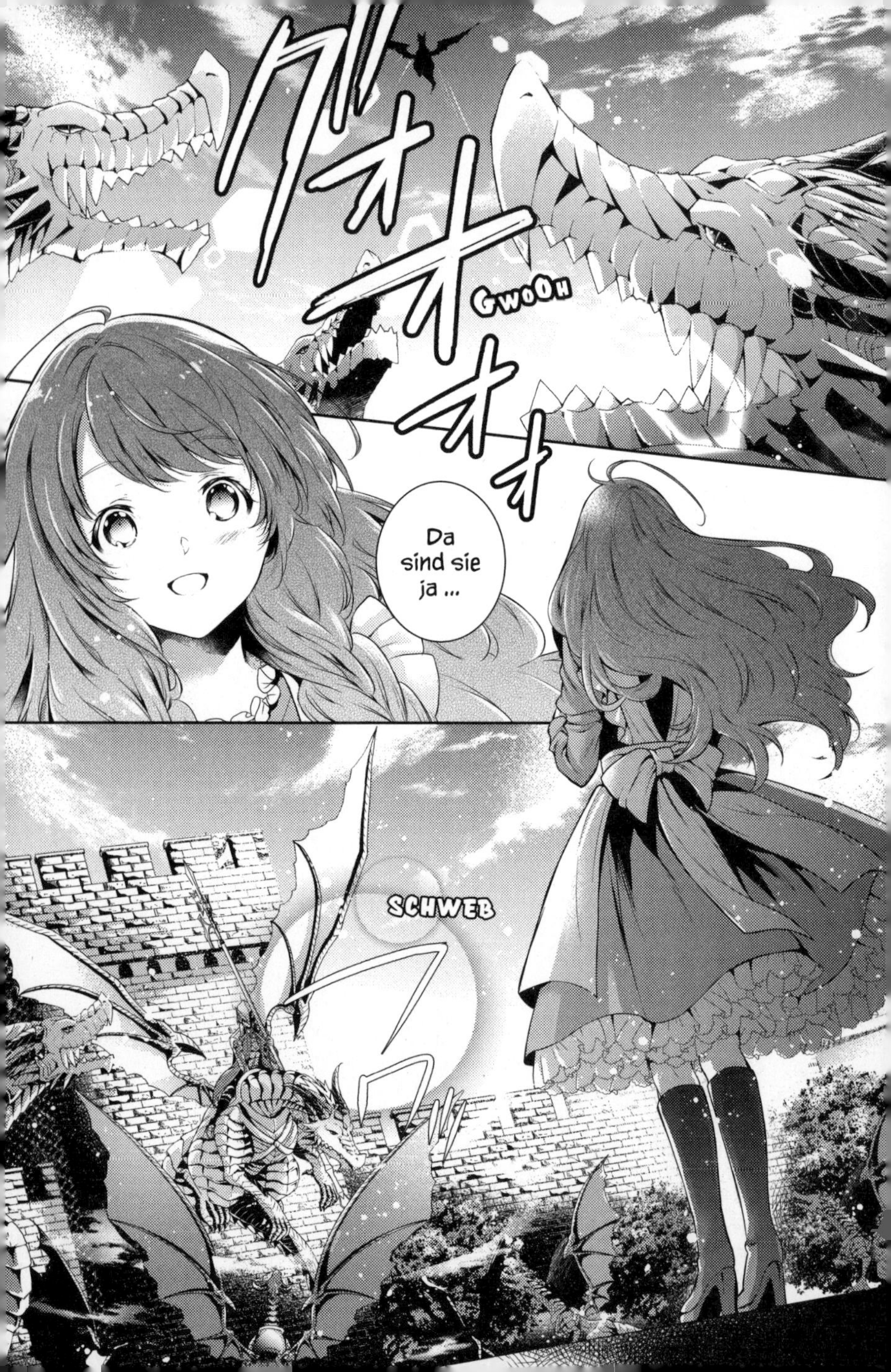
グオオオオ
GWOOH
Da sind sie ja ...
SCHWEB
フワッ

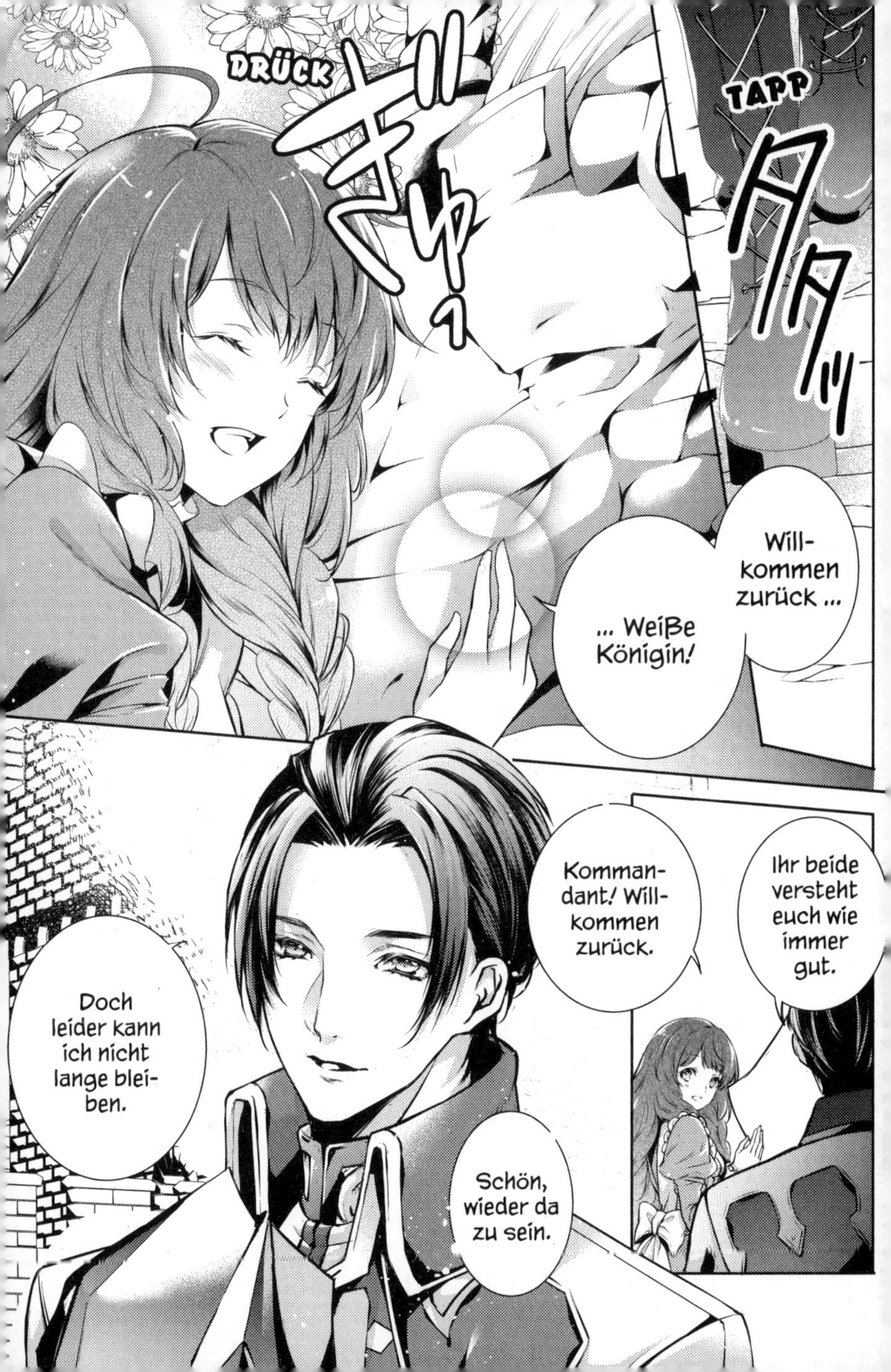
TAPP
タタッ
DRÜCK
ぎゅっ
Will-
kommen
zurück ...
... Weiße
Königin!
Ihr beide
versteht
euch wie
immer
gut.
Komman-
dant! Will-
kommen
zurück.
Schön,
wieder da
zu sein.
Doch
leider kann
ich nicht
lange blei-
ben.

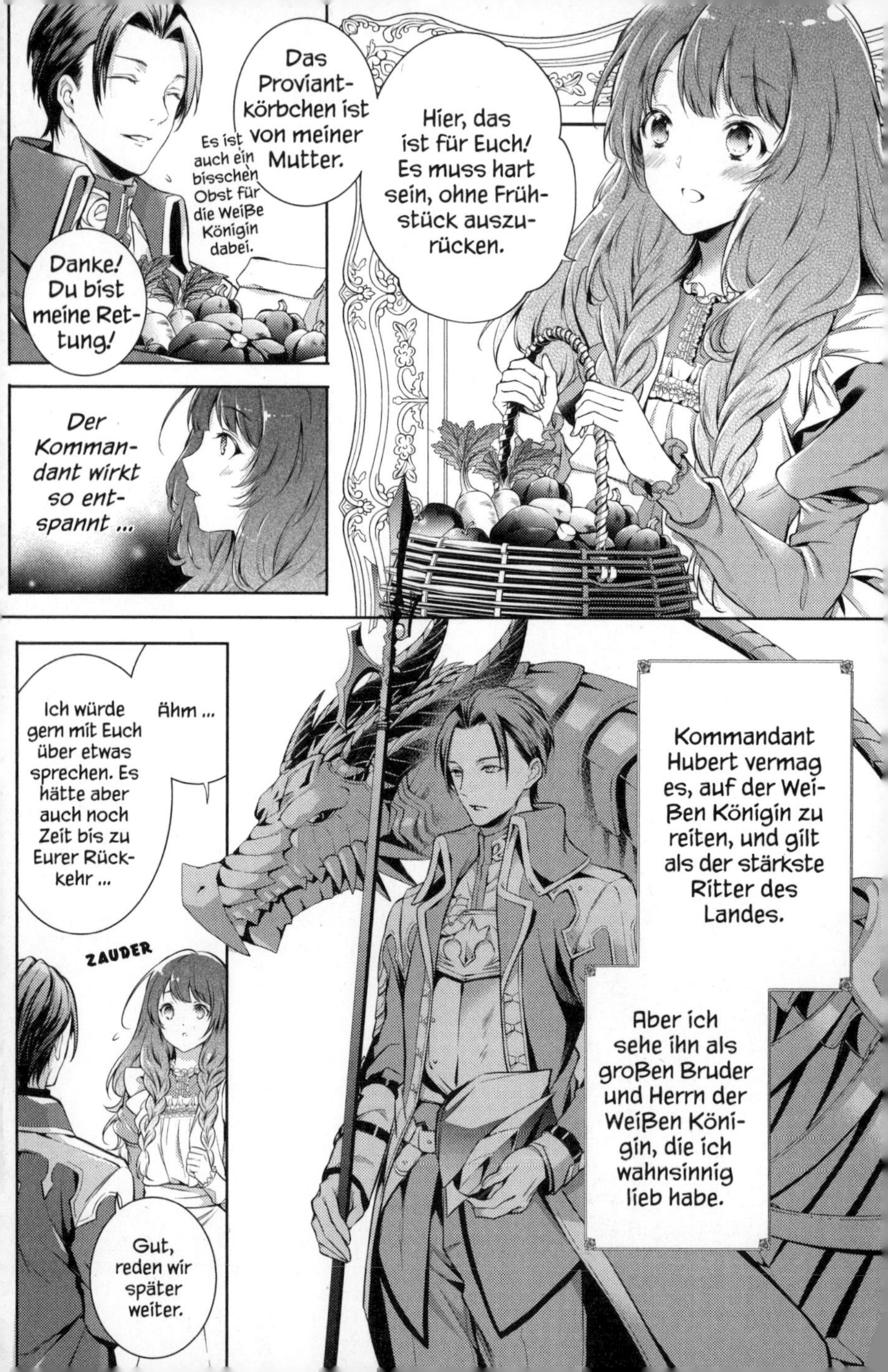

Hier, das ist für Euch! Es muss hart sein, ohne Frühstück auszurücken.
Das Proviantkörbchen ist von meiner Mutter.
Es ist auch ein bisschen Obst für die Weiße Königin dabei.
Danke! Du bist meine Rettung!
Der Kommandant wirkt so entspannt ...
Kommandant Hubert vermag es, auf der Weißen Königin zu reiten, und gilt als der stärkste Ritter des Landes.
Aber ich sehe ihn als großen Bruder und Herrn der Weißen Königin, die ich wahnsinnig lieb habe.
Ähm ...
Ich würde gern mit Euch über etwas sprechen. Es hätte aber auch noch Zeit bis zu Eurer Rückkehr ...
ZAUDER
Gut, reden wir später weiter.

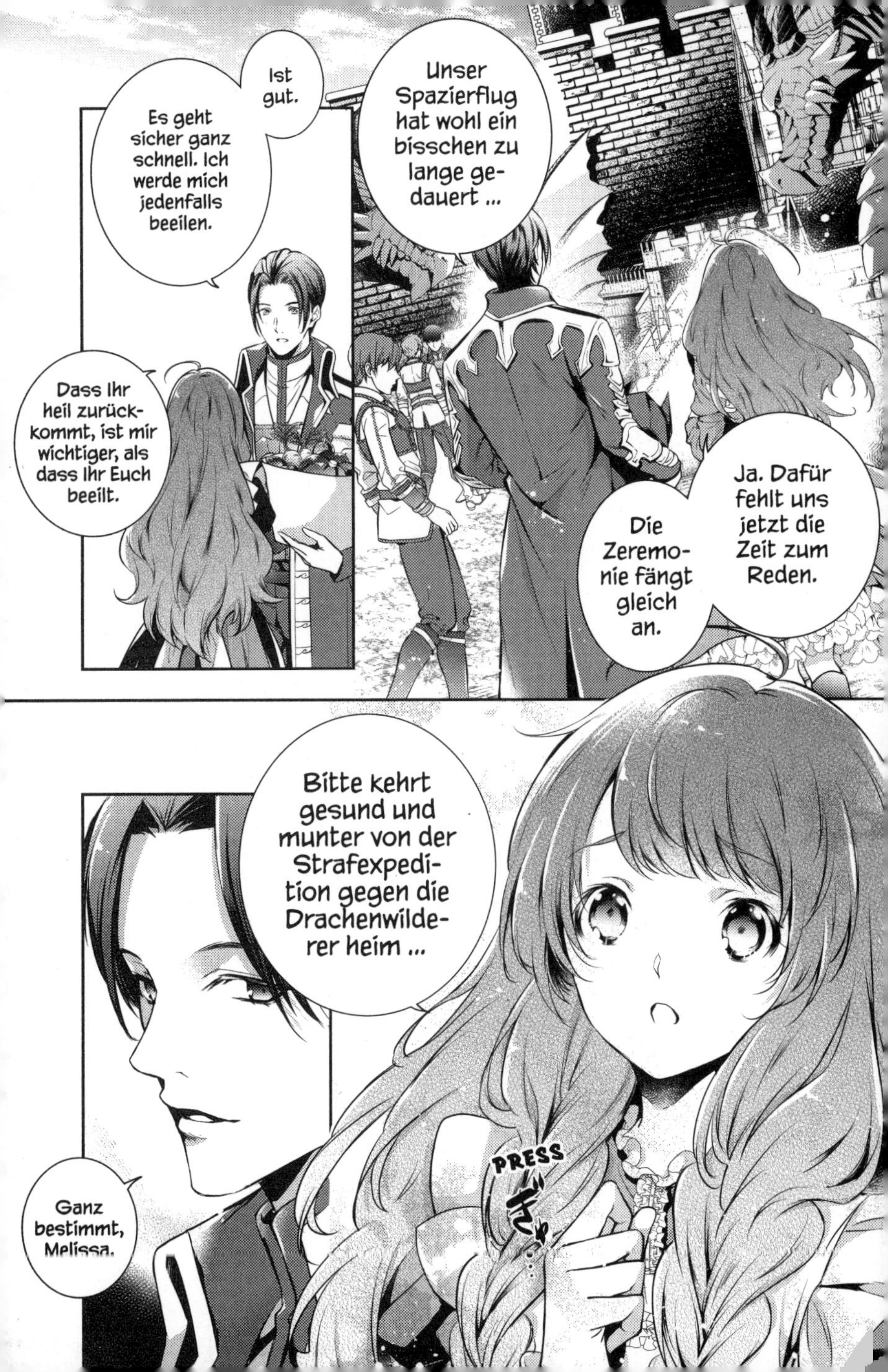
Unser Spazierflug hat wohl ein bisschen zu lange gedauert ...
Ja. Dafür fehlt uns jetzt die Zeit zum Reden.
Die Zeremonie fängt gleich an.
Ist gut.
Es geht sicher ganz schnell. Ich werde mich jedenfalls beeilen.
Dass Ihr heil zurückkommt, ist mir wichtiger, als dass Ihr Euch beeilt.
Bitte kehrt gesund und munter von der Strafexpedition gegen die Drachenwilderer heim ...
PRESS
Ganz bestimmt, Melissa.

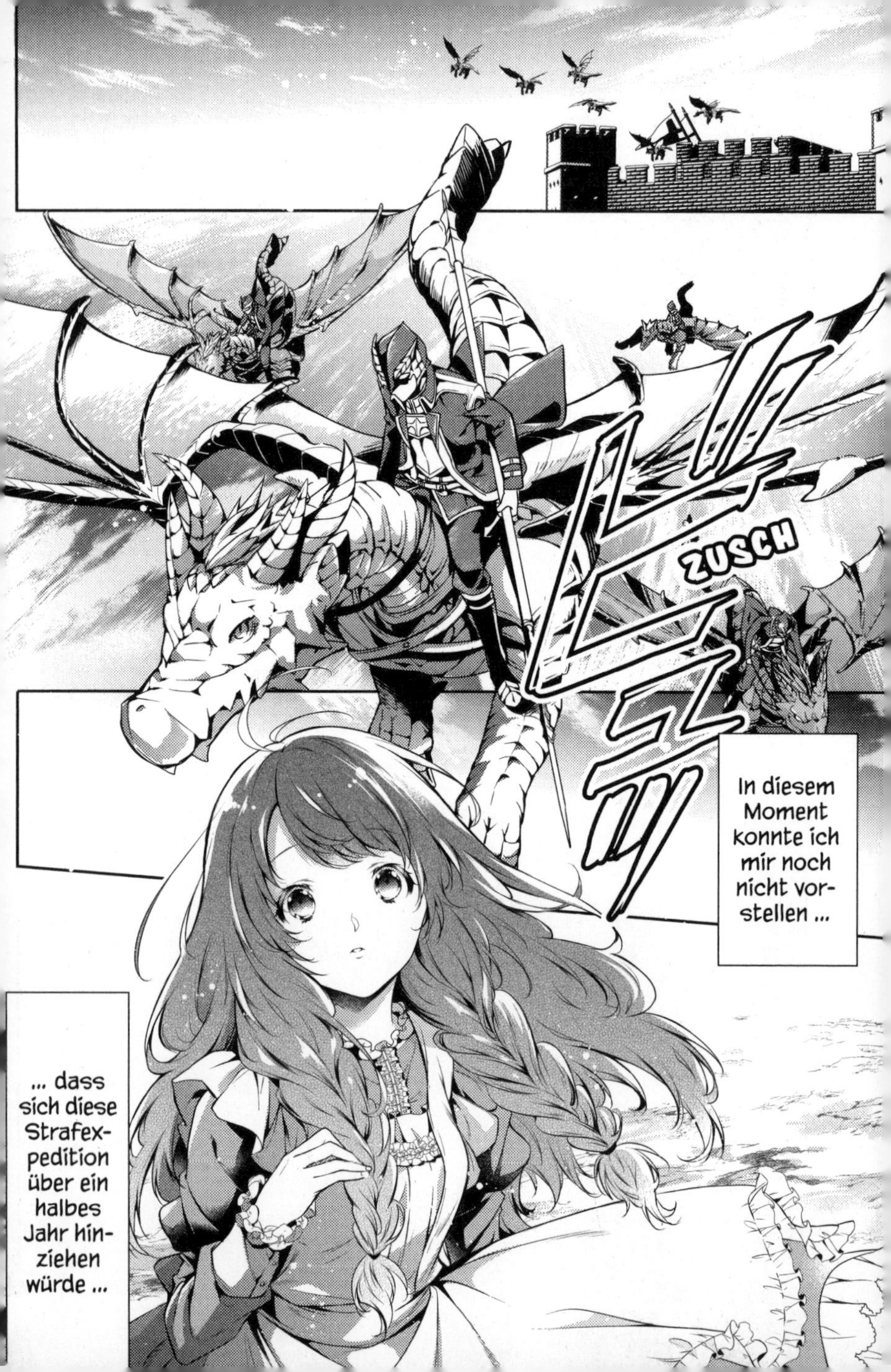
ZUSCH
In diesem Moment konnte ich mir noch nicht vorstellen ...
... dass sich diese Strafexpedition über ein halbes Jahr hinziehen würde ...

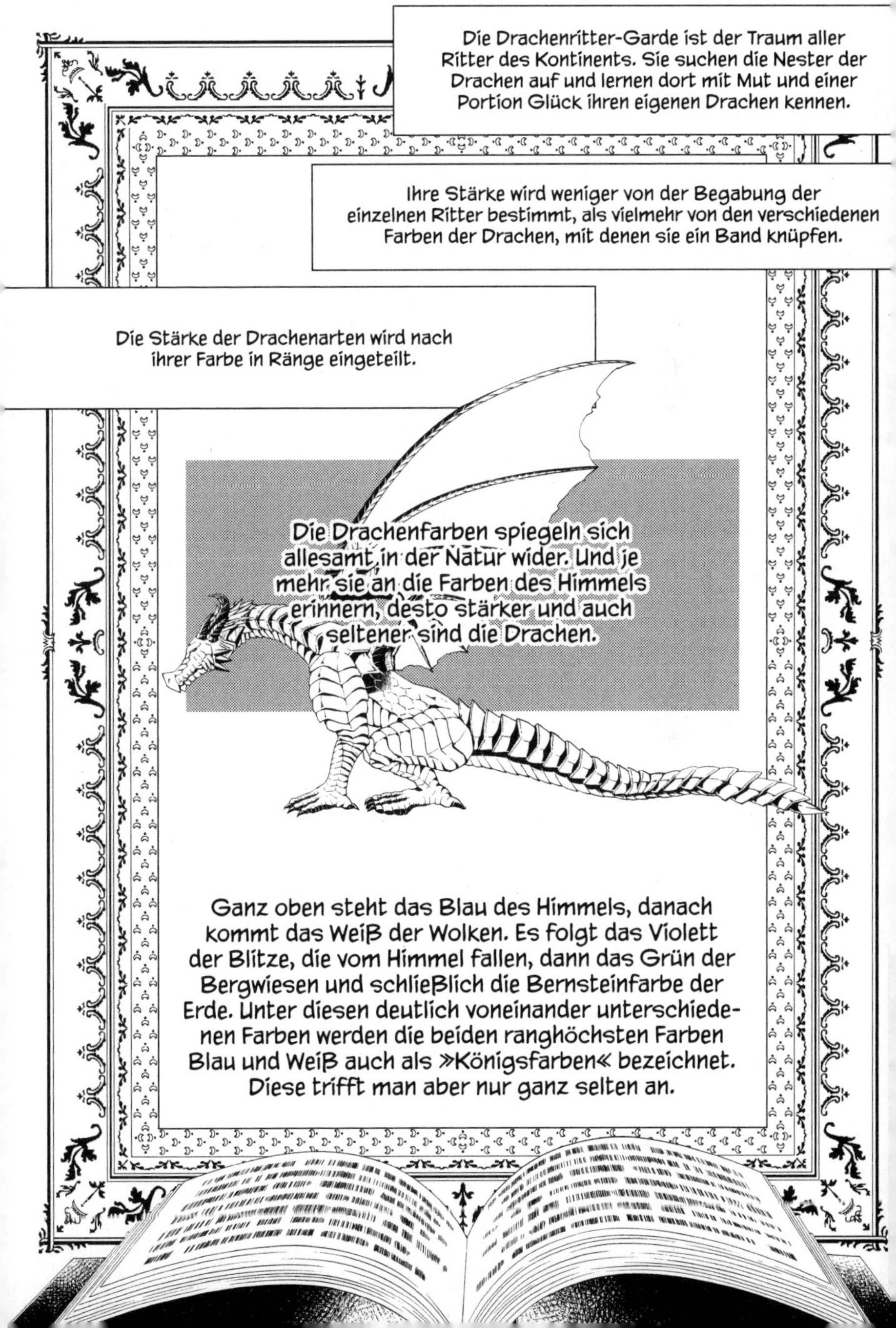
Die Drachenritter-Garde ist der Traum aller Ritter des Kontinents. Sie suchen die Nester der Drachen auf und lernen dort mit Mut und einer Portion Glück ihren eigenen Drachen kennen.
Ihre Stärke wird weniger von der Begabung der einzelnen Ritter bestimmt, als vielmehr von den verschiedenen Farben der Drachen, mit denen sie ein Band knüpfen.
Die Stärke der Drachenarten wird nach ihrer Farbe in Ränge eingeteilt.
Die Drachenfarben spiegeln sich allesamt in der Natur wider. Und je mehr sie an die Farben des Himmels erinnern, desto stärker und auch seltener sind die Drachen.
Ganz oben steht das Blau des Himmels, danach kommt das Weiß der Wolken. Es folgt das Violett der Blitze, die vom Himmel fallen, dann das Grün der Bergwiesen und schließlich die Bernsteinfarbe der Erde. Unter diesen deutlich voneinander unterschiedenen Farben werden die beiden ranghöchsten Farben Blau und Weiß auch als »Königsfarben« bezeichnet. Diese trifft man aber nur ganz selten an.

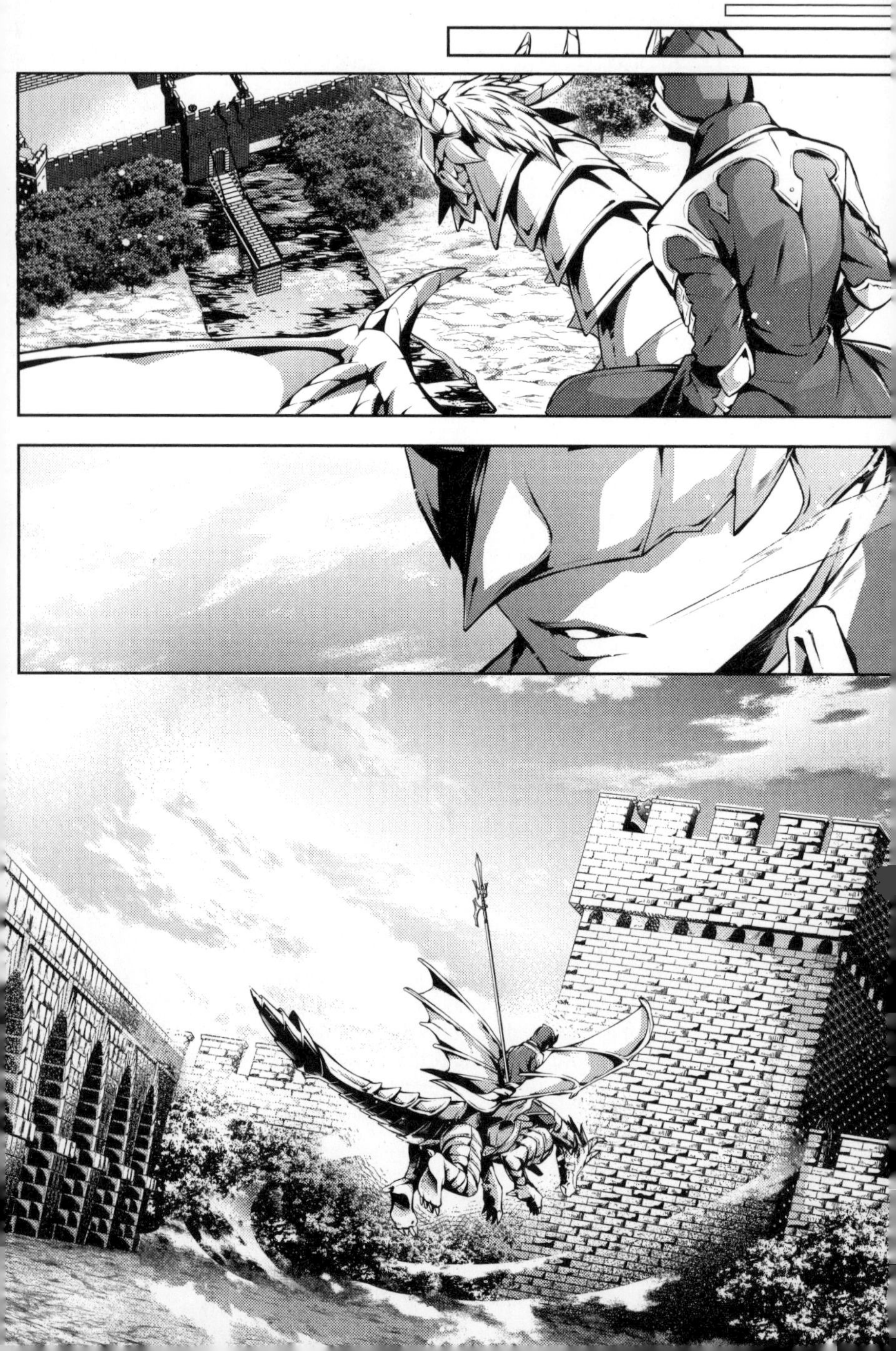

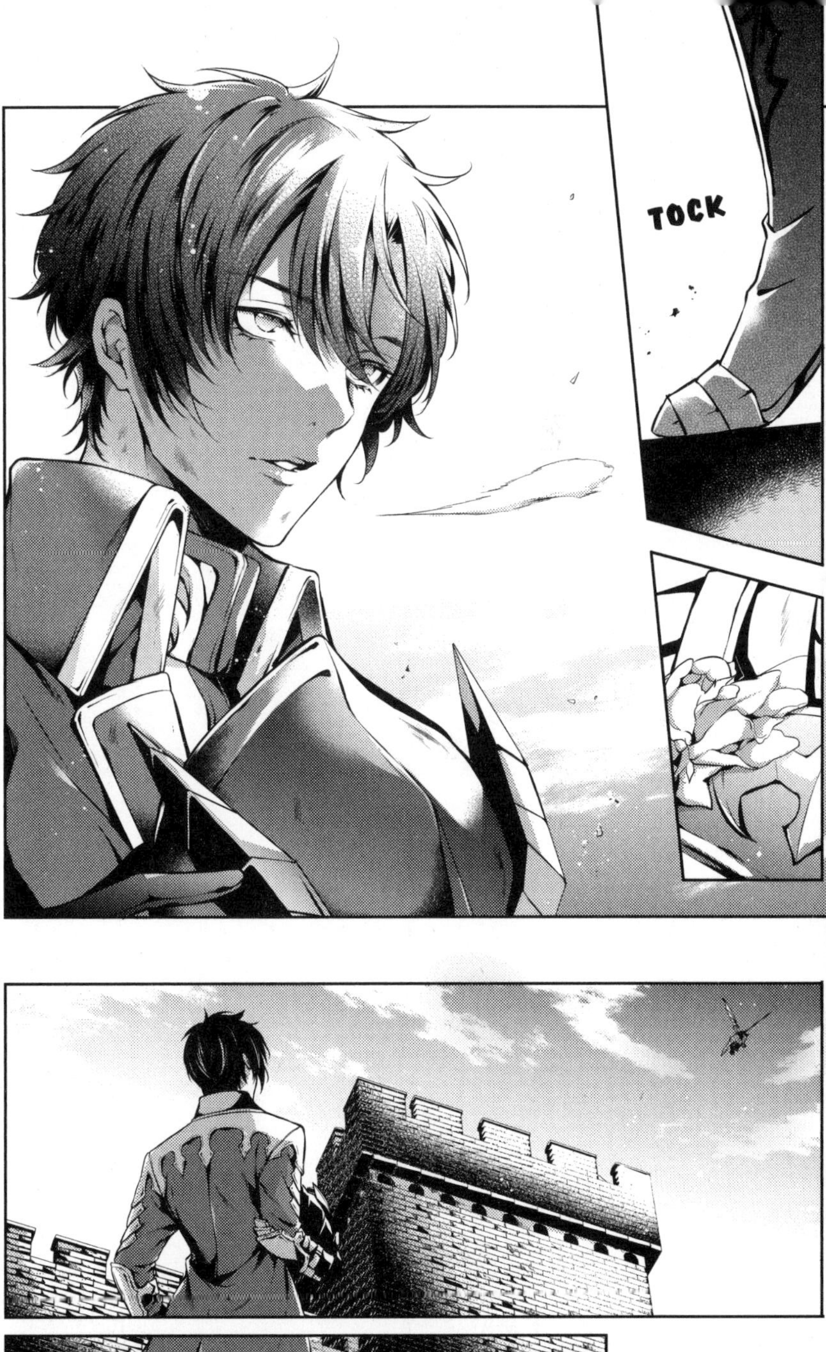
TOCK

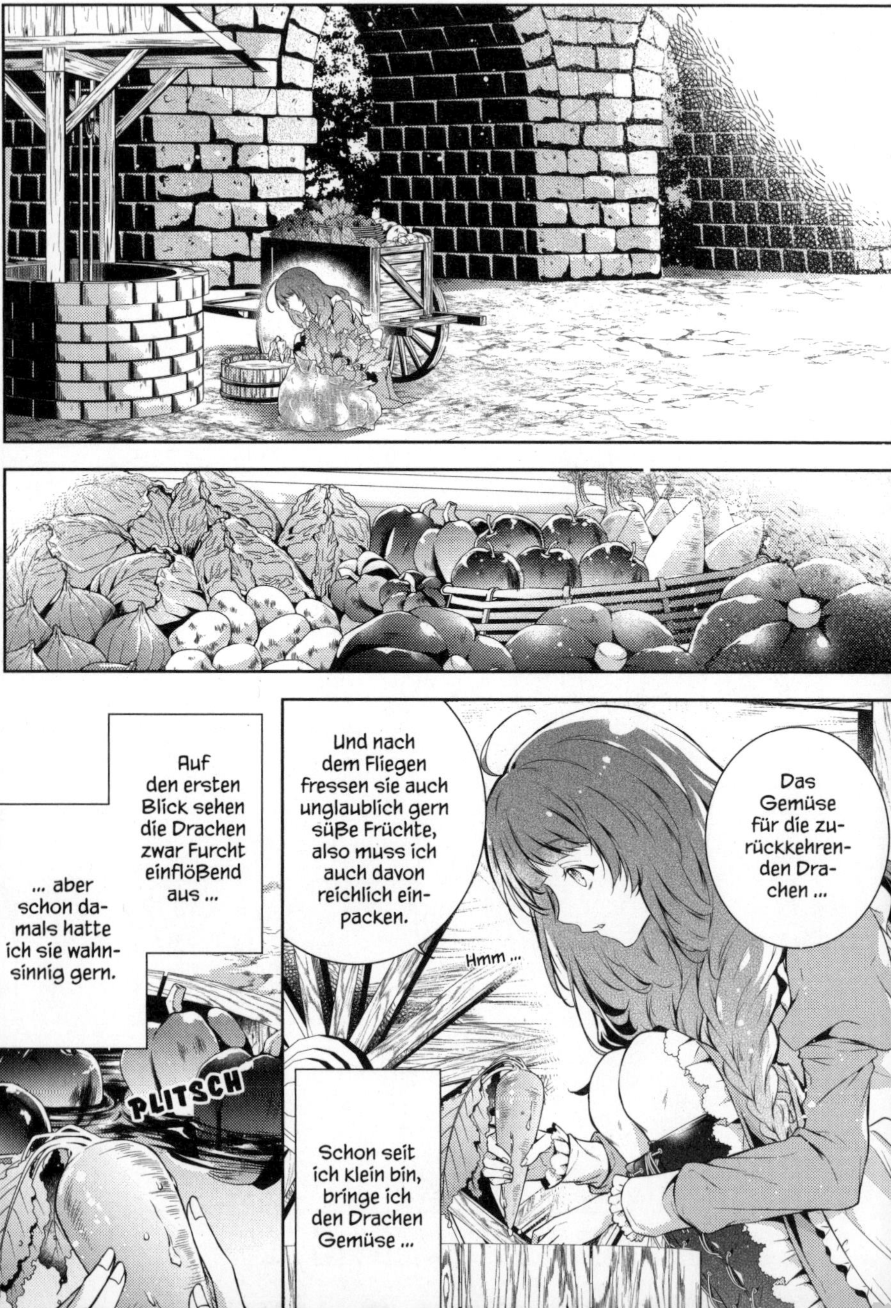
Das Gemüse für die zurückkehrenden Drachen ...
Und nach dem Fliegen fressen sie auch unglaublich gern süße Früchte, also muss ich auch davon reichlich einpacken.
Hmm ...
Schon seit ich klein bin, bringe ich den Drachen Gemüse ...
Auf den ersten Blick sehen die Drachen zwar Furcht einflößend aus ...
... aber schon damals hatte ich sie wahnsinnig gern.
PLITSCH

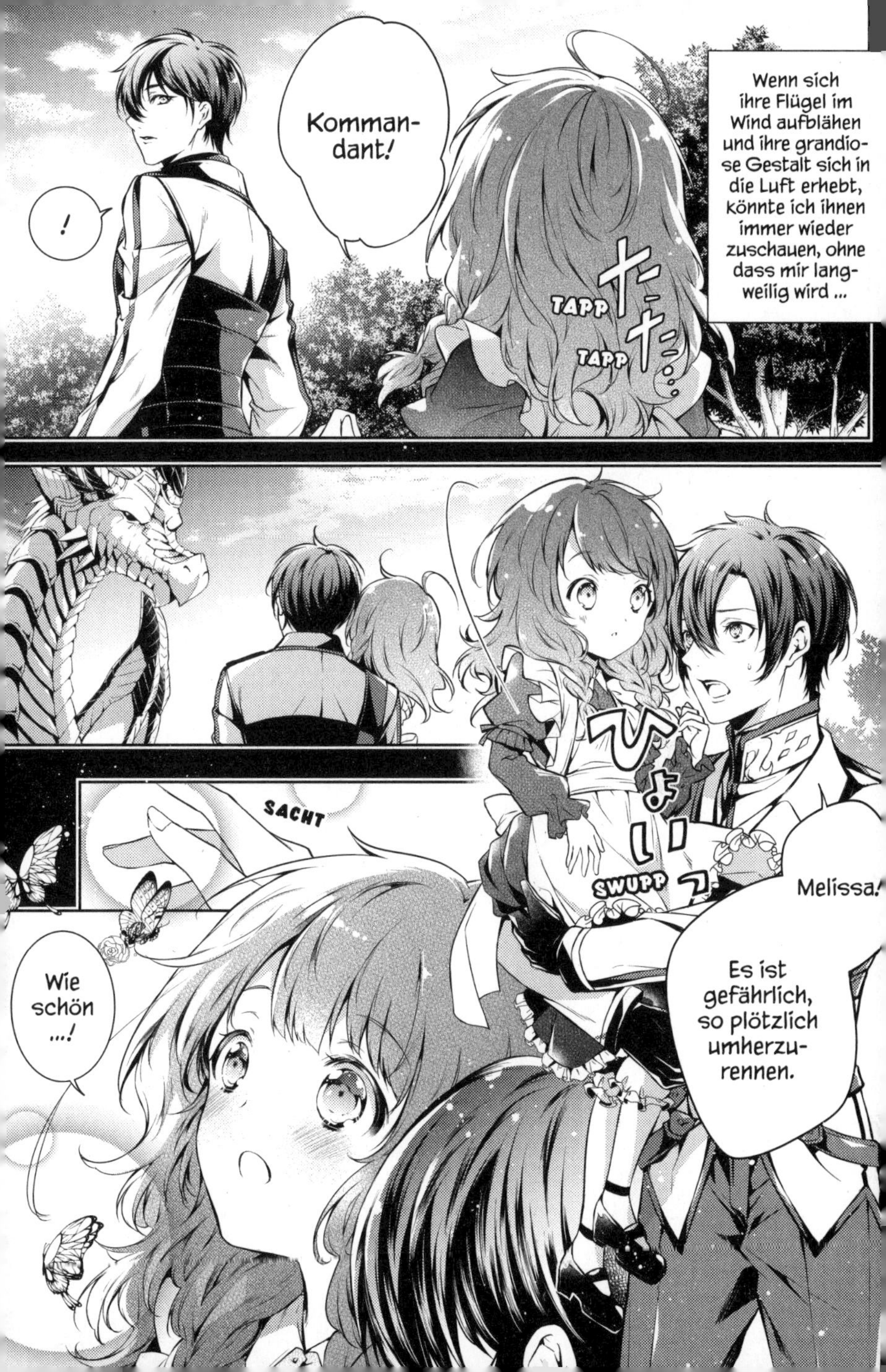
Wenn sich ihre Flügel im Wind aufblähen und ihre grandiose Gestalt sich in die Luft erhebt, könnte ich ihnen immer wieder zuschauen, ohne dass mir langweilig wird ...
TAPP
TAPP
Komman-dant!
!
Melissa!
SWUPP
Es ist gefährlich, so plötzlich umherzurennen.
SACHT
Wie schön ...!

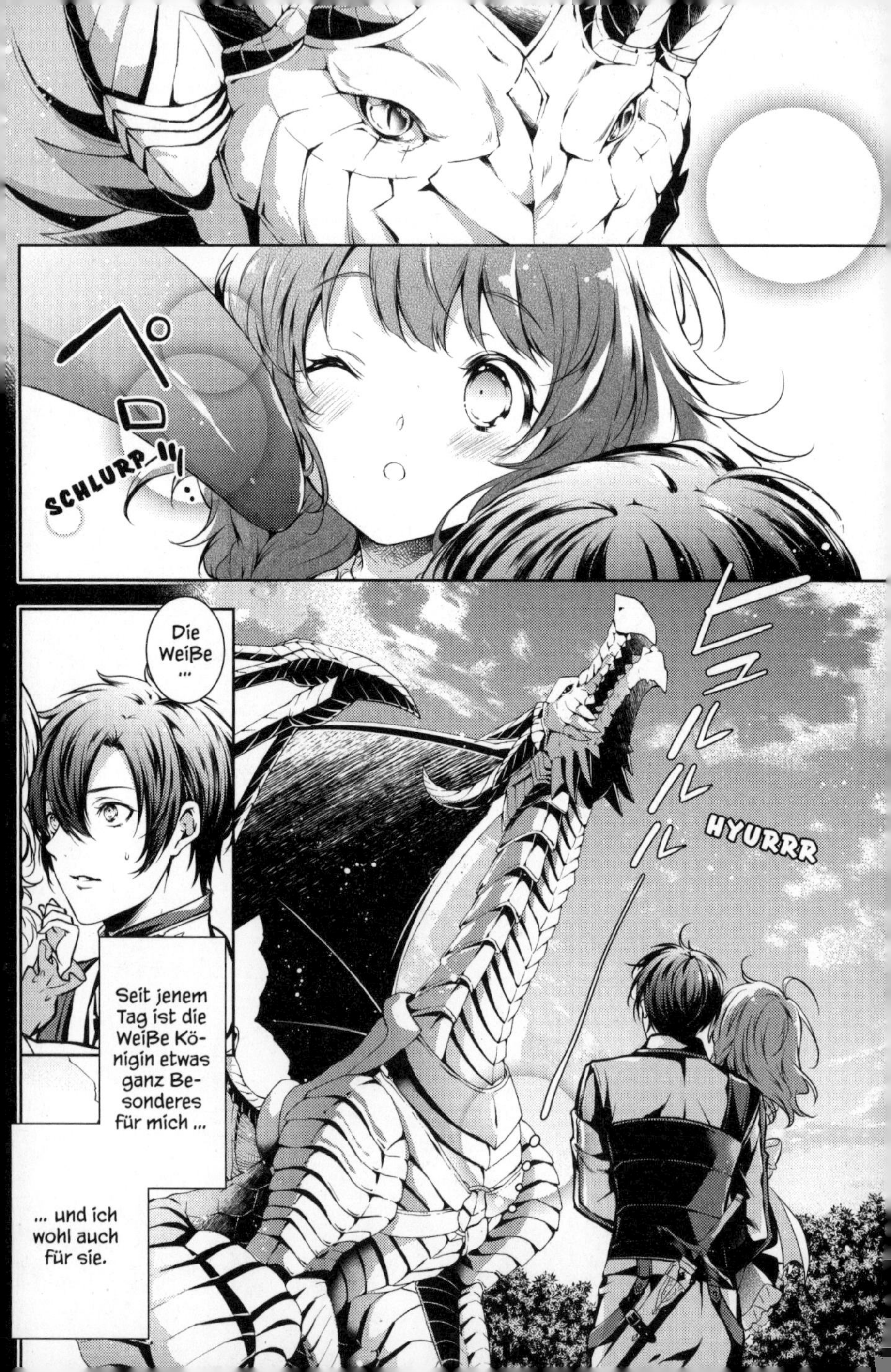
ペロ
SCHLURP
ヒュルルル
HYURRR
Die Weiße ...
Seit jenem Tag ist die Weiße Königin etwas ganz Besonderes für mich ...
... und ich wohl auch für sie.

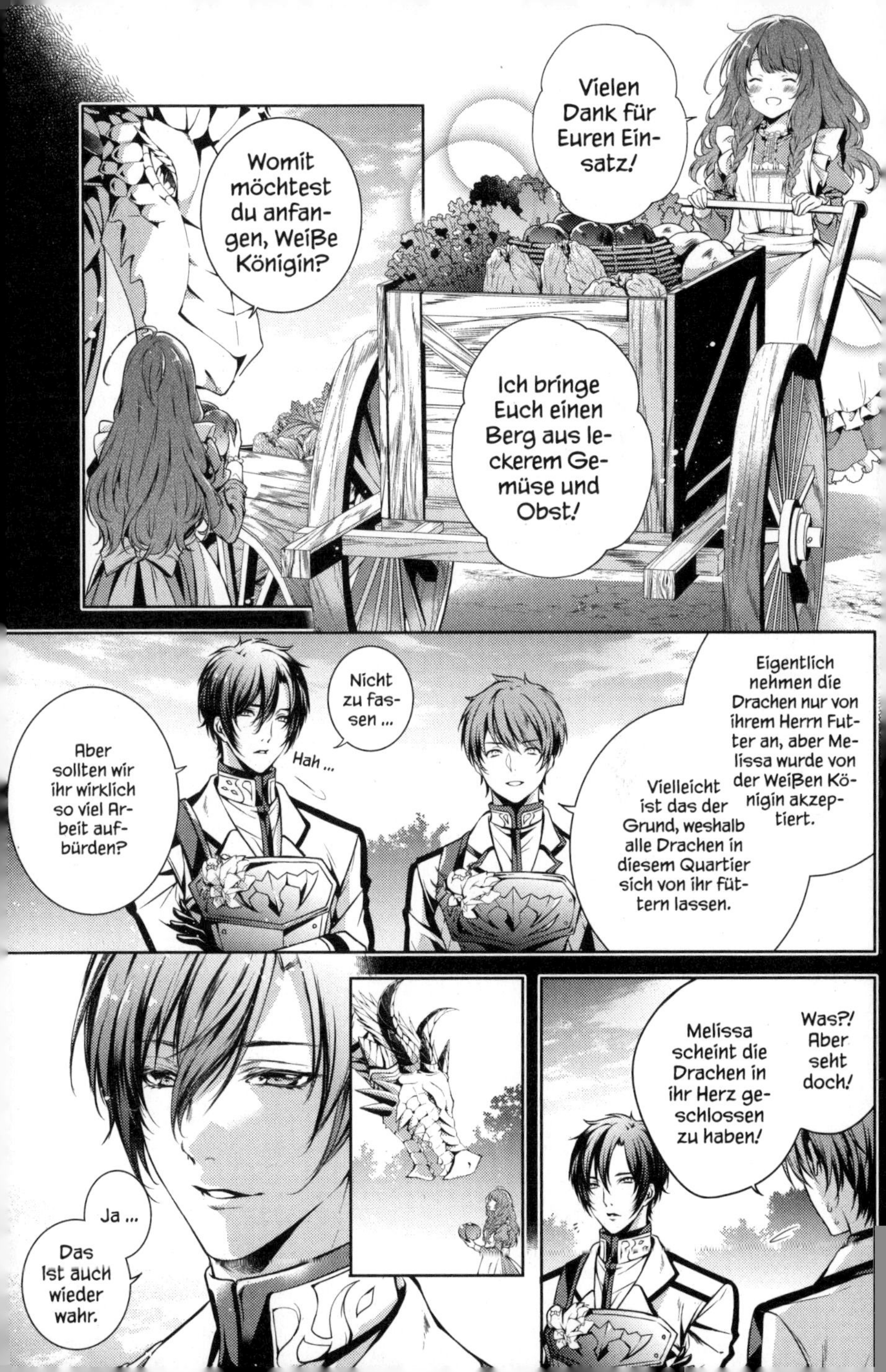

Vielen Dank für Euren Einsatz!
Womit möchtest du anfangen, Weiße Königin?
Ich bringe Euch einen Berg aus leckerem Gemüse und Obst!
Eigentlich nehmen die Drachen nur von ihrem Herrn Futter an, aber Melissa wurde von der Weißen Königin akzeptiert.
Vielleicht ist das der Grund, weshalb alle Drachen in diesem Quartier sich von ihr füttern lassen.
Nicht zu fassen ...
Hah ...
Aber sollten wir ihr wirklich so viel Arbeit aufbürden?
Was?! Aber seht doch!
Melissa scheint die Drachen in ihr Herz geschlossen zu haben!
Ja ...
Das ist auch wieder wahr.

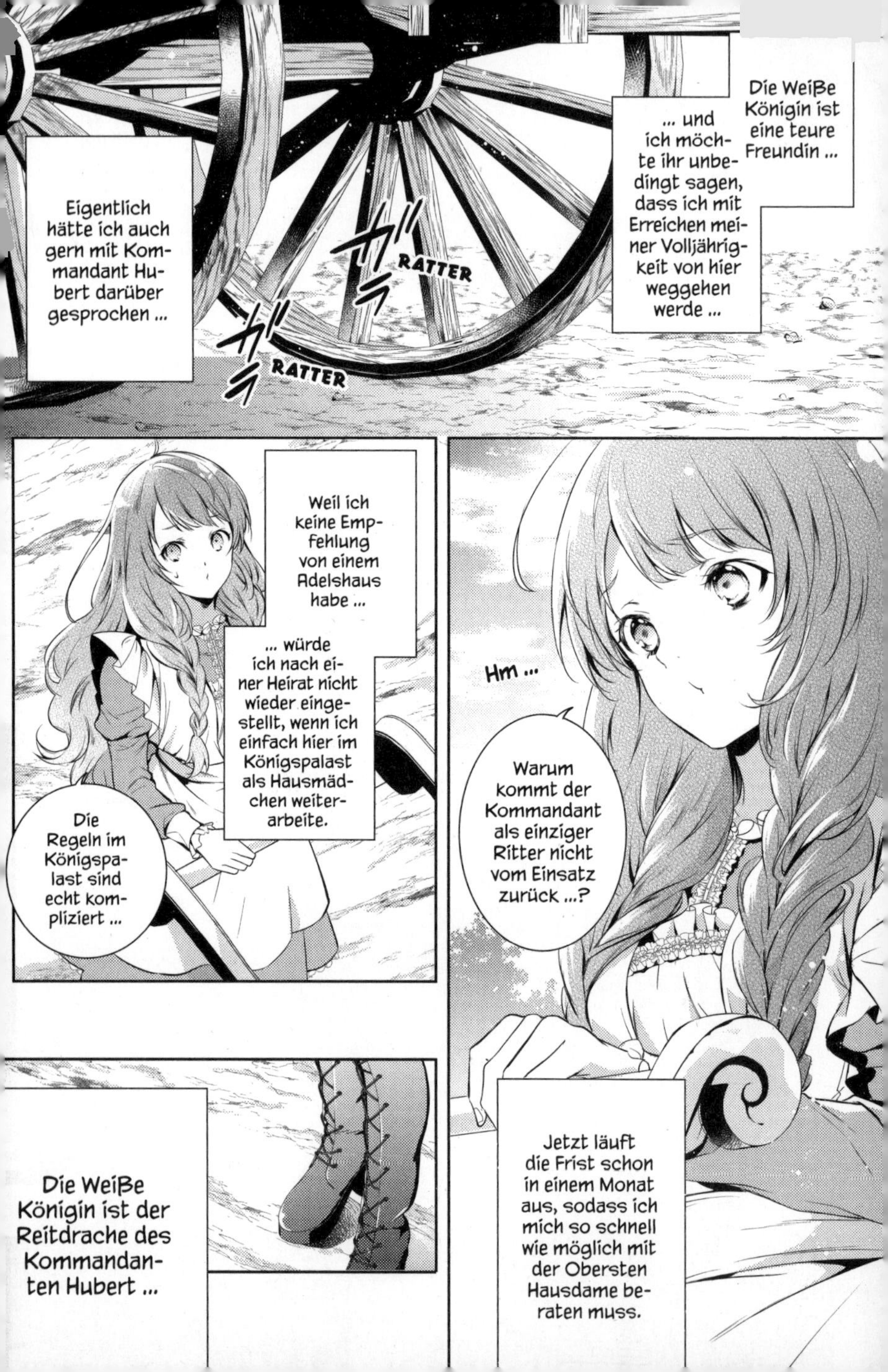

Die Weiße Königin ist eine teure Freundin ...
... und ich möchte ihr unbedingt sagen, dass ich mit Erreichen meiner Volljährigkeit von hier weggehen werde ...
RATTER
RATTER
Eigentlich hätte ich auch gern mit Kommandant Hubert darüber gesprochen ...
Weil ich keine Empfehlung von einem Adelshaus habe ...
... würde ich nach einer Heirat nicht wieder eingestellt, wenn ich einfach hier im Königspalast als Hausmädchen weiterarbeite.
Die Regeln im Königspalast sind echt kompliziert ...
Hm ...
Warum kommt der Kommandant als einziger Ritter nicht vom Einsatz zurück ...?
Jetzt läuft die Frist schon in einem Monat aus, sodass ich mich so schnell wie möglich mit der Obersten Hausdame beraten muss.
Die Weiße Königin ist der Reitdrache des Kommandanten Hubert ...

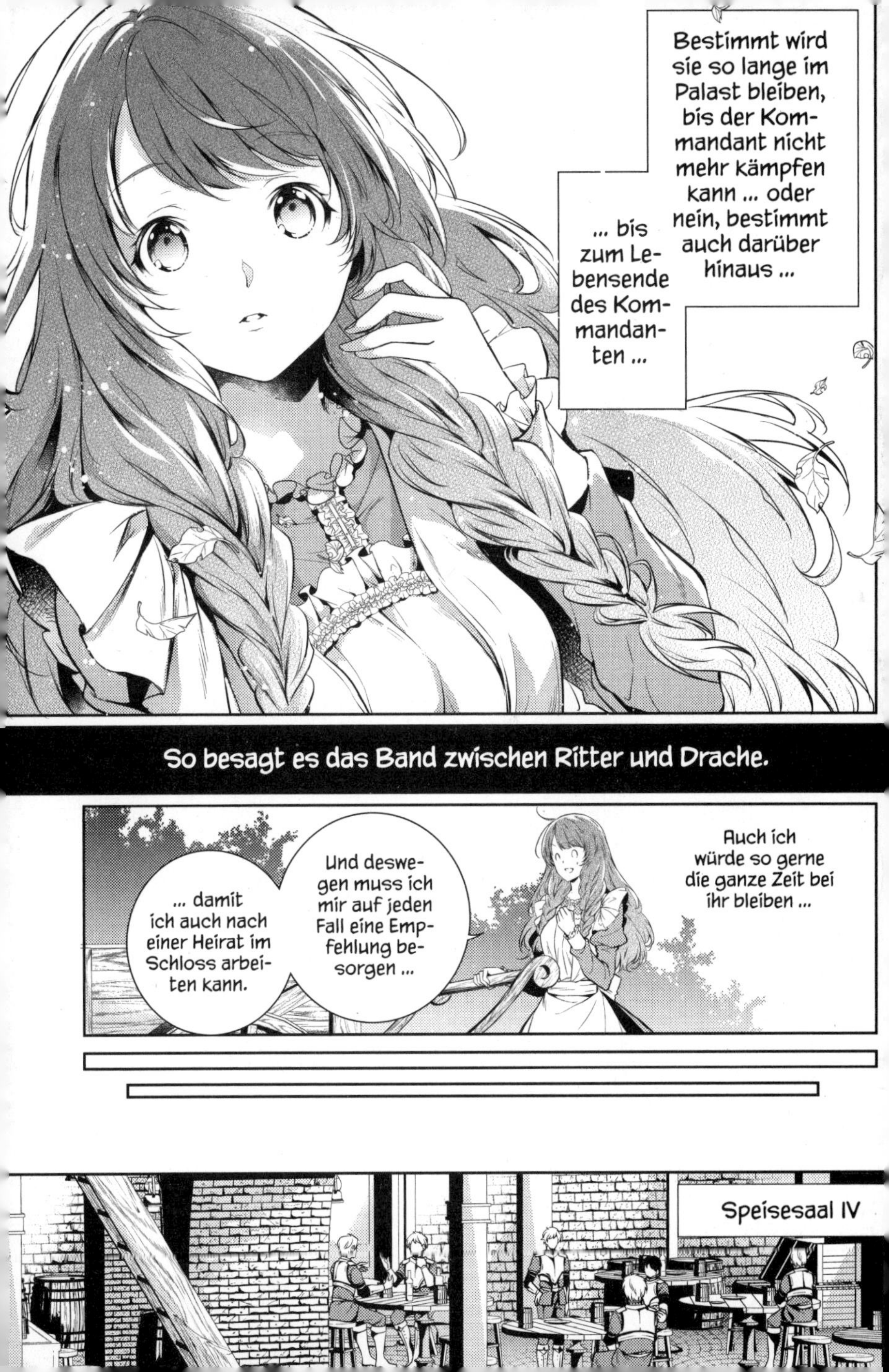

Bestimmt wird sie so lange im Palast bleiben, bis der Kommandant nicht mehr kämpfen kann ... oder nein, bestimmt auch darüber hinaus ...
... bis zum Lebensende des Kommandanten ...
So besagt es das Band zwischen Ritter und Drache.
Auch ich würde so gerne die ganze Zeit bei ihr bleiben ...
Und deswegen muss ich mir auf jeden Fall eine Empfehlung besorgen ...
... damit ich auch nach einer Heirat im Schloss arbeiten kann.
Speisesaal IV

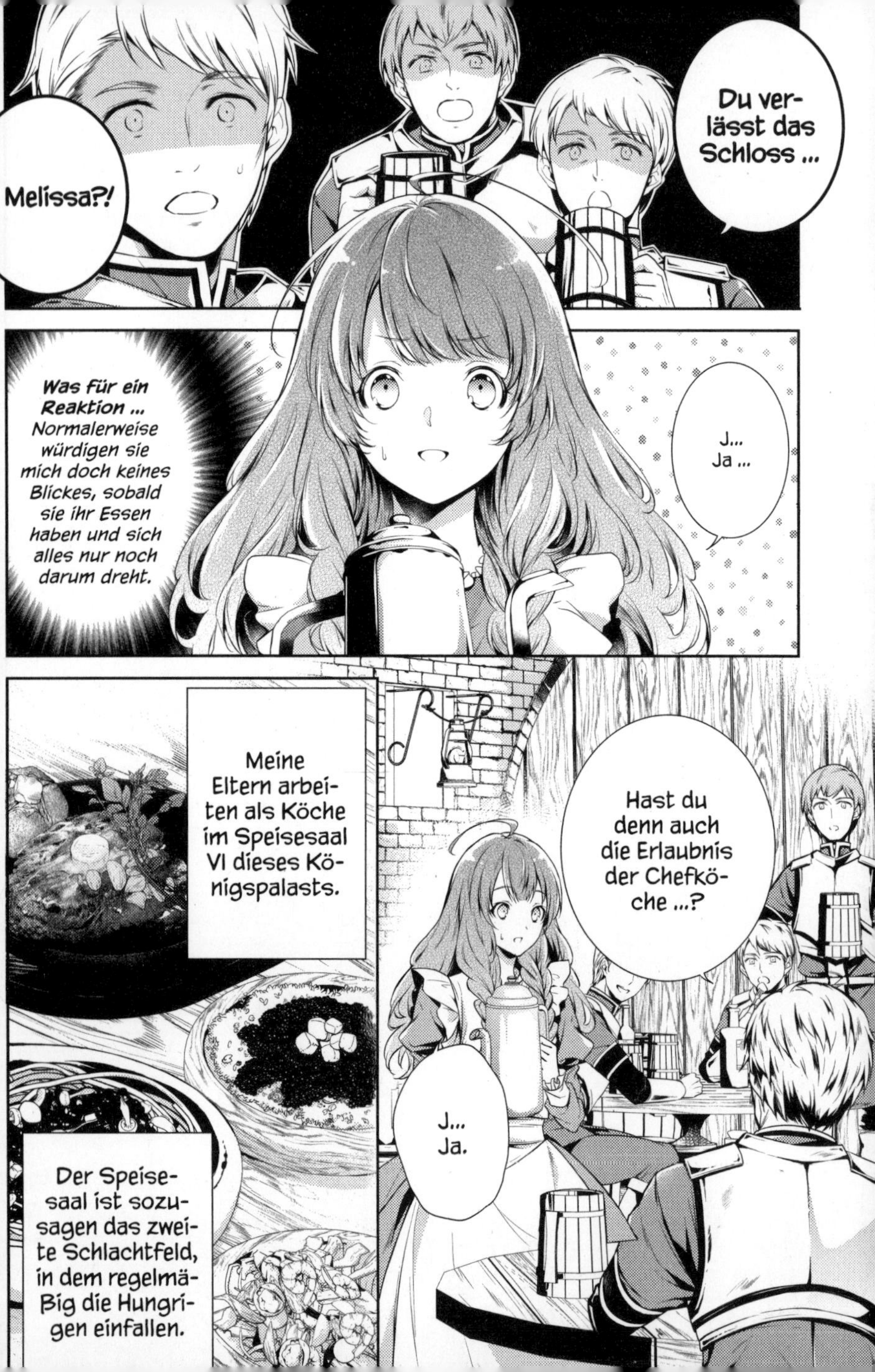
Du verlässt das Schloss ...
Melissa?!
J... Ja ...
Was für ein Reaktion ... Normalerweise würdigen sie mich doch keines Blickes, sobald sie ihr Essen haben und sich alles nur noch darum dreht.
Hast du denn auch die Erlaubnis der Chefköche ...?
J... Ja.
Meine Eltern arbeiten als Köche im Speisesaal VI dieses Königspalasts.
Der Speisesaal ist sozusagen das zweite Schlachtfeld, in dem regelmäßig die Hungrigen einfallen.

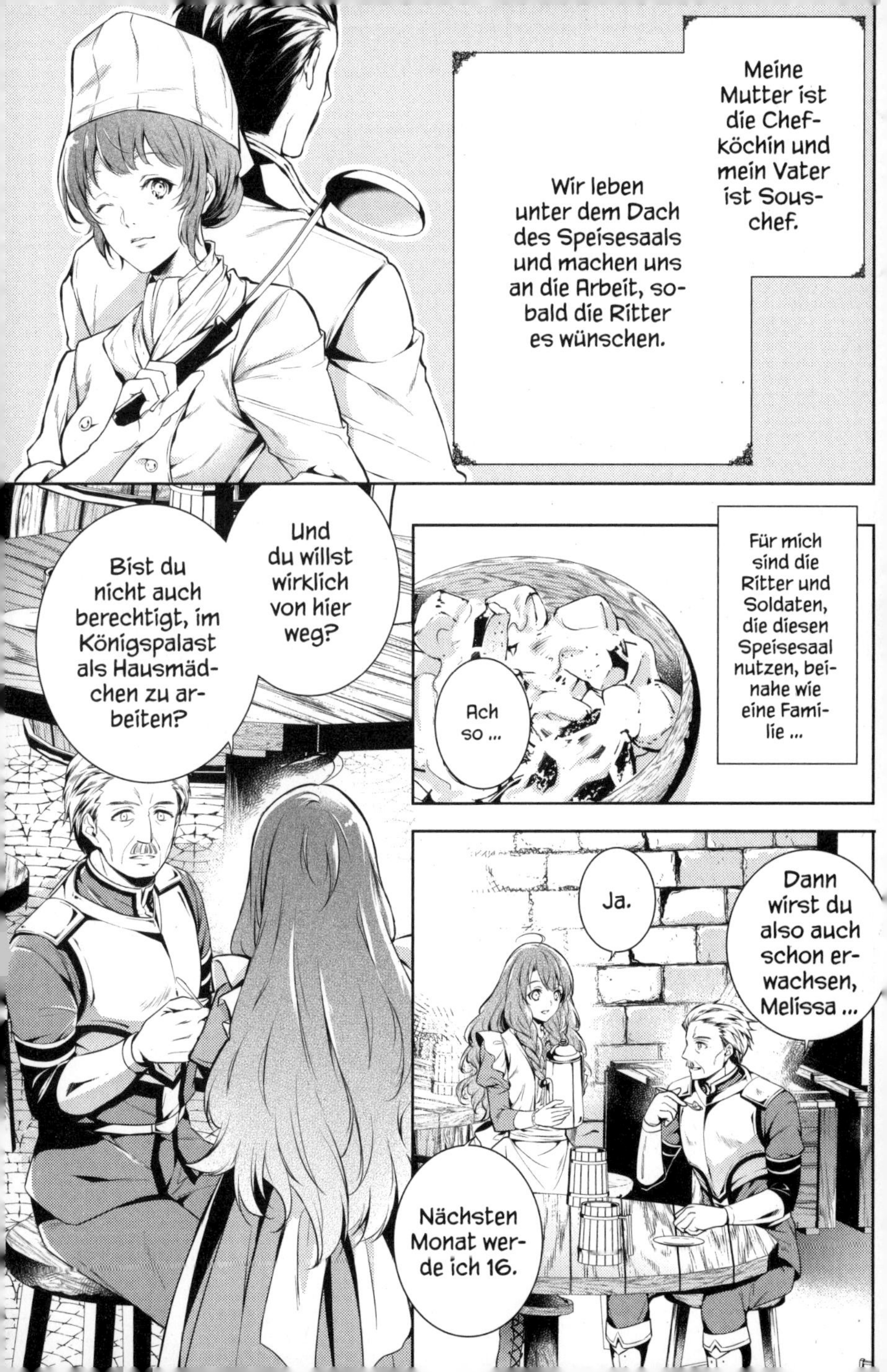
Meine Mutter ist die Chefköchin und mein Vater ist Souschef.
Wir leben unter dem Dach des Speisesaals und machen uns an die Arbeit, sobald die Ritter es wünschen.
Für mich sind die Ritter und Soldaten, die diesen Speisesaal nutzen, beinahe wie eine Familie ...
Ach so ...
Und du willst wirklich von hier weg?
Bist du nicht auch berechtigt, im Königspalast als Hausmädchen zu arbeiten?
Dann wirst du also auch schon erwachsen, Melissa ...
Ja.
Nächsten Monat werde ich 16.

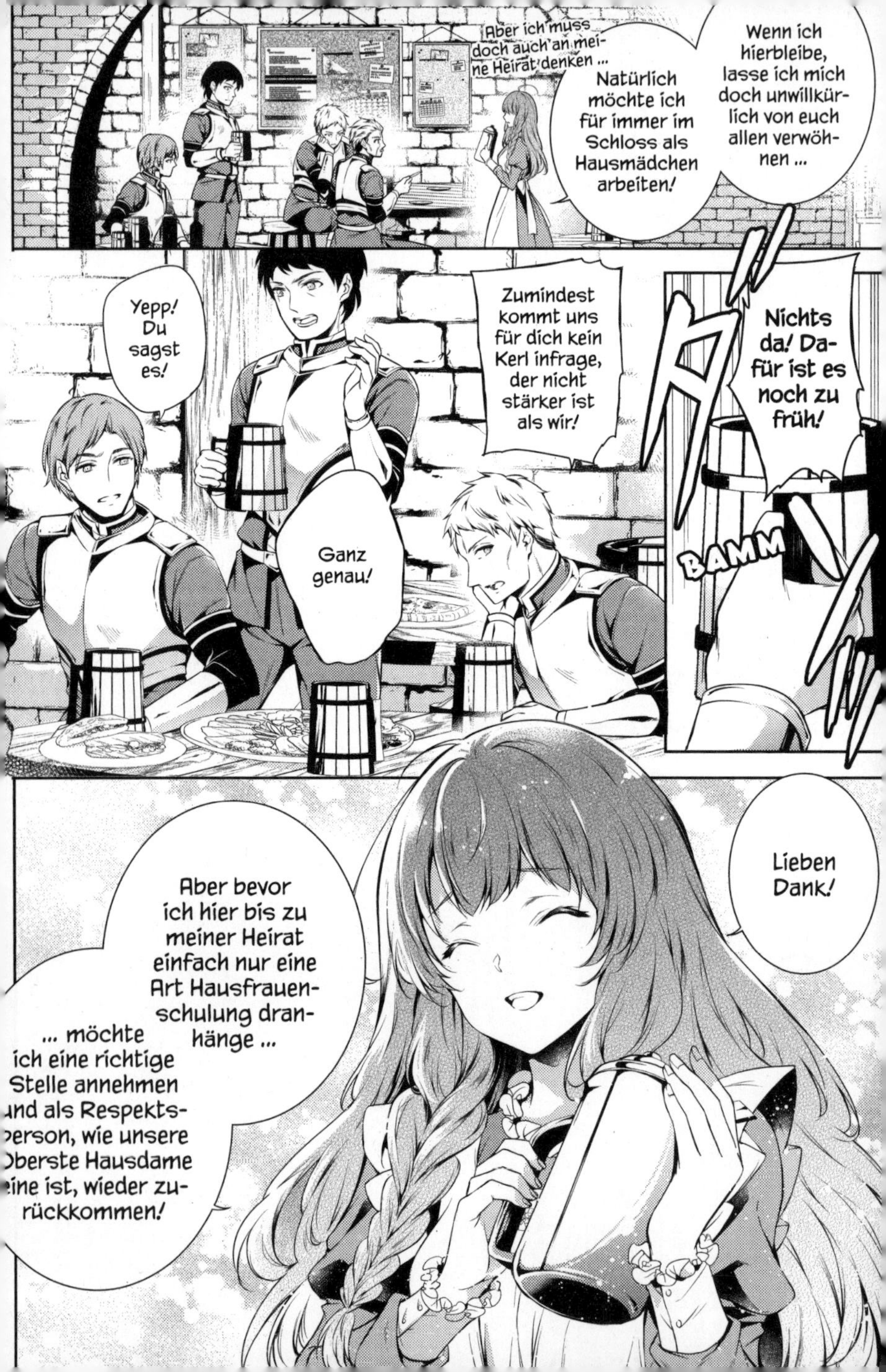

Wenn ich hierbleibe, lasse ich mich doch unwillkürlich von euch allen verwöhnen ...
Natürlich möchte ich für immer im Schloss als Hausmädchen arbeiten!
Aber ich muss doch auch an meine Heirat denken ...
Nichts da! Dafür ist es noch zu früh!
BAMM
Zumindest kommt uns für dich kein Kerl infrage, der nicht stärker ist als wir!
Yepp! Du sagst es!
Ganz genau!
Lieben Dank!
Aber bevor ich hier bis zu meiner Heirat einfach nur eine Art Hausfrauenschulung dranhänge ...
... möchte ich eine richtige Stelle annehmen und als Respektsperson, wie unsere Oberste Hausdame eine ist, wieder zurückkommen!

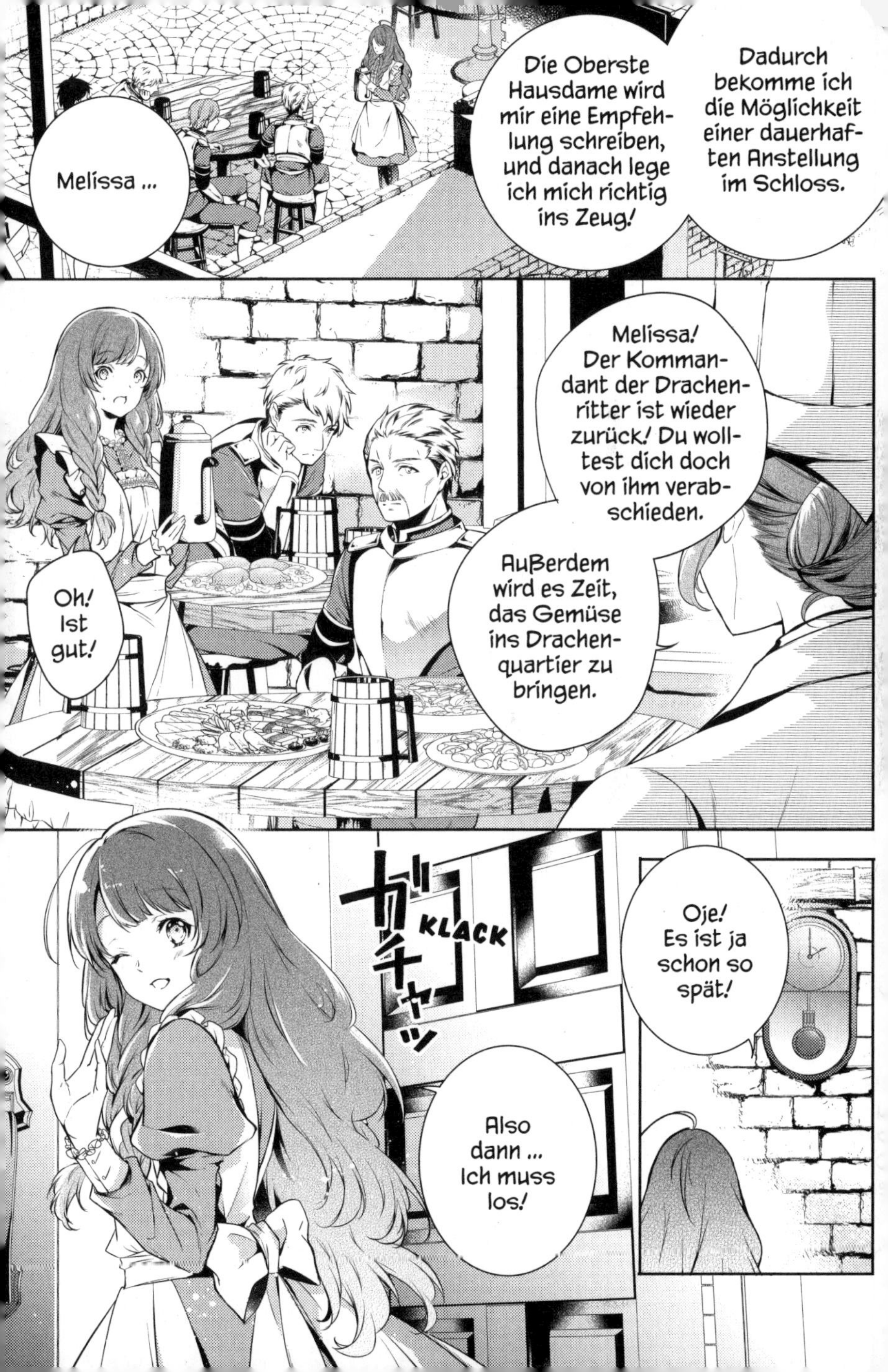
Dadurch bekomme ich die Möglichkeit einer dauerhaften Anstellung im Schloss.
Die Oberste Hausdame wird mir eine Empfehlung schreiben, und danach lege ich mich richtig ins Zeug!
Melissa ...
Melissa! Der Kommandant der Drachenritter ist wieder zurück! Du wolltest dich doch von ihm verabschieden.
Außerdem wird es Zeit, das Gemüse ins Drachenquartier zu bringen.
Oh! Ist gut!
Oje! Es ist ja schon so spät!
KLACK
Also dann ... Ich muss los!

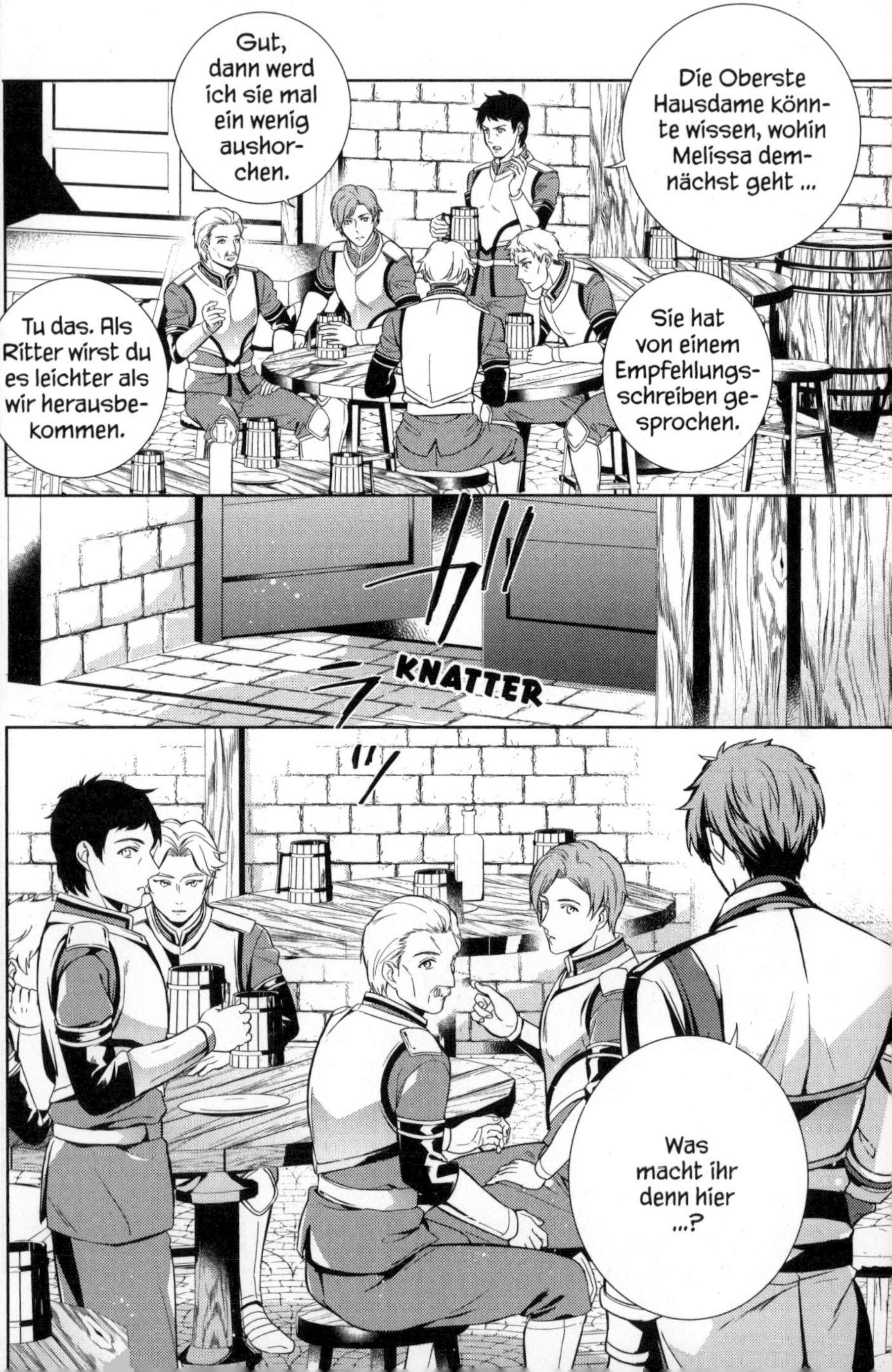

Die Oberste Hausdame könnte wissen, wohin Melissa demnächst geht ...
Sie hat von einem Empfehlungsschreiben gesprochen.
Gut, dann werd ich sie mal ein wenig aushorchen.
Tu das. Als Ritter wirst du es leichter als wir herausbekommen.
KNATTER
Was macht ihr denn hier ...?

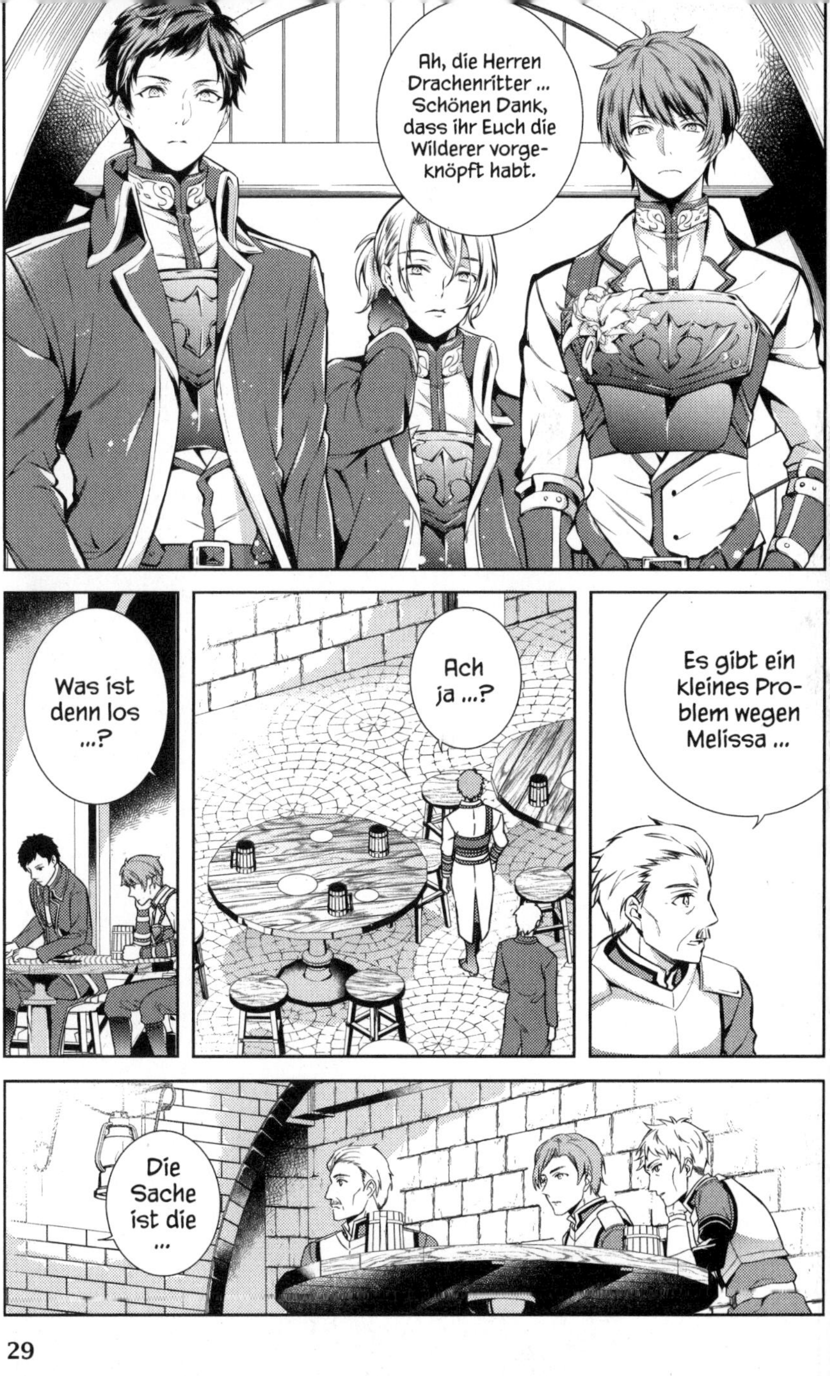
Ah, die Herren Drachenritter ... Schönen Dank, dass ihr Euch die Wilderer vorgeknöpft habt.
Es gibt ein kleines Problem wegen Melissa ...
Ach ja ...?
Was ist denn los ...?
Die Sache ist die ...

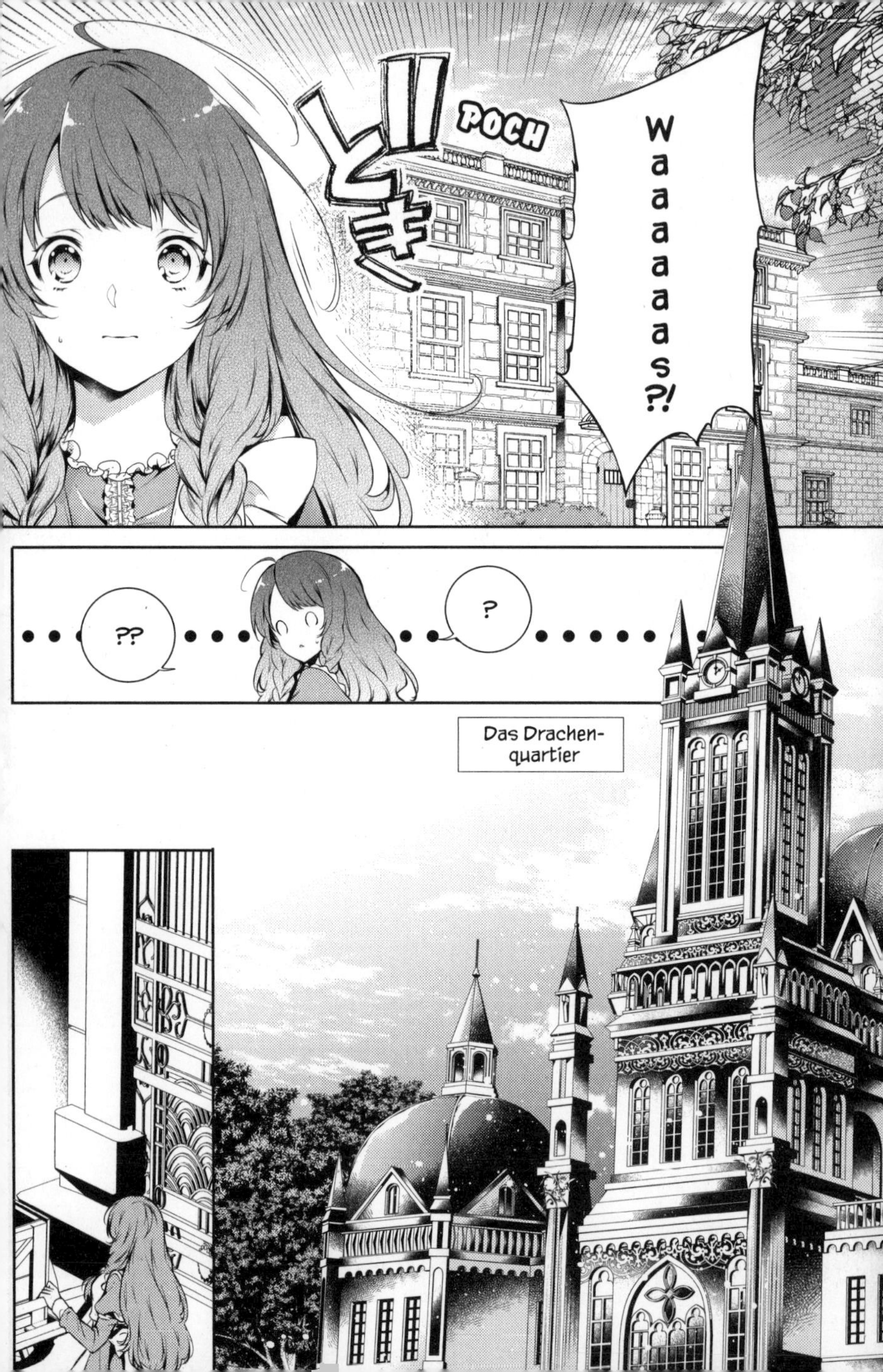
Waaaaaaas?!
POCH
?
??
Das Drachen-
quartier

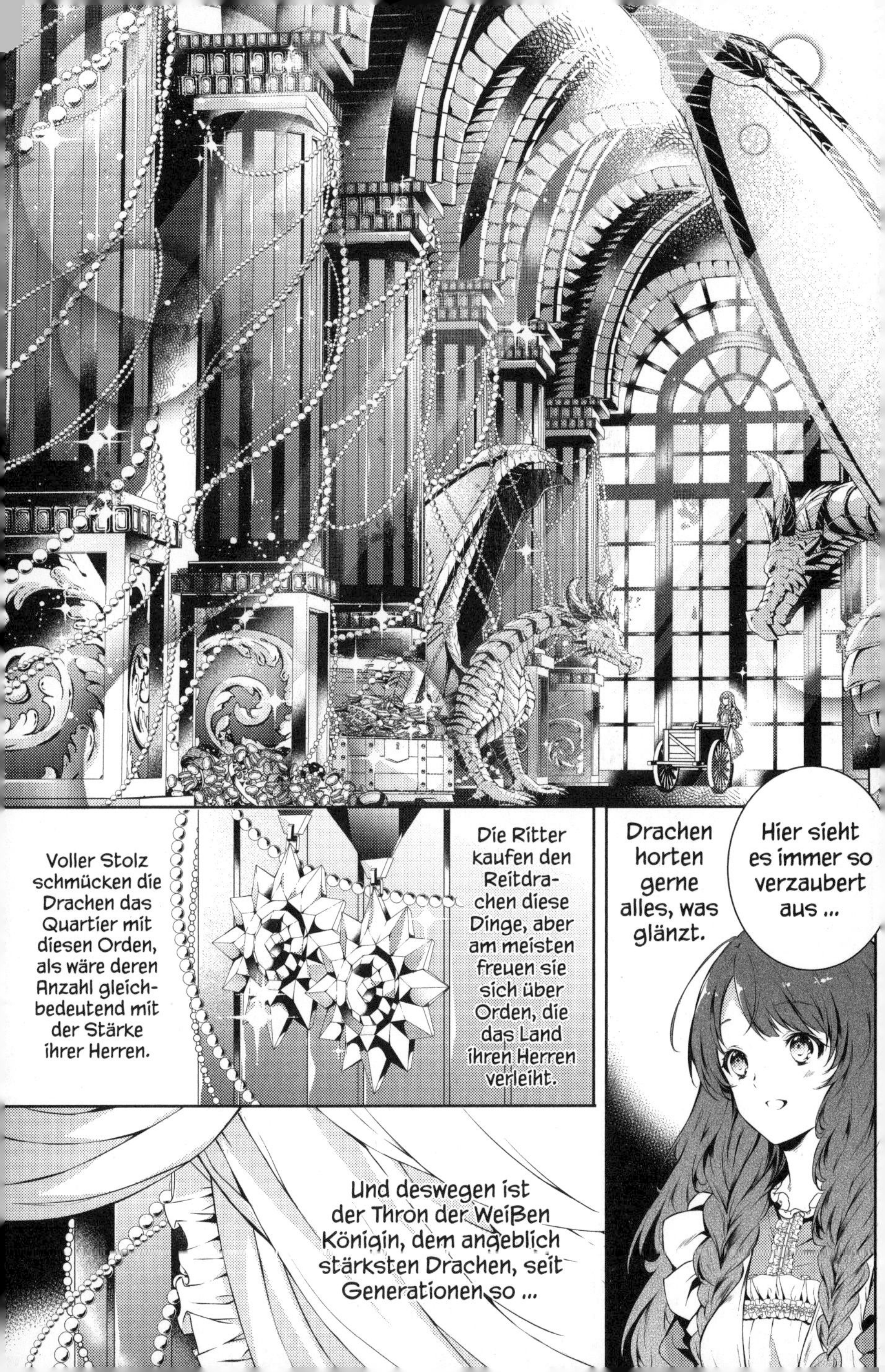
Hier sieht es immer so verzaubert aus ...
Drachen horten gerne alles, was glänzt.
Die Ritter kaufen den Reitdrachen diese Dinge, aber am meisten freuen sie sich über Orden, die das Land ihren Herren verleiht.
Voller Stolz schmücken die Drachen das Quartier mit diesen Orden, als wäre deren Anzahl gleichbedeutend mit der Stärke ihrer Herren.
Und deswegen ist der Thron der Weißen Königin, dem angeblich stärksten Drachen, seit Generationen so ...

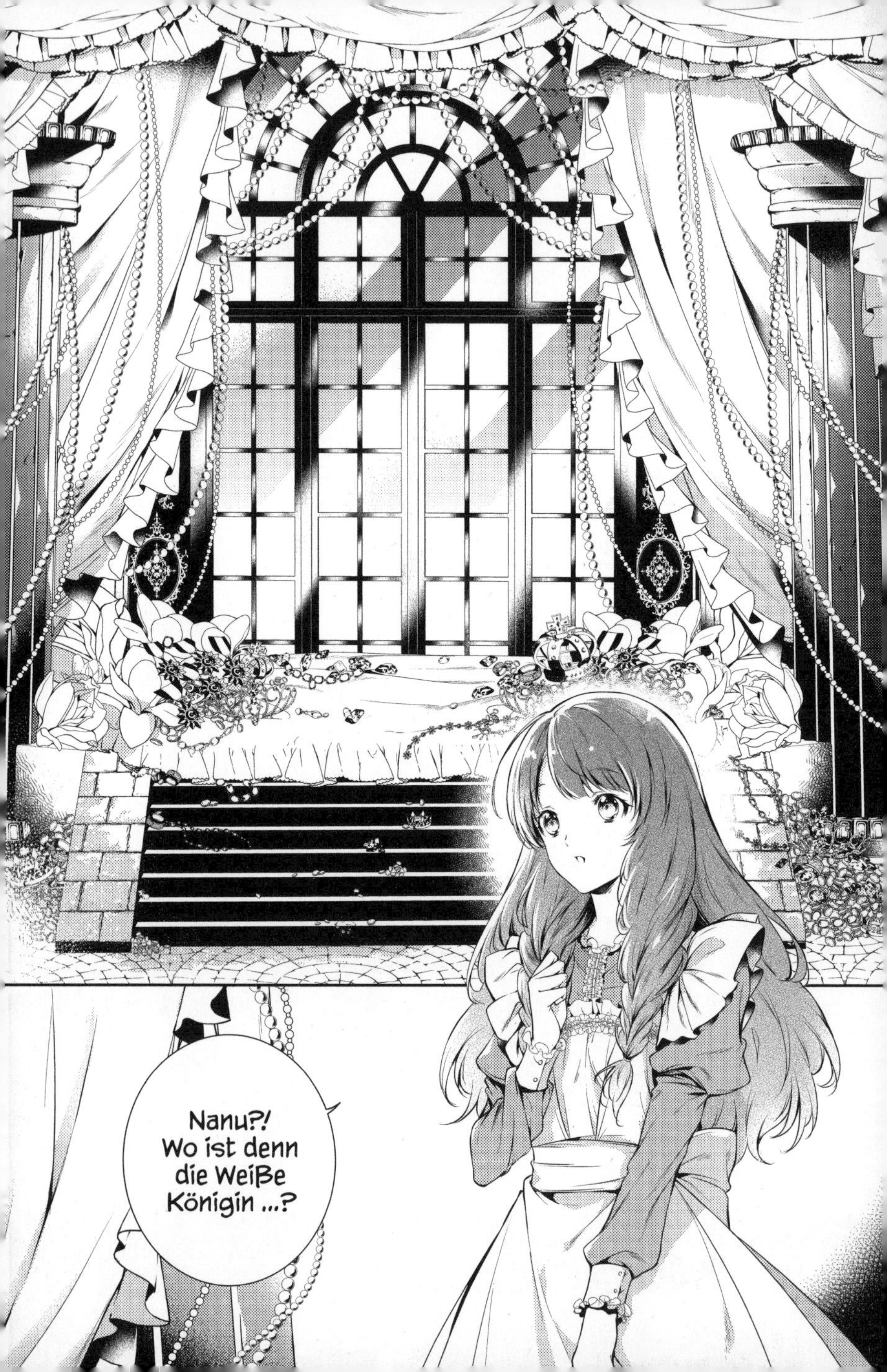
Nanu?! Wo ist denn die Weiße Königin ...?

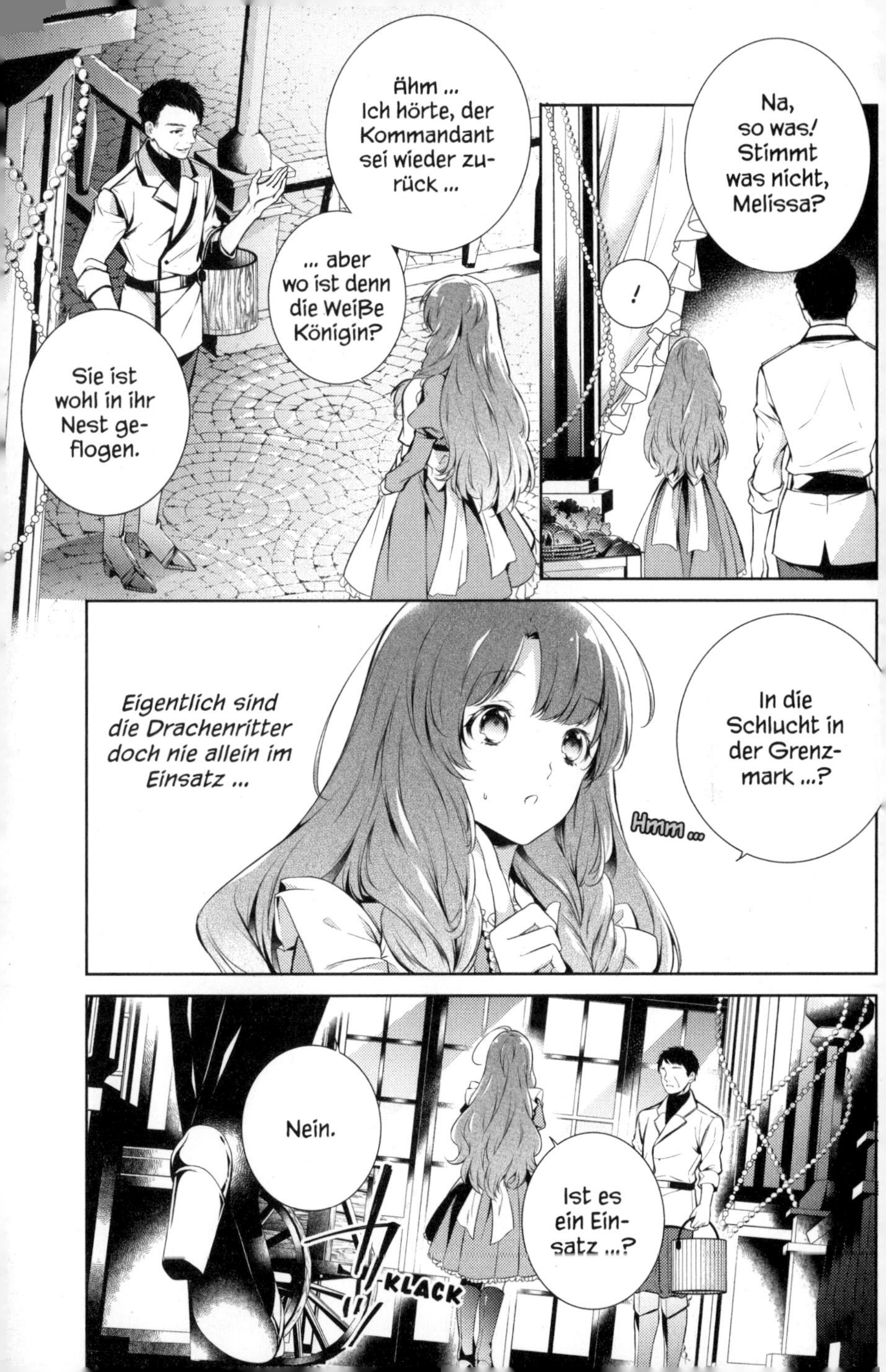
Ähm ...
Ich hörte, der Kommandant sei wieder zurück ...
... aber wo ist denn die Weiße Königin?
Sie ist wohl in ihr Nest geflogen.
Na, so was! Stimmt was nicht, Melissa?
!
Eigentlich sind die Drachenritter doch nie allein im Einsatz ...
In die Schlucht in der Grenzmark ...?
Hmm ...
Ist es ein Einsatz ...?
Nein.
KLACK

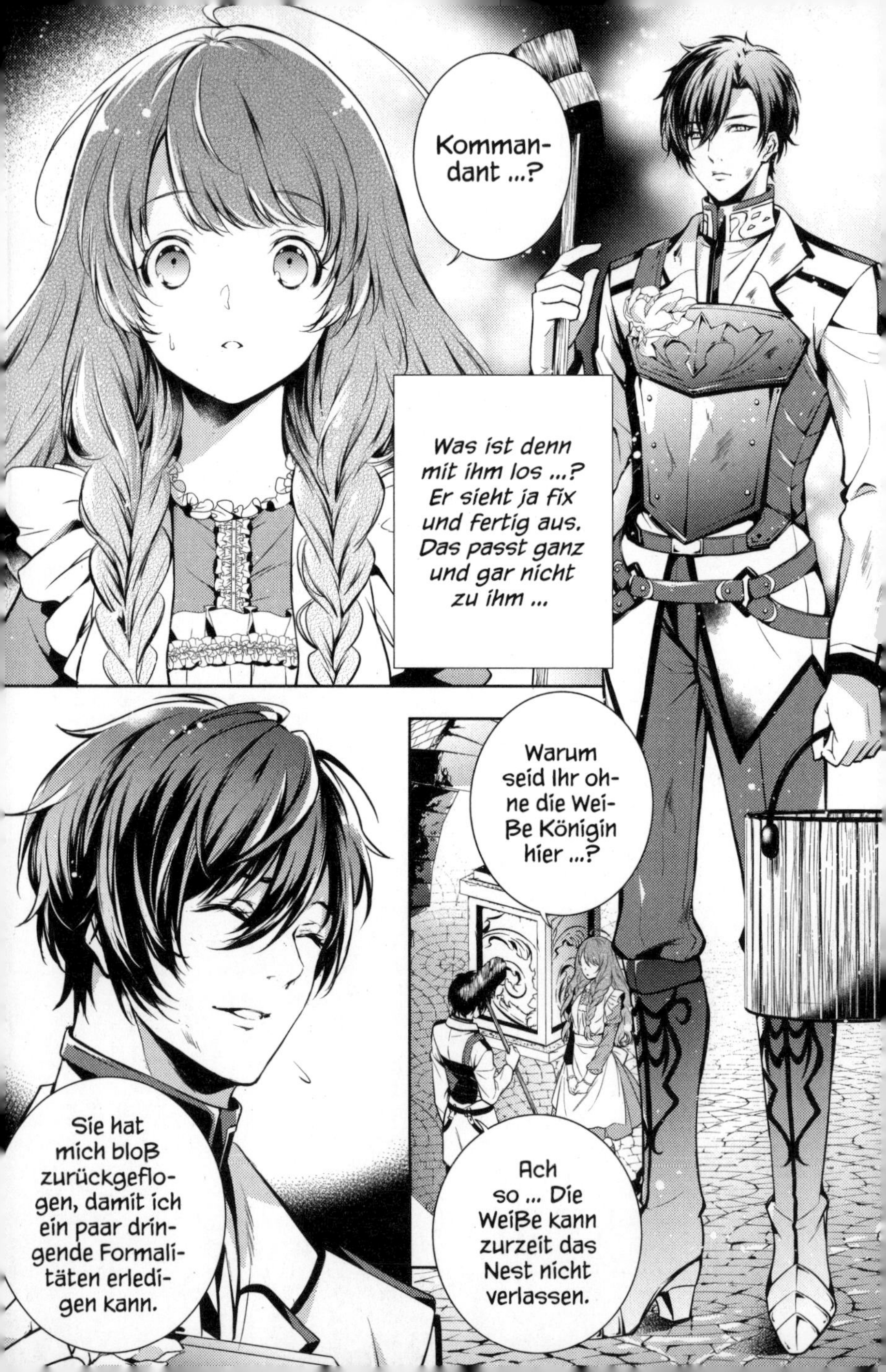

Komman-dant ...?
Was ist denn mit ihm los ...? Er sieht ja fix und fertig aus. Das passt ganz und gar nicht zu ihm ...
Warum seid Ihr ohne die Weiße Königin hier ...?
Sie hat mich bloß zurückgeflogen, damit ich ein paar dringende Formalitäten erledigen kann.
Ach so ... Die Weiße kann zurzeit das Nest nicht verlassen.

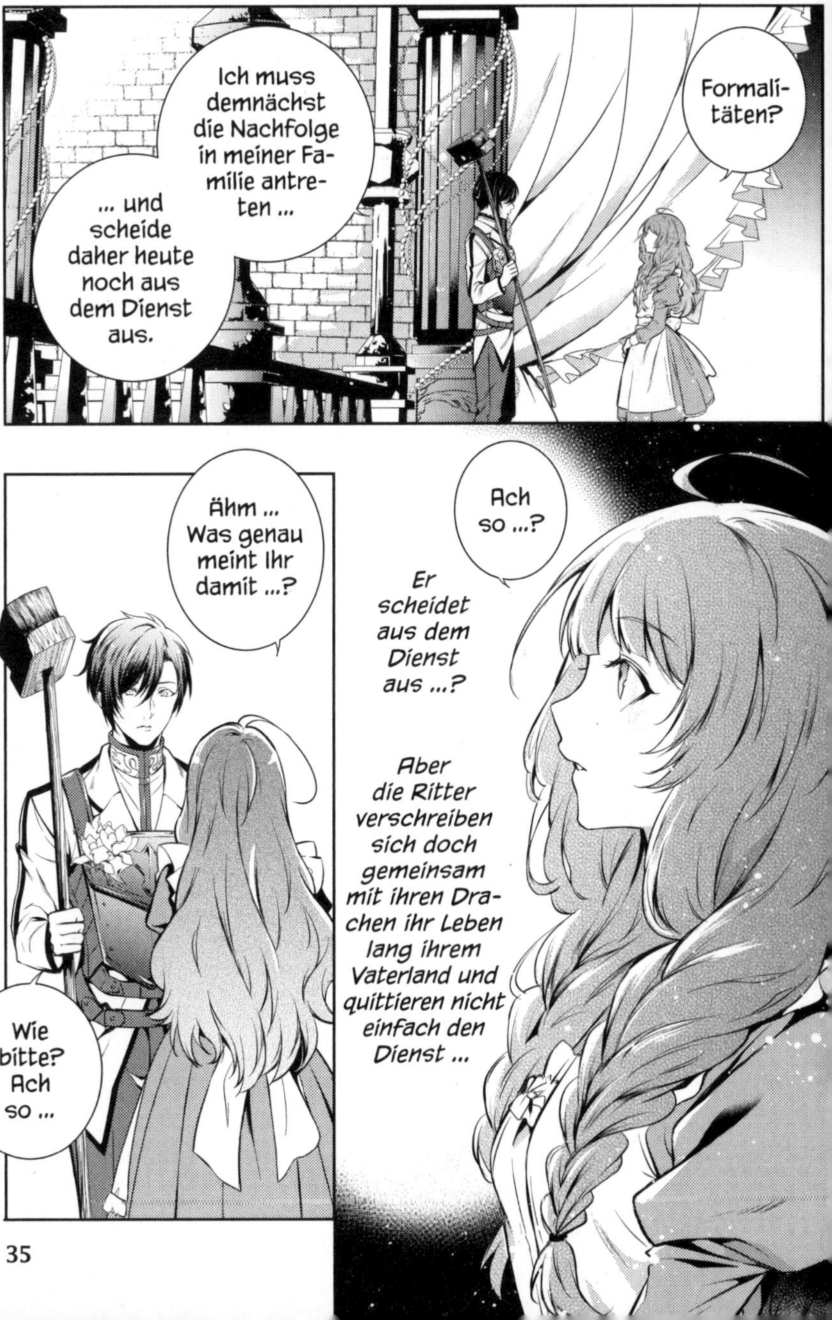
Formalitäten?
Ich muss demnächst die Nachfolge in meiner Familie antreten ...
... und scheide daher heute noch aus dem Dienst aus.
Ach so ...?
Er scheidet aus dem Dienst aus ...?
Aber die Ritter verschreiben sich doch gemeinsam mit ihren Drachen ihr Leben lang ihrem Vaterland und quittieren nicht einfach den Dienst ...
Ähm ... Was genau meint Ihr damit ...?
Wie bitte? Ach so ...

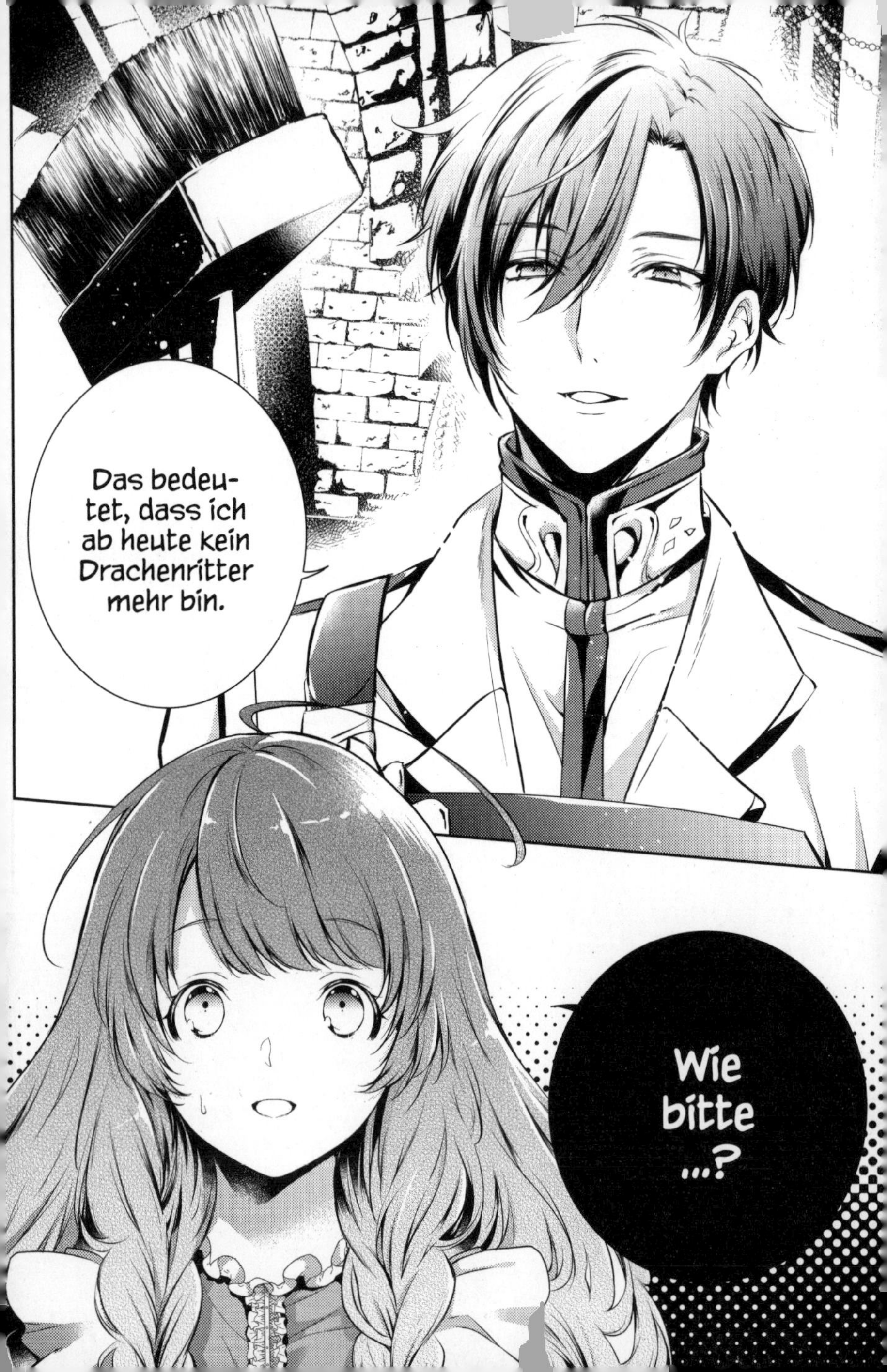
Das bedeu-
tet, dass ich
ab heute kein
Drachenritter
mehr bin.
Wie
bitte
...?

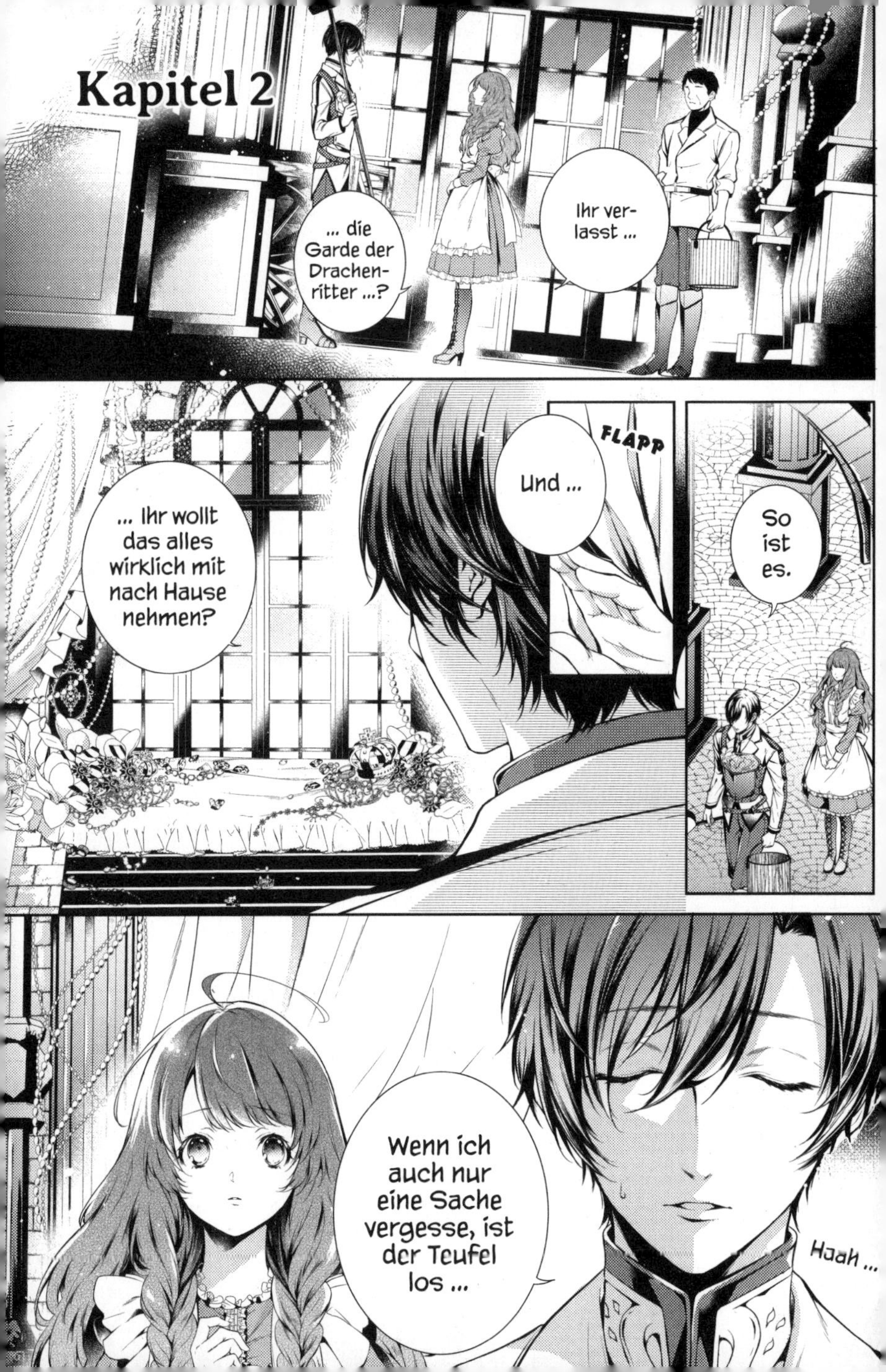
Kapitel 2
Ihr verlasst ...
... die Garde der Drachenritter ...?
So ist es.
FLAPP
Und ...
... Ihr wollt das alles wirklich mit nach Hause nehmen?
Haah ...
Wenn ich auch nur eine Sache vergesse, ist der Teufel los ...

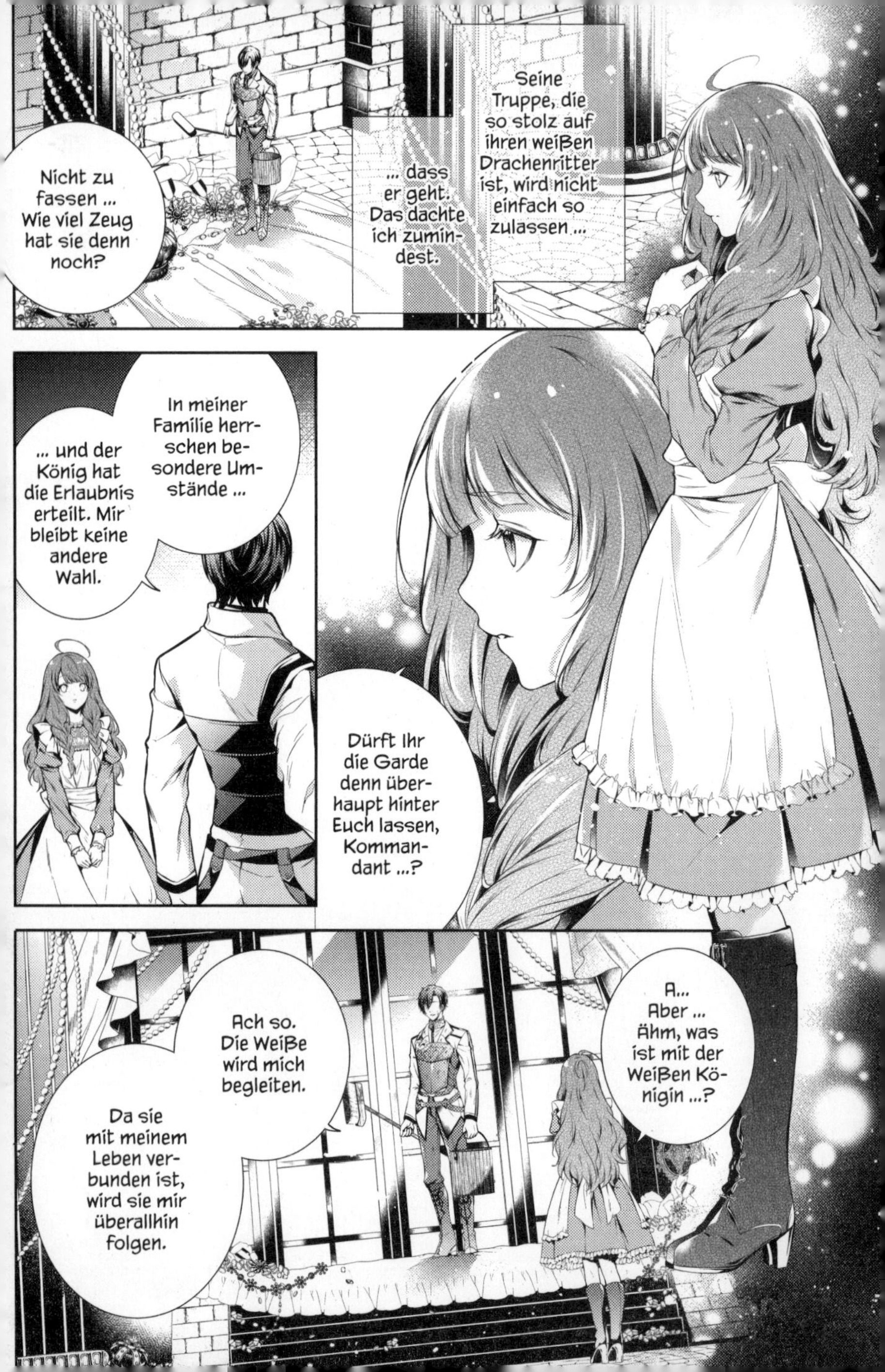

Seine Truppe, die so stolz auf ihren weißen Drachenritter ist, wird nicht einfach so zulassen ...
... dass er geht. Das dachte ich zumindest.
Nicht zu fassen ... Wie viel Zeug hat sie denn noch?
Dürft Ihr die Garde denn überhaupt hinter Euch lassen, Kommandant ...?
In meiner Familie herrschen besondere Umstände ...
... und der König hat die Erlaubnis erteilt. Mir bleibt keine andere Wahl.
A... Aber ... Ähm, was ist mit der Weißen Königin ...?
Ach so. Die Weiße wird mich begleiten.
Da sie mit meinem Leben verbunden ist, wird sie mir überallhin folgen.

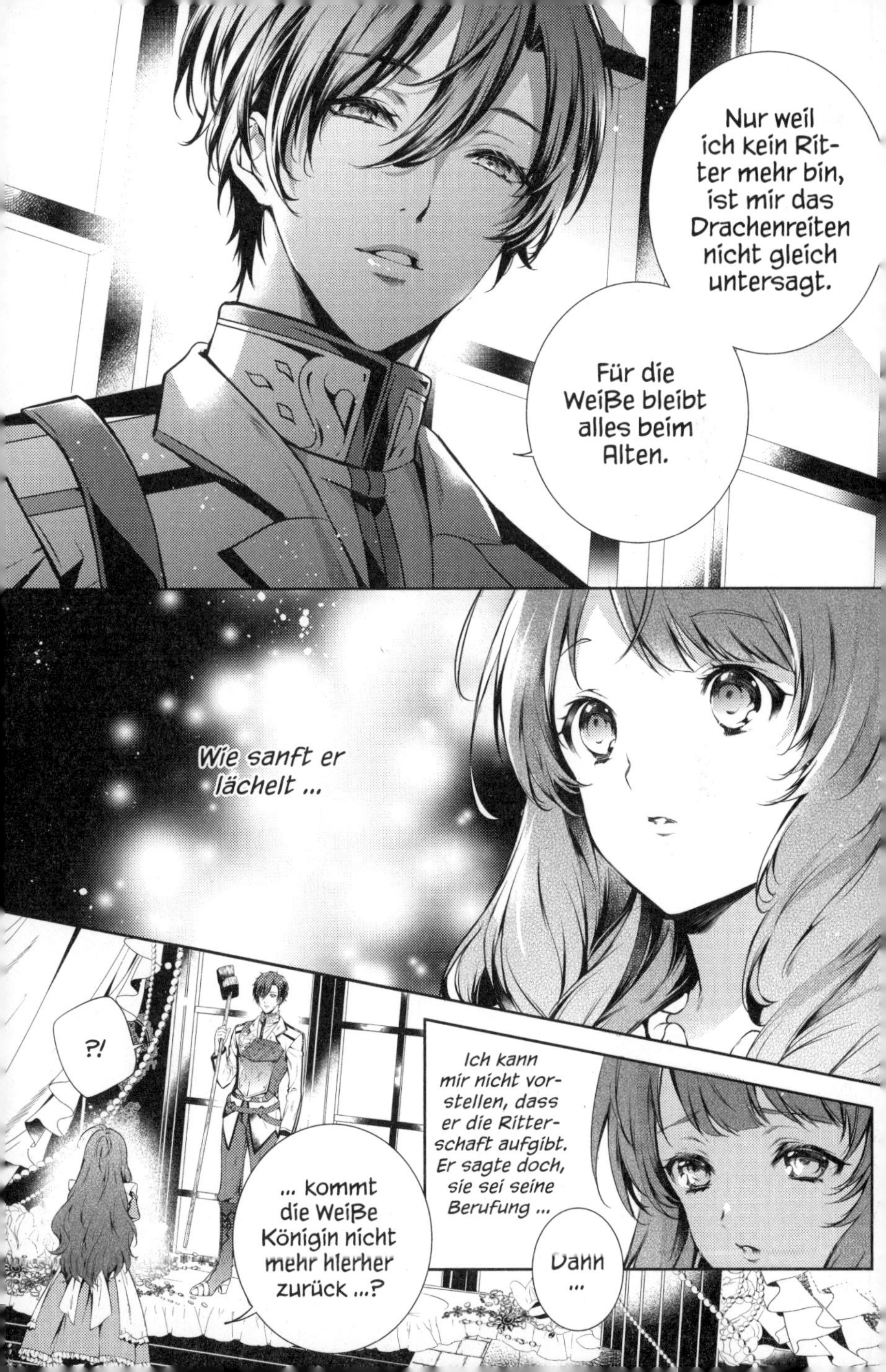
Nur weil ich kein Ritter mehr bin, ist mir das Drachenreiten nicht gleich untersagt.
Für die Weiße bleibt alles beim Alten.
Wie sanft er lächelt ...
Ich kann mir nicht vorstellen, dass er die Ritterschaft aufgibt. Er sagte doch, sie sei seine Berufung ...
Dann ...
... kommt die Weiße Königin nicht mehr hierher zurück ...?
?!

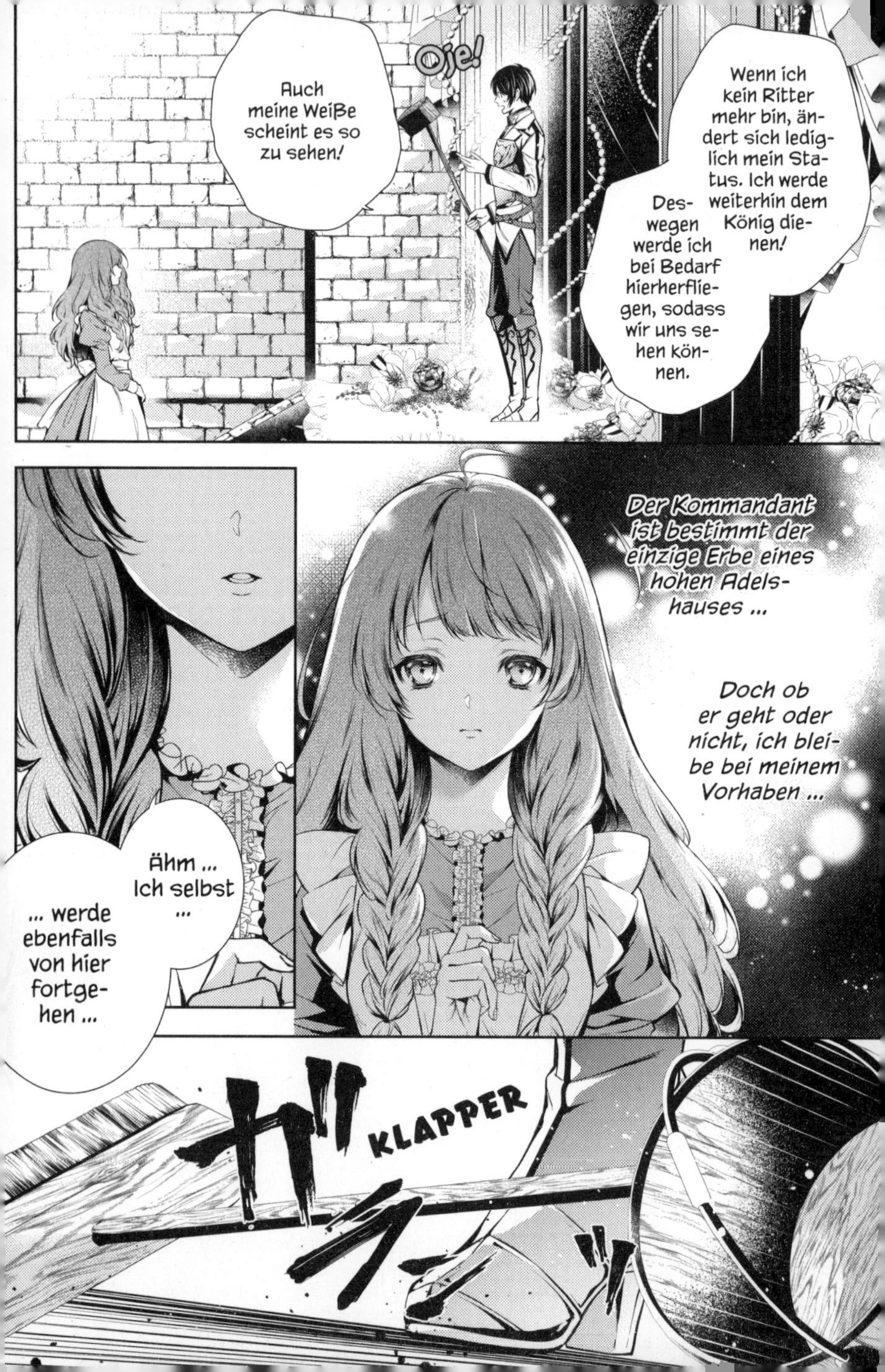
Wenn ich kein Ritter mehr bin, ändert sich lediglich mein Status. Ich werde weiterhin dem König dienen!
Deswegen werde ich bei Bedarf hierherfliegen, sodass wir uns sehen können.
Oje!
Auch meine Weiße scheint es so zu sehen!
Der Kommandant ist bestimmt der einzige Erbe eines hohen Adelshauses ...
Doch ob er geht oder nicht, ich bleibe bei meinem Vorhaben ...
Ähm ... Ich selbst ...
... werde ebenfalls von hier fortgehen ...
KLAPPER

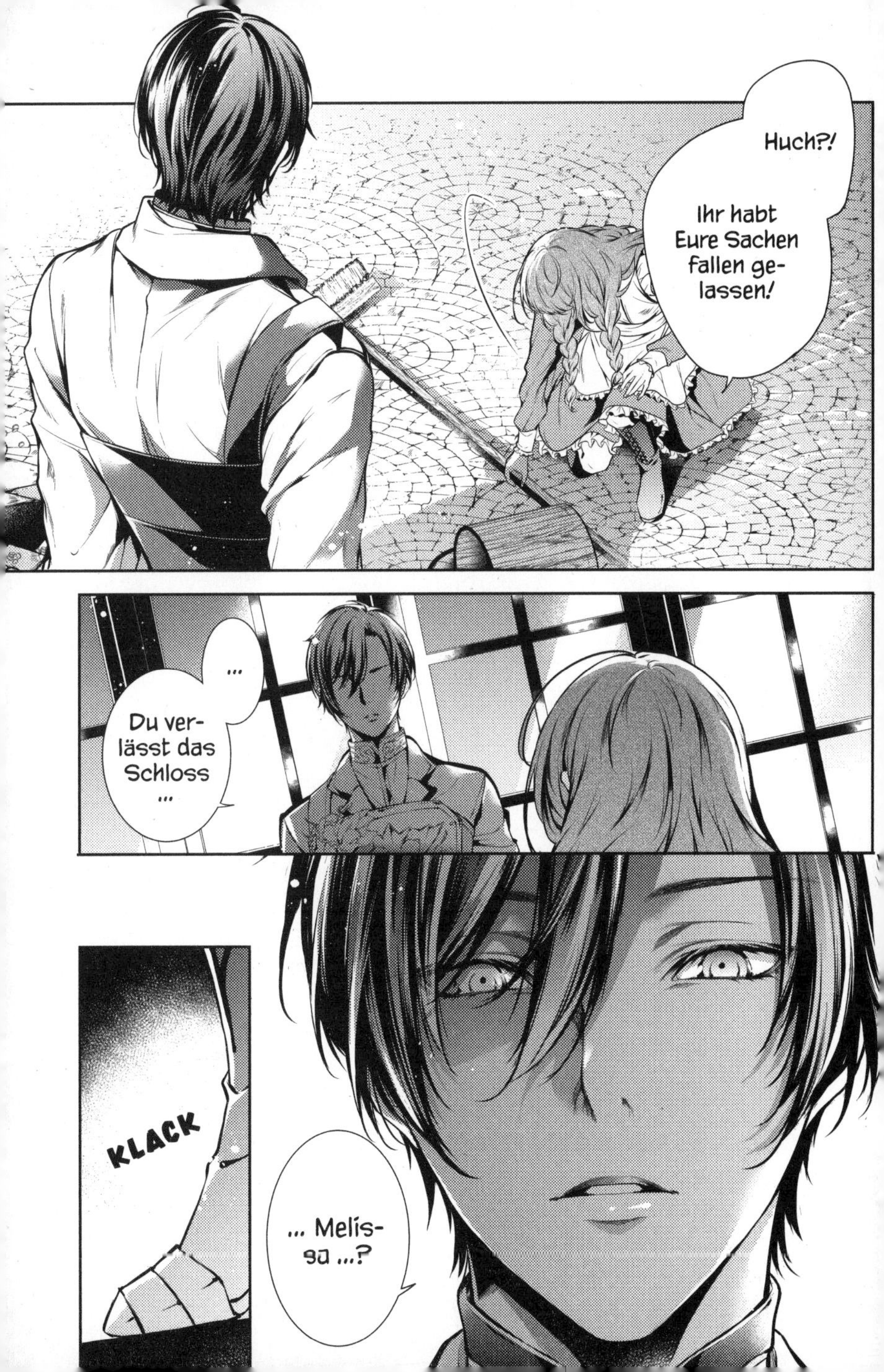
Huch?!
Ihr habt Eure Sachen fallen gelassen!
...
Du verlässt das Schloss ...
KLACK
... Melissa ...?

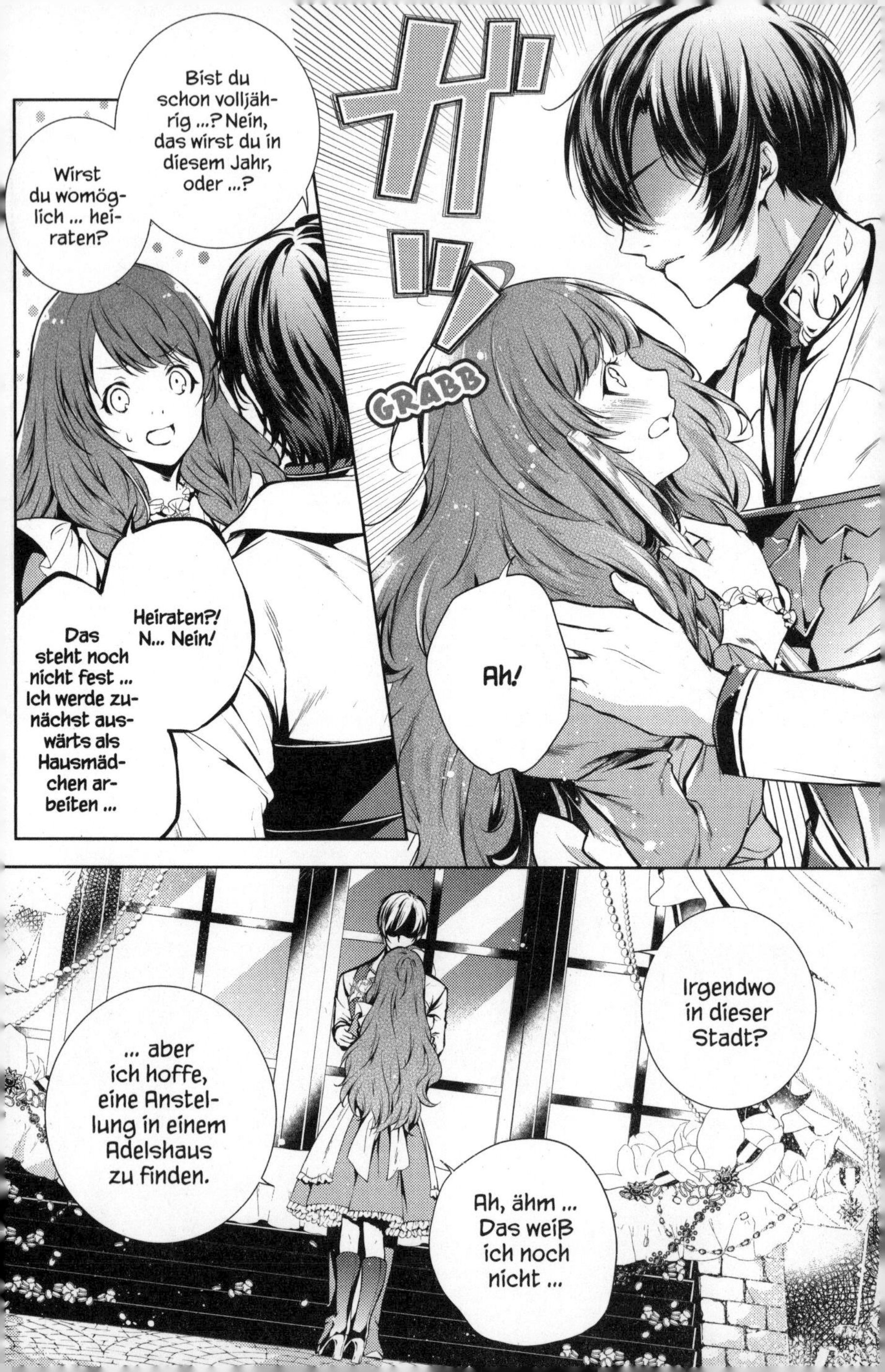
Bist du schon volljährig ...? Nein, das wirst du in diesem Jahr, oder ...?
Wirst du womöglich ... heiraten?
Heiraten?! N... Nein!
Das steht noch nicht fest ... Ich werde zunächst auswärts als Hausmädchen arbeiten ...
GRABB
Ah!
... aber ich hoffe, eine Anstellung in einem Adelshaus zu finden.
Irgendwo in dieser Stadt?
Ah, ähm ... Das weiß ich noch nicht ...

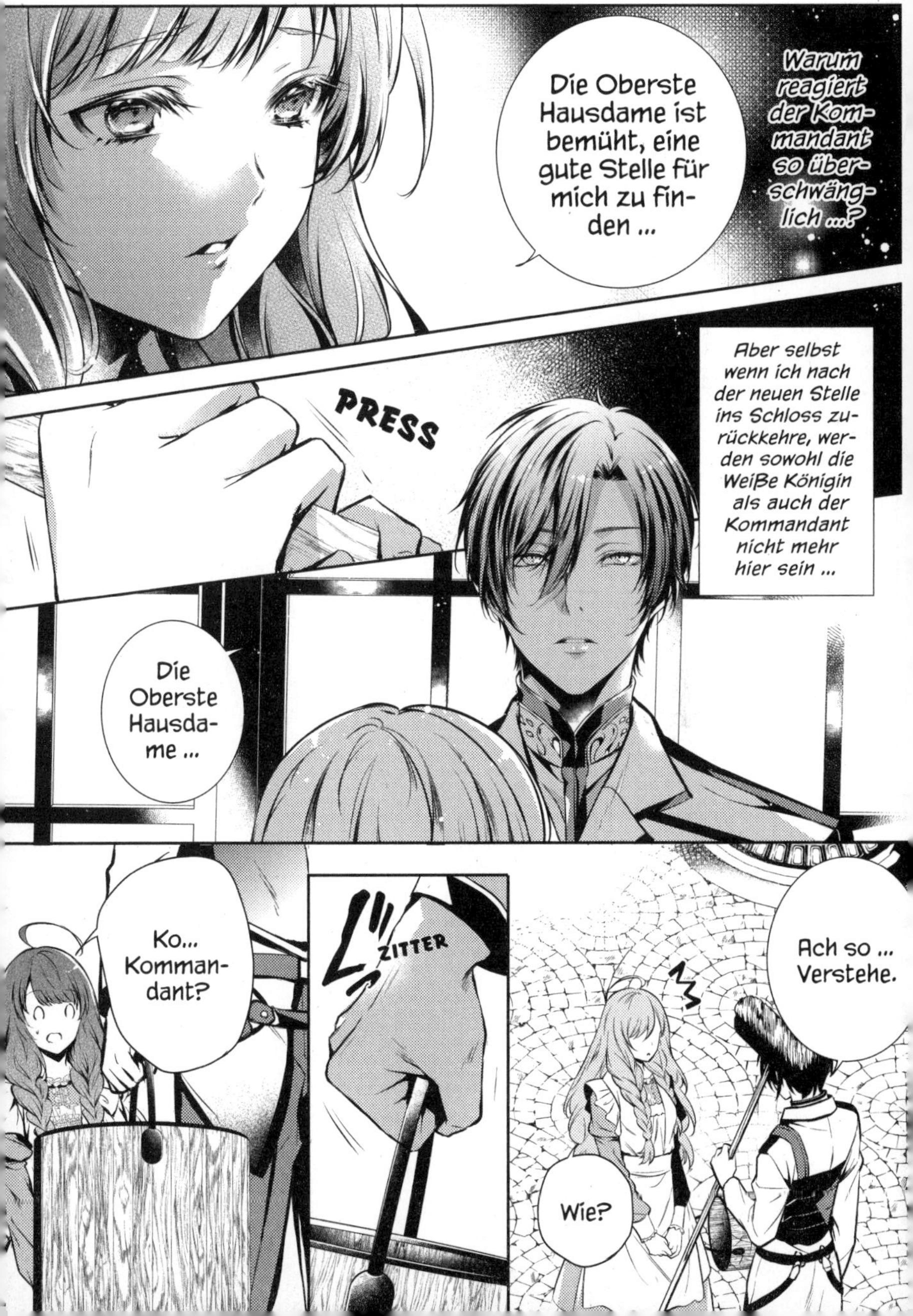
Warum reagiert der Kommandant so überschwänglich ...?
Die Oberste Hausdame ist bemüht, eine gute Stelle für mich zu finden ...
Aber selbst wenn ich nach der neuen Stelle ins Schloss zurückkehre, werden sowohl die Weiße Königin als auch der Kommandant nicht mehr hier sein ...
PRESS
Die Oberste Hausdame ...
Ach so ... Verstehe.
Wie?
ZITTER
Ko... Kommandant?

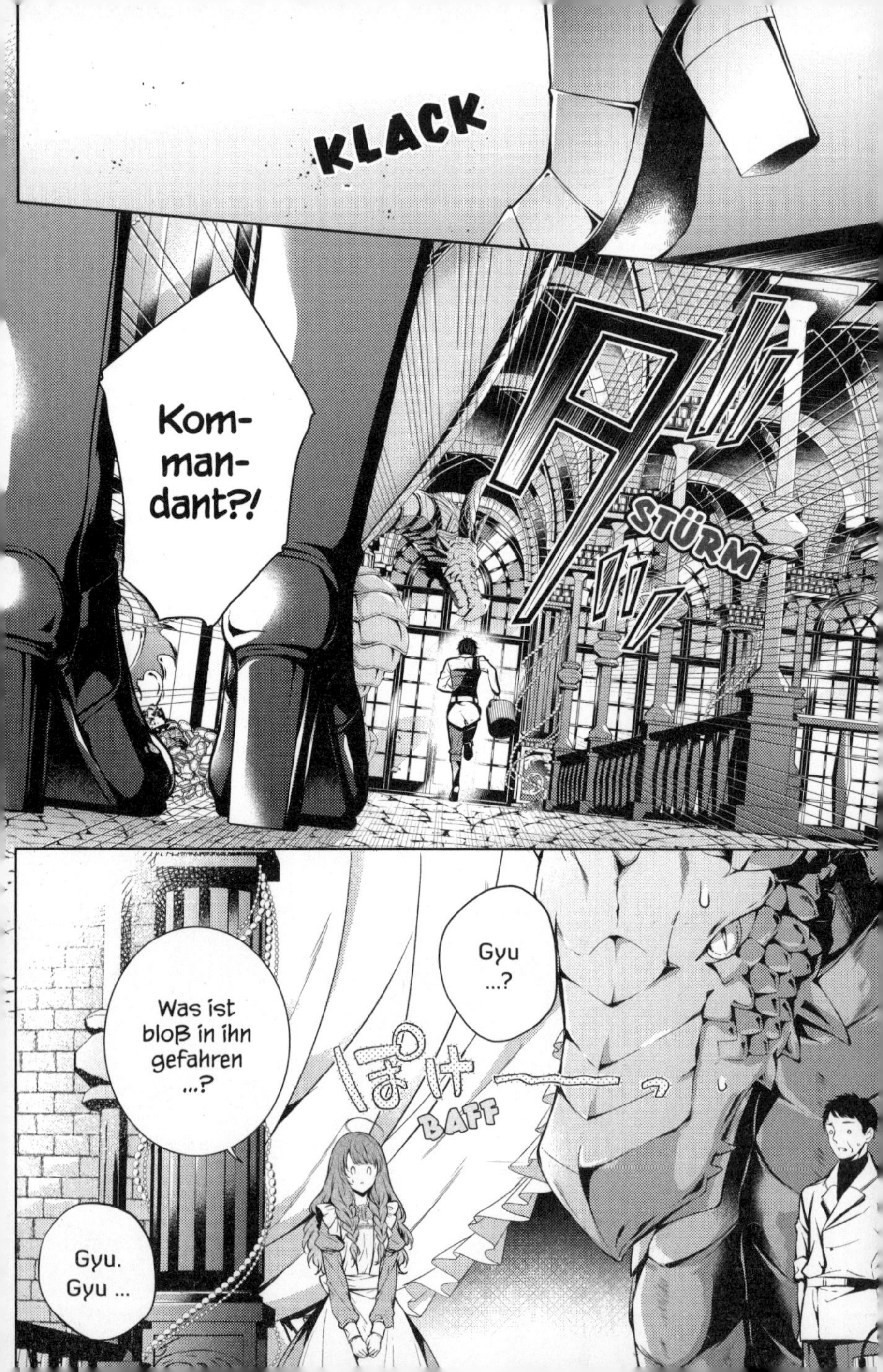
KLACK
Kom-
man-
dant?!
STÜRM
Gyu
...?
Was ist
bloß in ihn
gefahren
...?
BAFF
Gyu.
Gyu ...

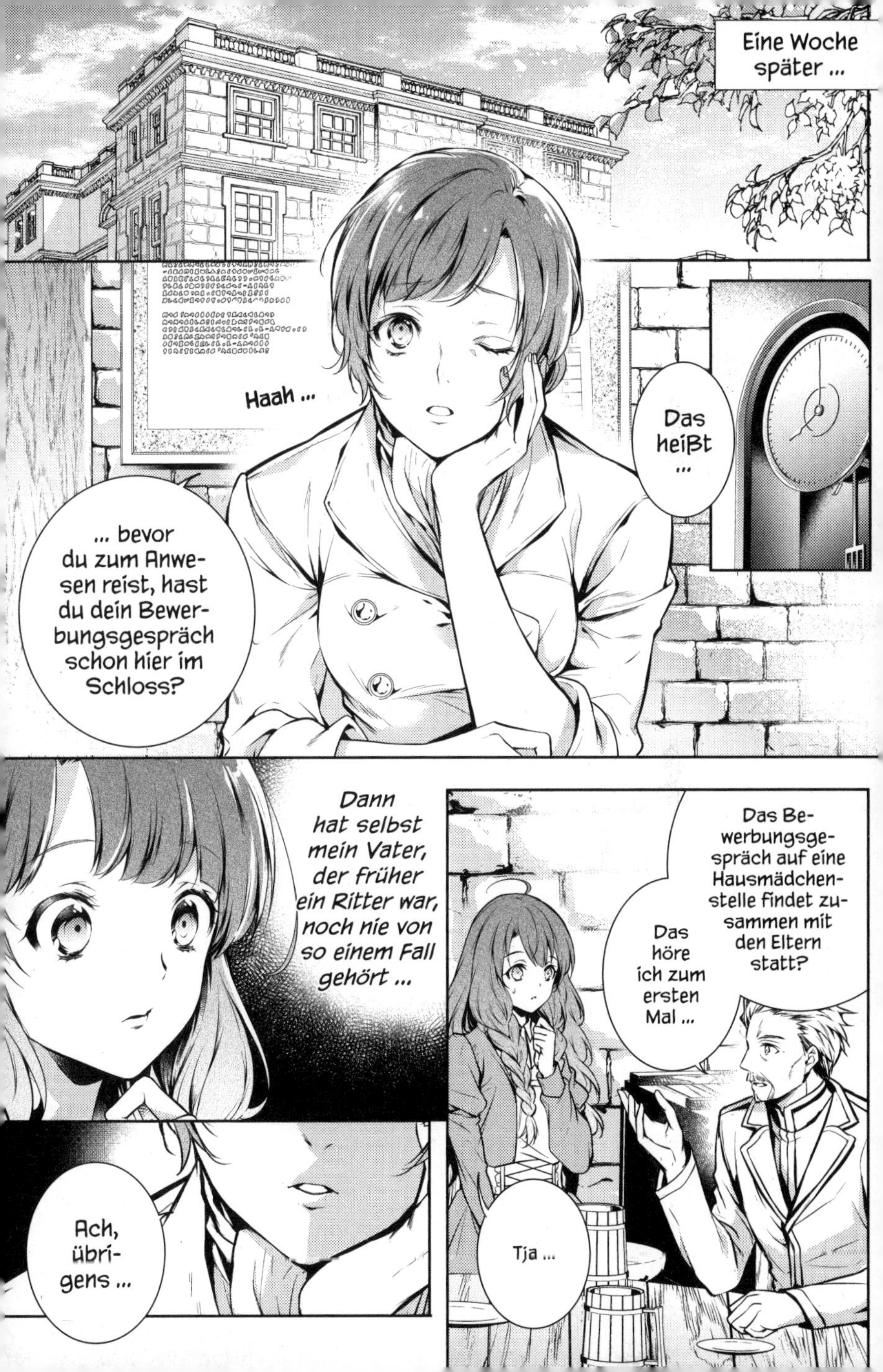
Eine Woche später ...
Das heißt ...
Haah ...
... bevor du zum Anwesen reist, hast du dein Bewerbungsgespräch schon hier im Schloss?
Das Bewerbungsgespräch auf eine Hausmädchenstelle findet zusammen mit den Eltern statt?
Das höre ich zum ersten Mal ...
Tja ...
Dann hat selbst mein Vater, der früher ein Ritter war, noch nie von so einem Fall gehört ...
Ach, übrigens ...

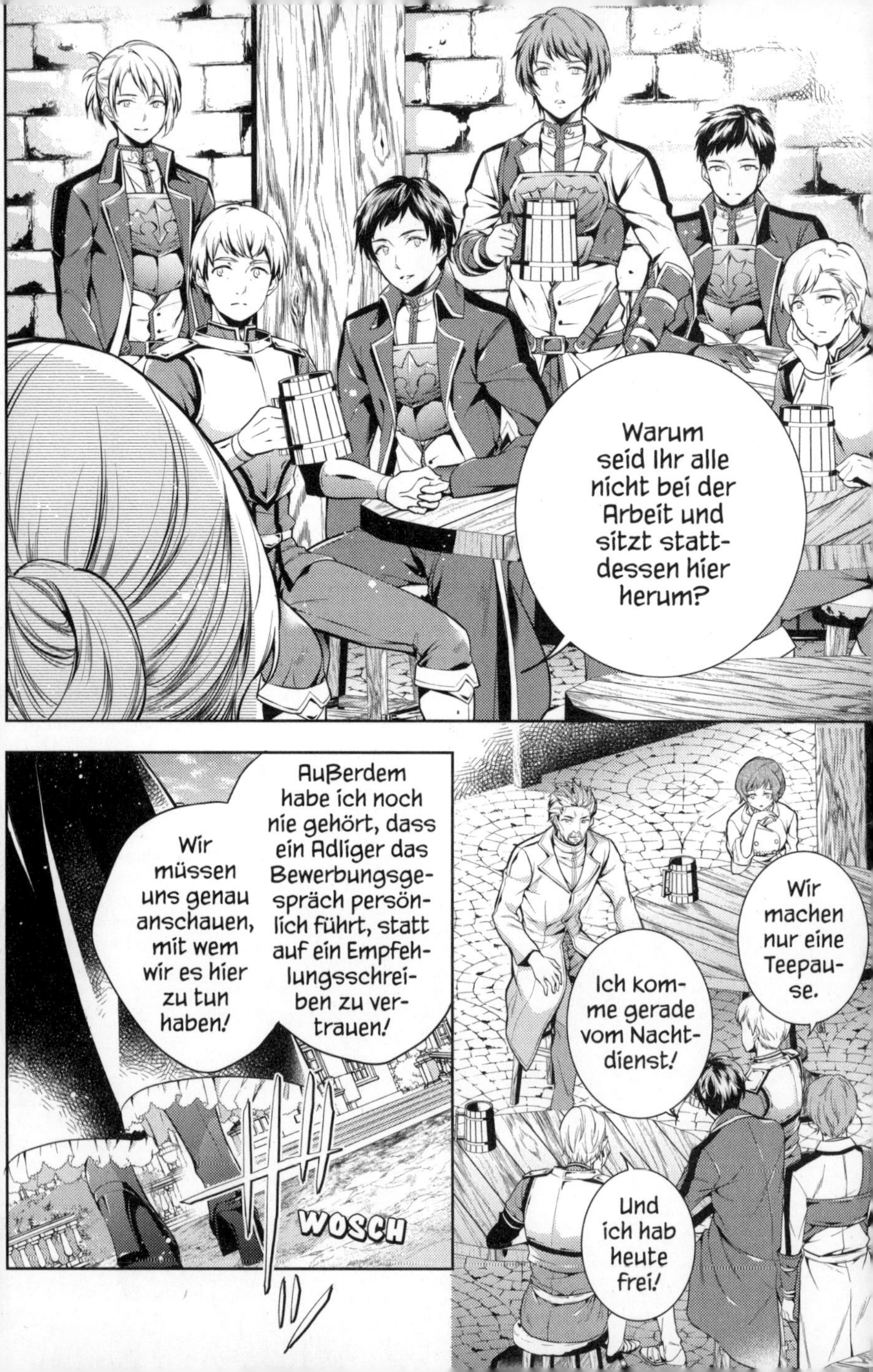
Warum seid Ihr alle nicht bei der Arbeit und sitzt stattdessen hier herum?
Wir machen nur eine Teepause.
Ich komme gerade vom Nachtdienst!
Und ich hab heute frei!
Außerdem habe ich noch nie gehört, dass ein Adliger das Bewerbungsgespräch persönlich führt, statt auf ein Empfehlungsschreiben zu vertrauen!
Wir müssen uns genau anschauen, mit wem wir es hier zu tun haben!
WOSCH

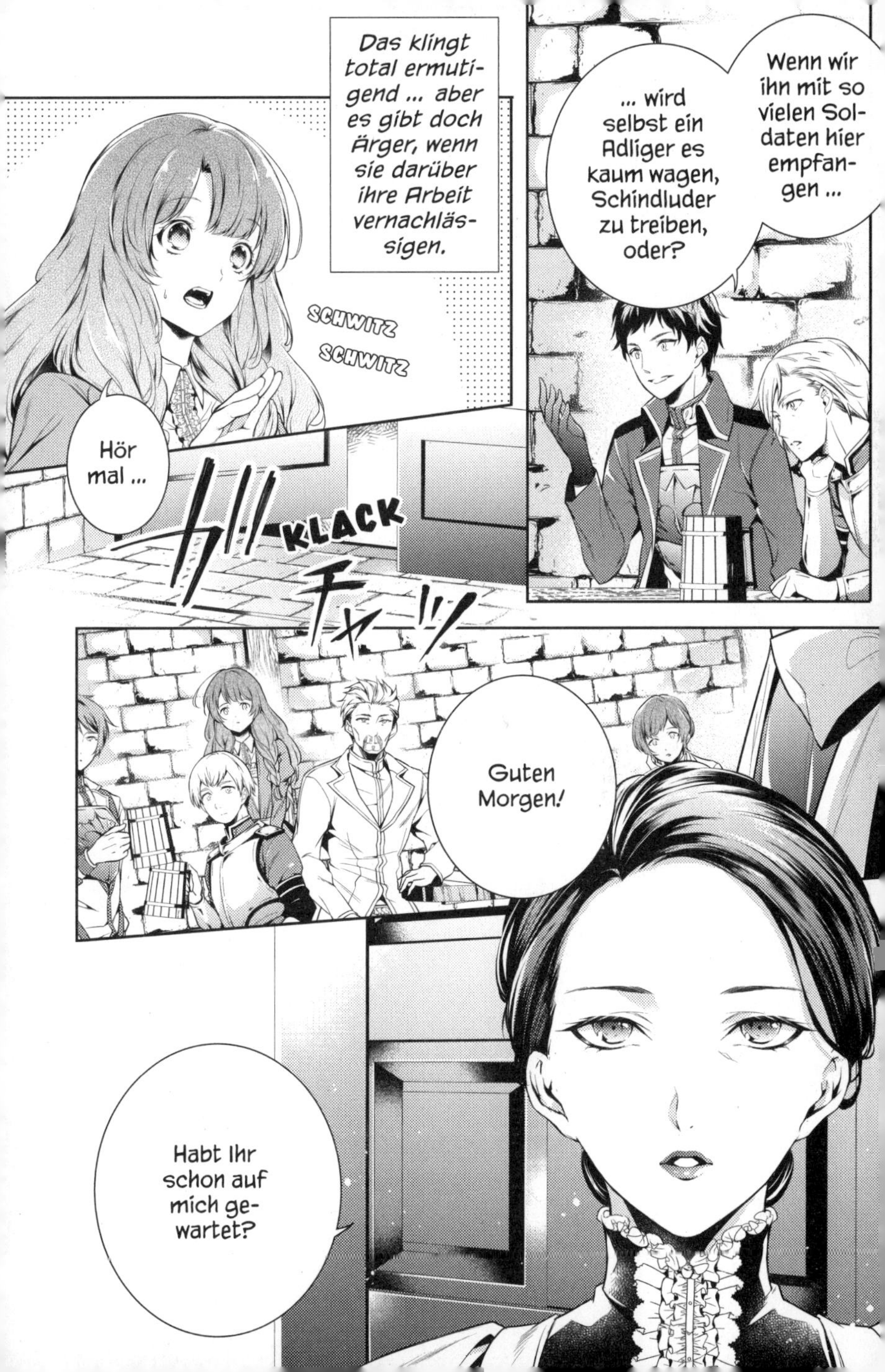
Wenn wir ihn mit so vielen Soldaten hier empfangen ...
... wird selbst ein Adliger es kaum wagen, Schindluder zu treiben, oder?
Das klingt total ermutigend ... aber es gibt doch Ärger, wenn sie darüber ihre Arbeit vernachlässigen.
SCHWITZ
SCHWITZ
Hör mal ...
KLACK
Guten Morgen!
Habt Ihr schon auf mich gewartet?

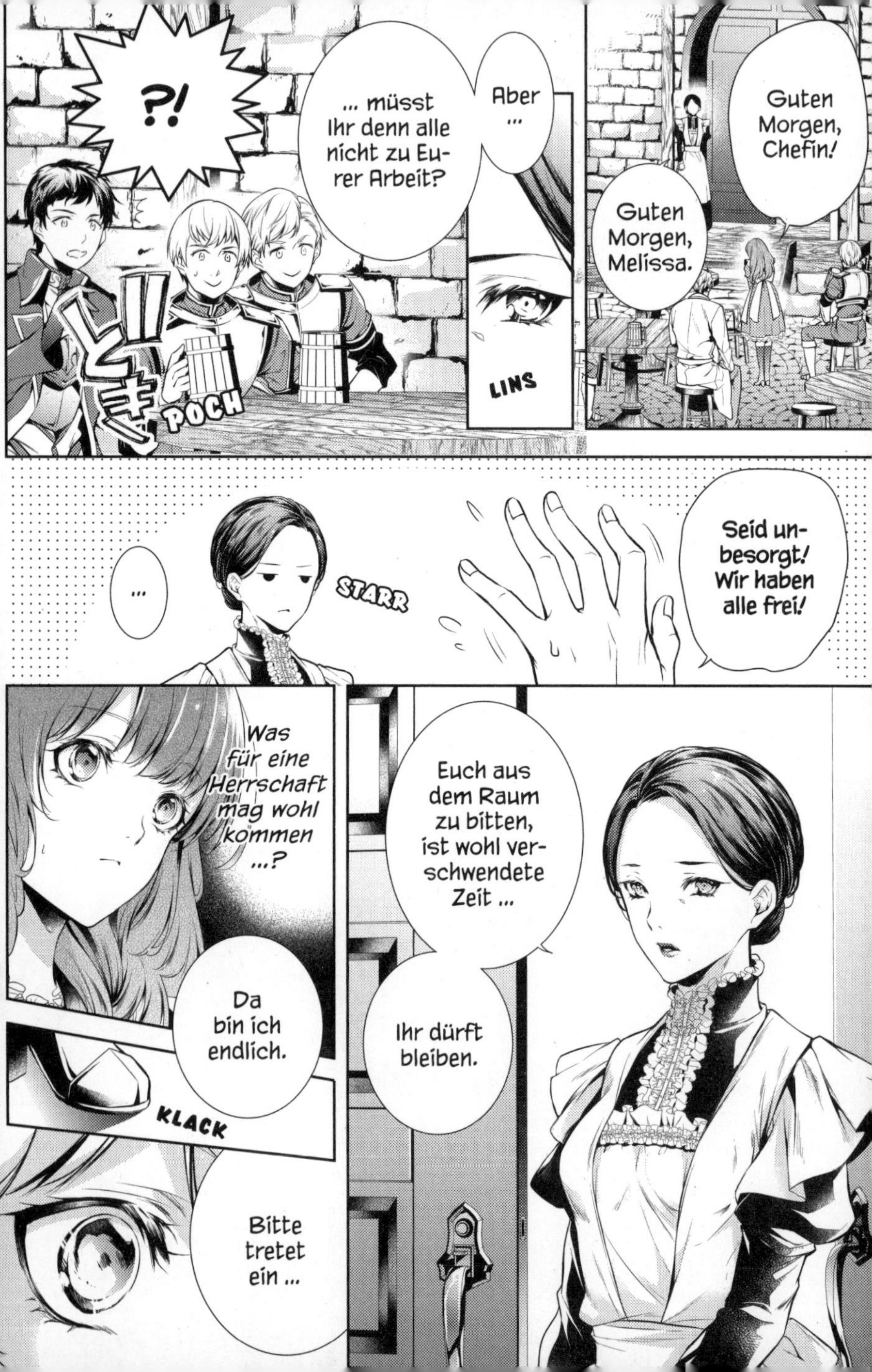

Guten Morgen, Chefin!
Guten Morgen, Melissa.
Aber ...
LINS
... müsst Ihr denn alle nicht zu Eurer Arbeit?
?!
POCH
Seid unbesorgt! Wir haben alle frei!
STARR
...
Euch aus dem Raum zu bitten, ist wohl verschwendete Zeit ...
Ihr dürft bleiben.
Was für eine Herrschaft mag wohl kommen ...?
Da bin ich endlich.
KLACK
Bitte tretet ein ...

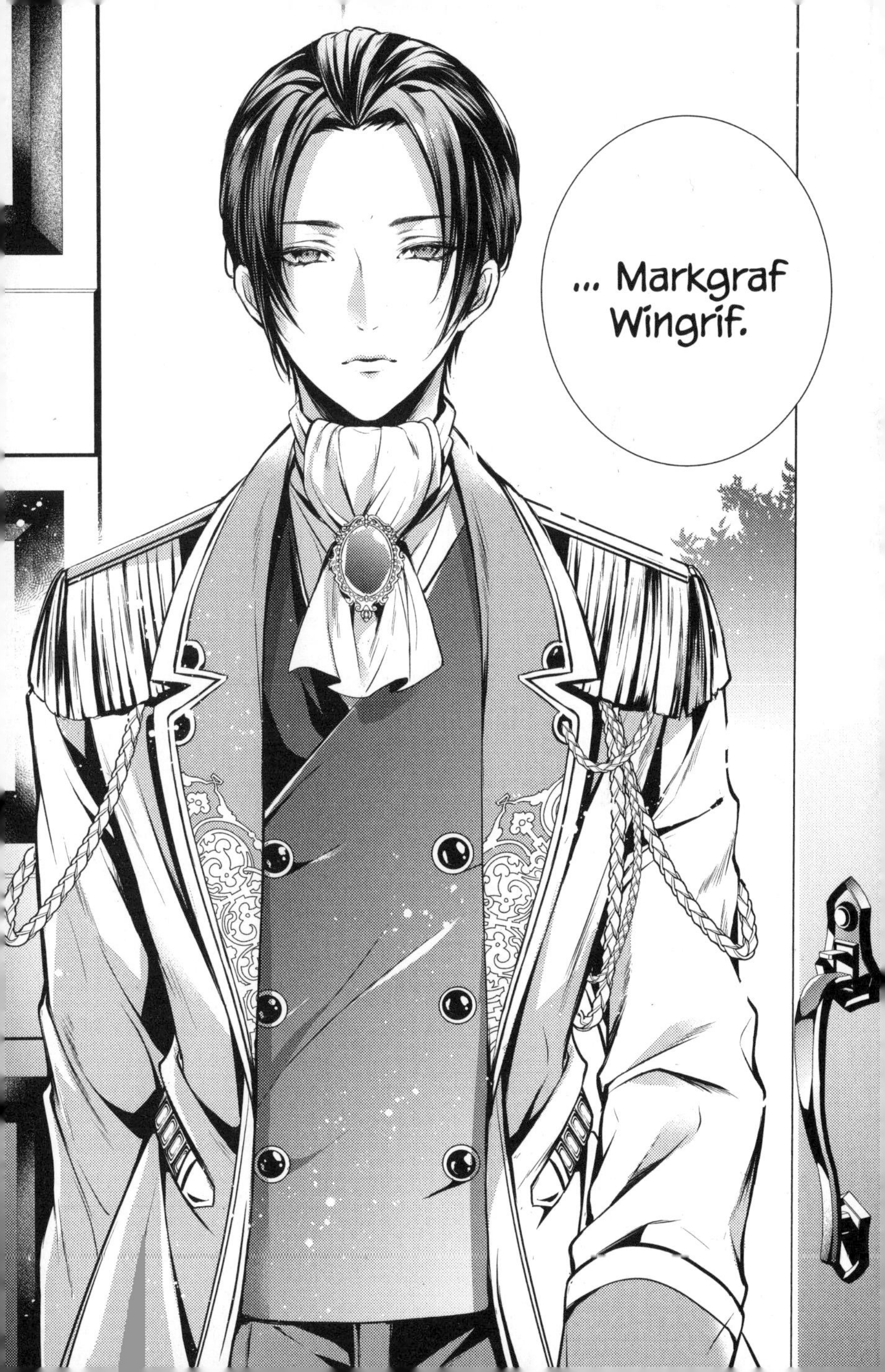
... Markgraf Wingrif.

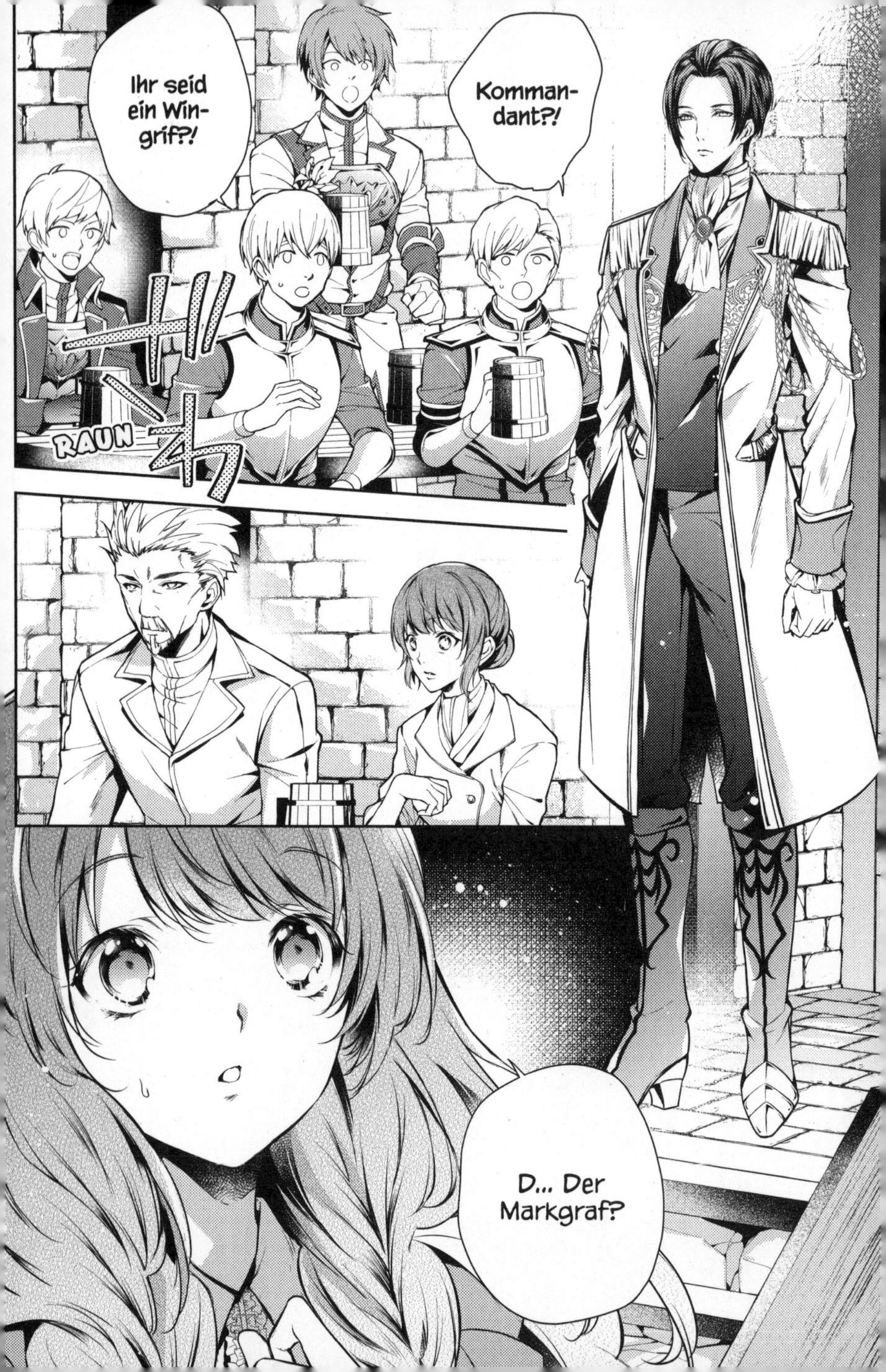
Kommandant?!
Ihr seid ein Wingrif?!
RAUN
D... Der Markgraf?

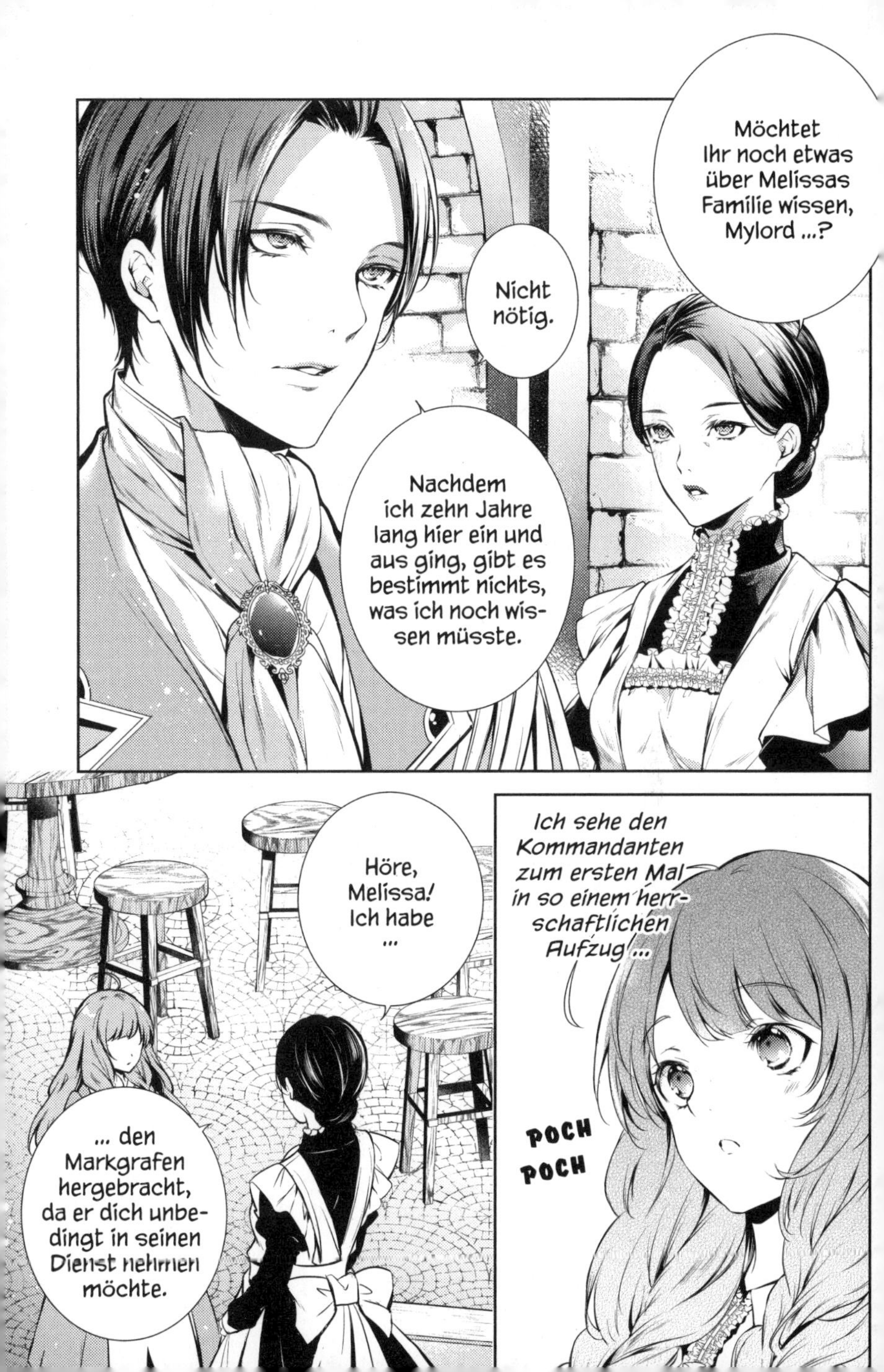
Möchtet Ihr noch etwas über Melissas Familie wissen, Mylord ...?
Nicht nötig.
Nachdem ich zehn Jahre lang hier ein und aus ging, gibt es bestimmt nichts, was ich noch wissen müsste.
Ich sehe den Kommandanten zum ersten Mal in so einem herrschaftlichen Aufzug ...
POCH POCH
Höre, Melissa! Ich habe ...
... den Markgrafen hergebracht, da er dich unbedingt in seinen Dienst nehmen möchte.

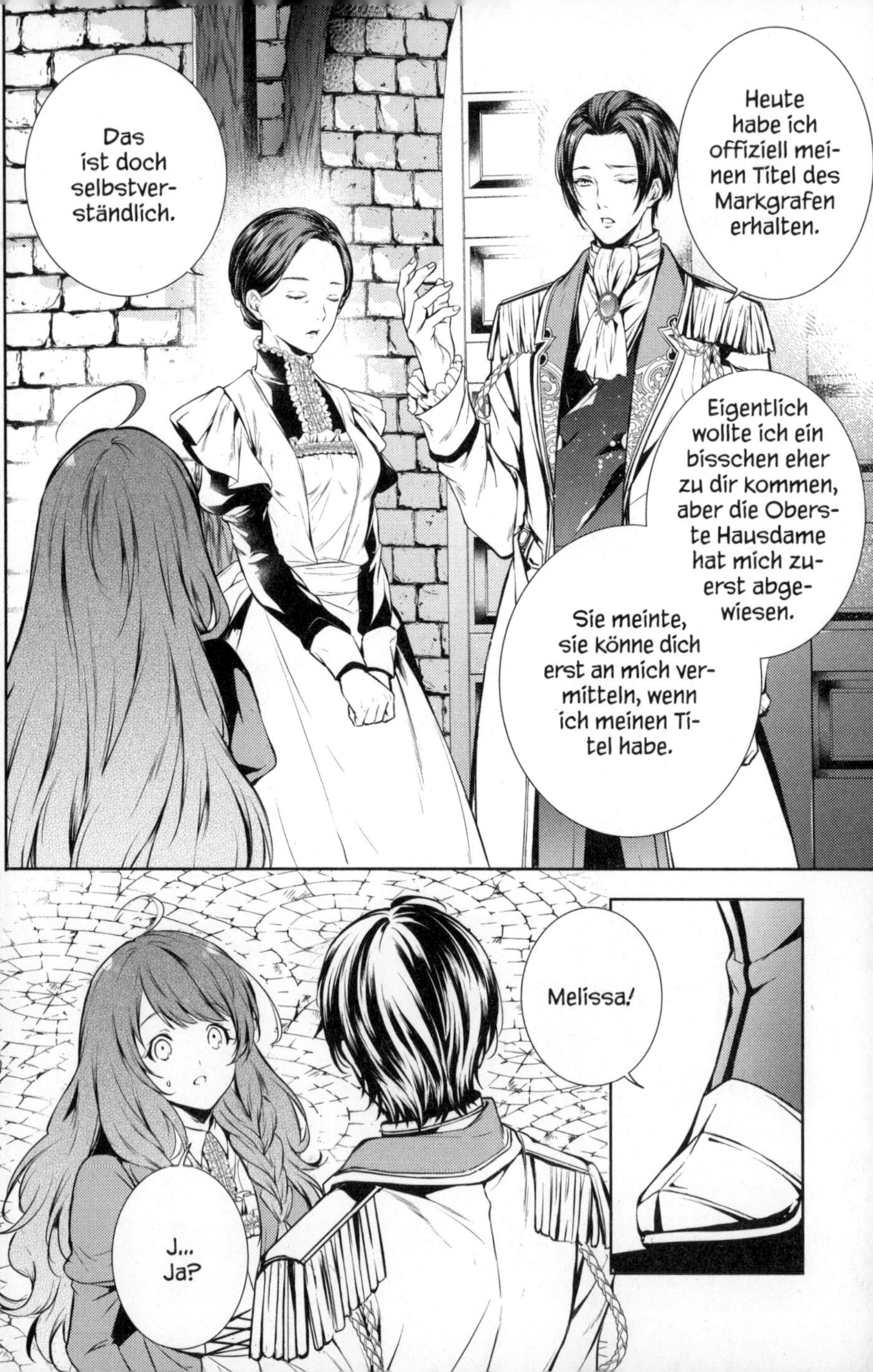

Heute habe ich offiziell meinen Titel des Markgrafen erhalten.
Das ist doch selbstverständlich.
Eigentlich wollte ich ein bisschen eher zu dir kommen, aber die Oberste Hausdame hat mich zuerst abgewiesen.
Sie meinte, sie könne dich erst an mich vermitteln, wenn ich meinen Titel habe.
Melissa!
J... Ja?

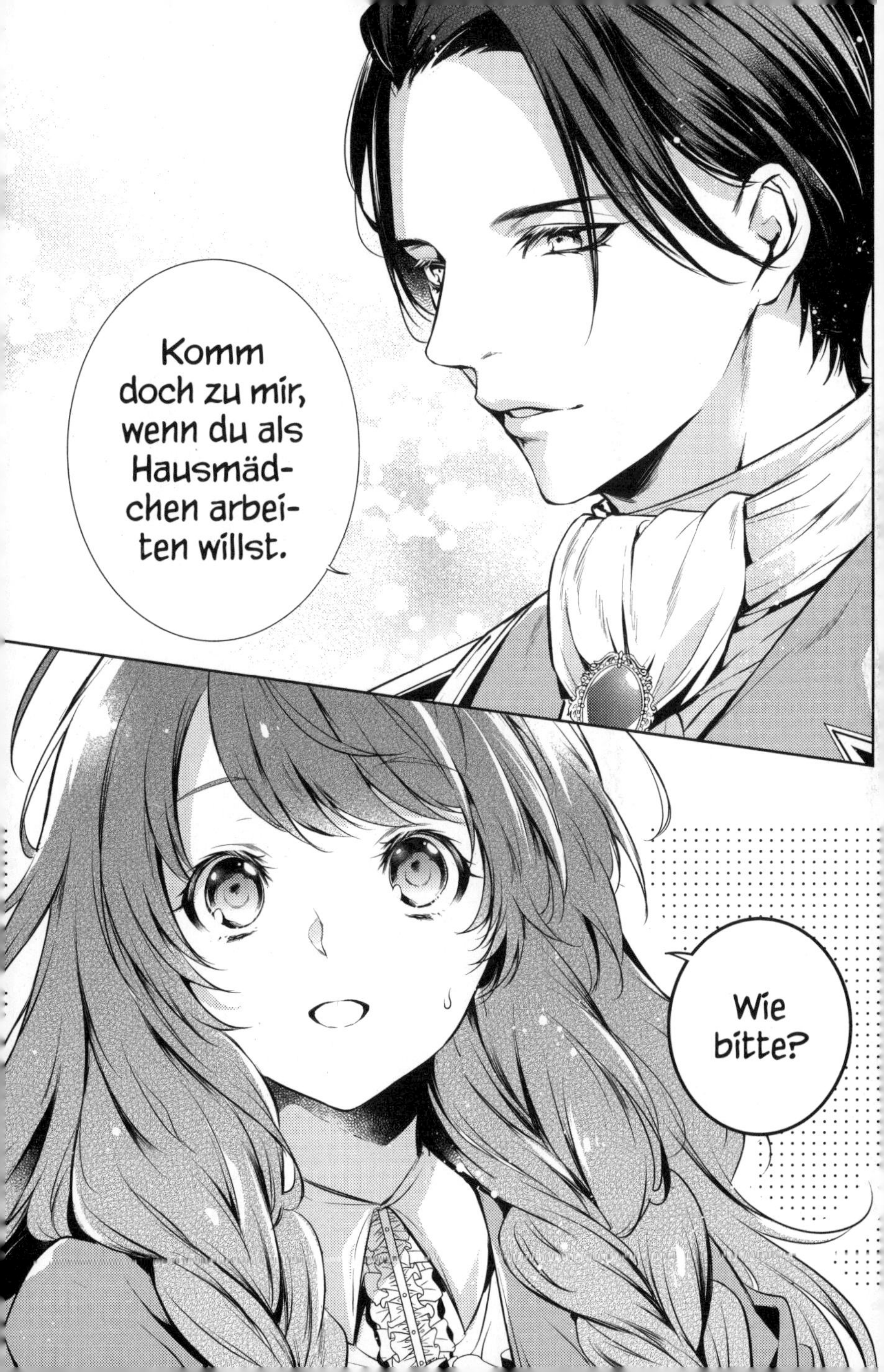
Komm doch zu mir, wenn du als Hausmädchen arbeiten willst.
Wie bitte?

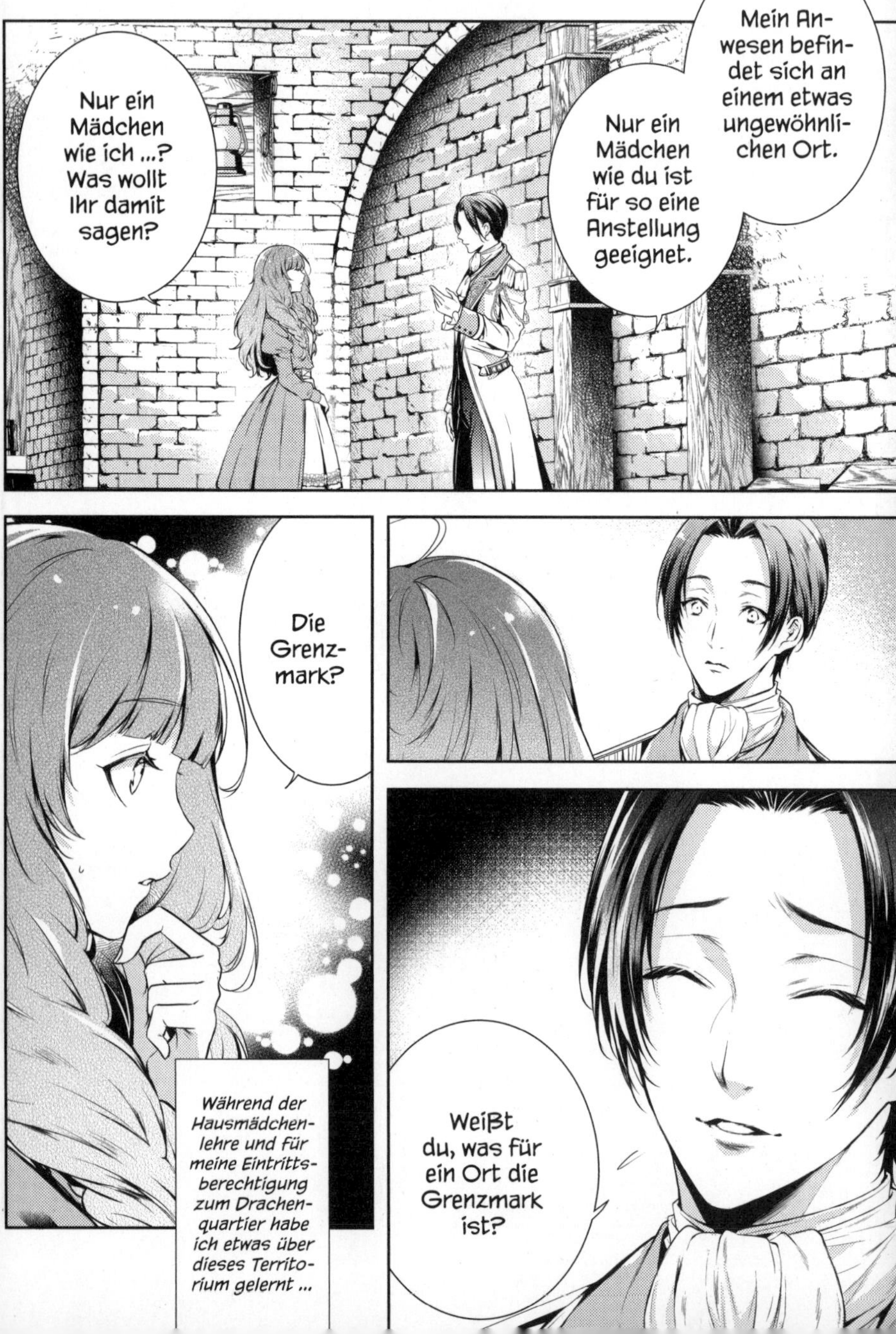
Mein Anwesen befindet sich an einem etwas ungewöhnlichen Ort.
Nur ein Mädchen wie du ist für so eine Anstellung geeignet.
Nur ein Mädchen wie ich ...? Was wollt Ihr damit sagen?
Die Grenzmark?
Weißt du, was für ein Ort die Grenzmark ist?
Während der Hausmädchenlehre und für meine Eintrittsberechtigung zum Drachenquartier habe ich etwas über dieses Territorium gelernt ...

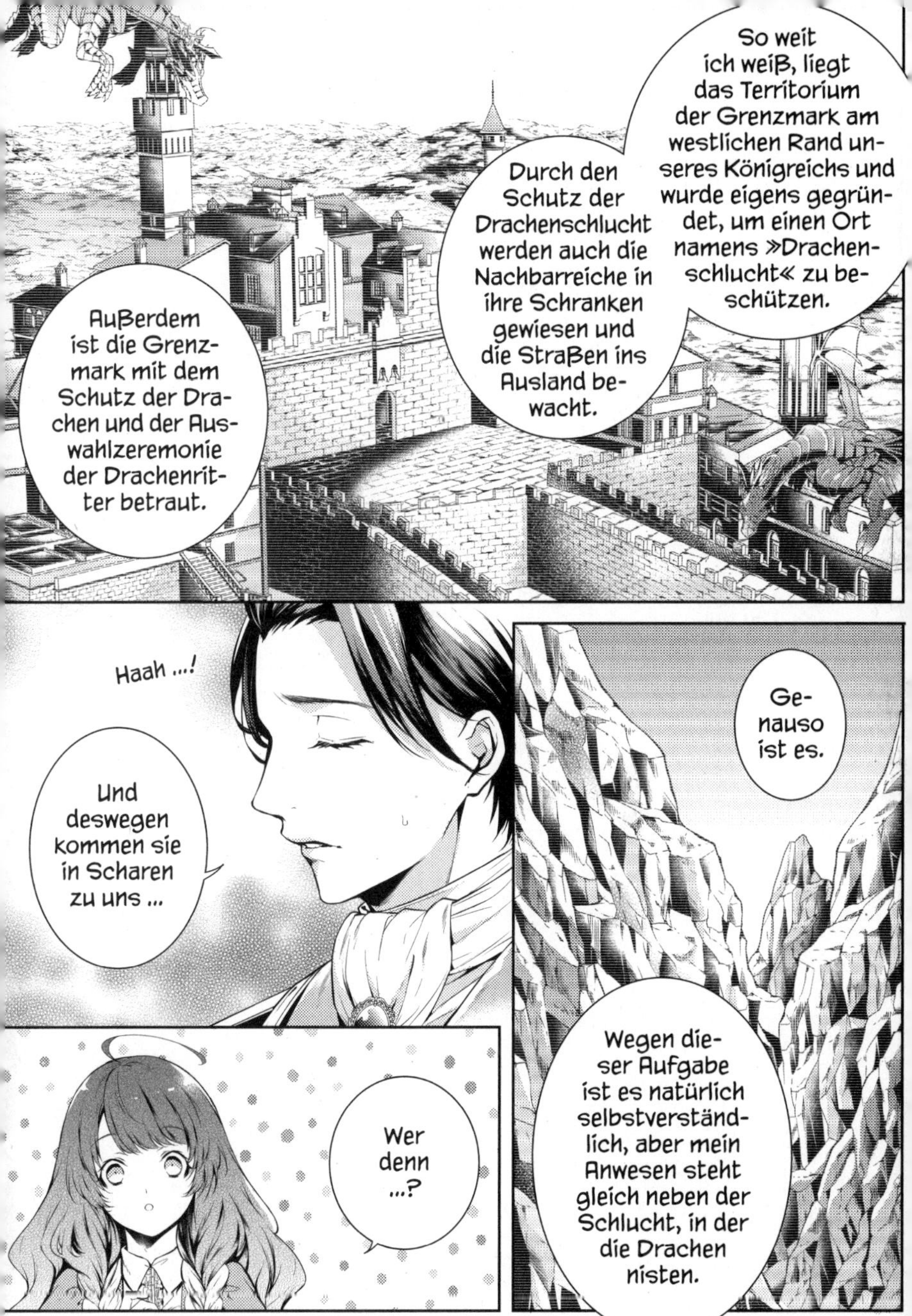
So weit ich weiß, liegt das Territorium der Grenzmark am westlichen Rand unseres Königreichs und wurde eigens gegründet, um einen Ort namens »Drachenschlucht« zu beschützen.
Durch den Schutz der Drachenschlucht werden auch die Nachbarreiche in ihre Schranken gewiesen und die Straßen ins Ausland bewacht.
Außerdem ist die Grenzmark mit dem Schutz der Drachen und der Auswahlzeremonie der Drachenritter betraut.
Genauso ist es.
Wegen dieser Aufgabe ist es natürlich selbstverständlich, aber mein Anwesen steht gleich neben der Schlucht, in der die Drachen nisten.
Haah ...!
Und deswegen kommen sie in Scharen zu uns ...
Wer denn ...?

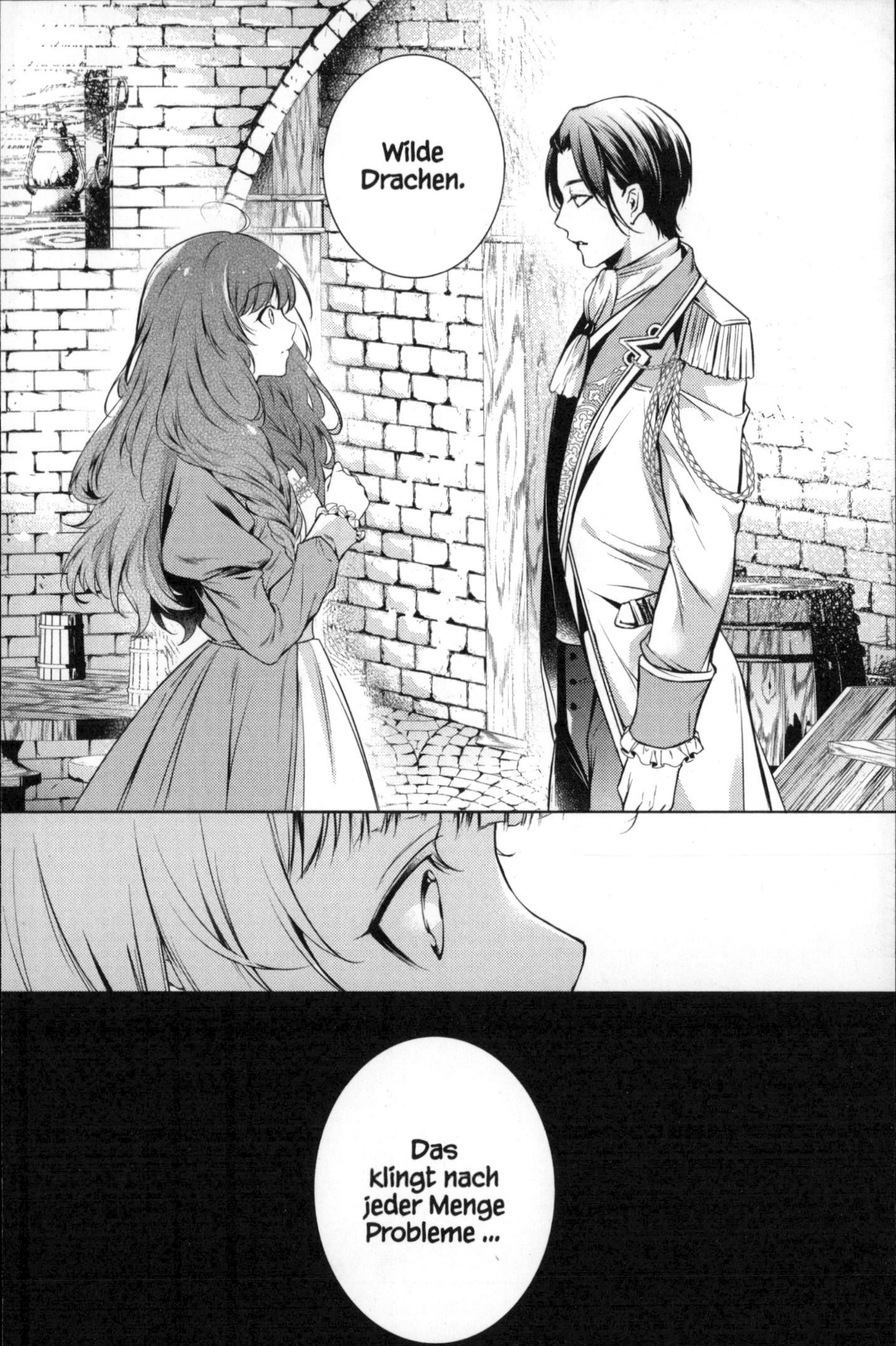
Wilde Drachen.
Das klingt nach jeder Menge Probleme ...

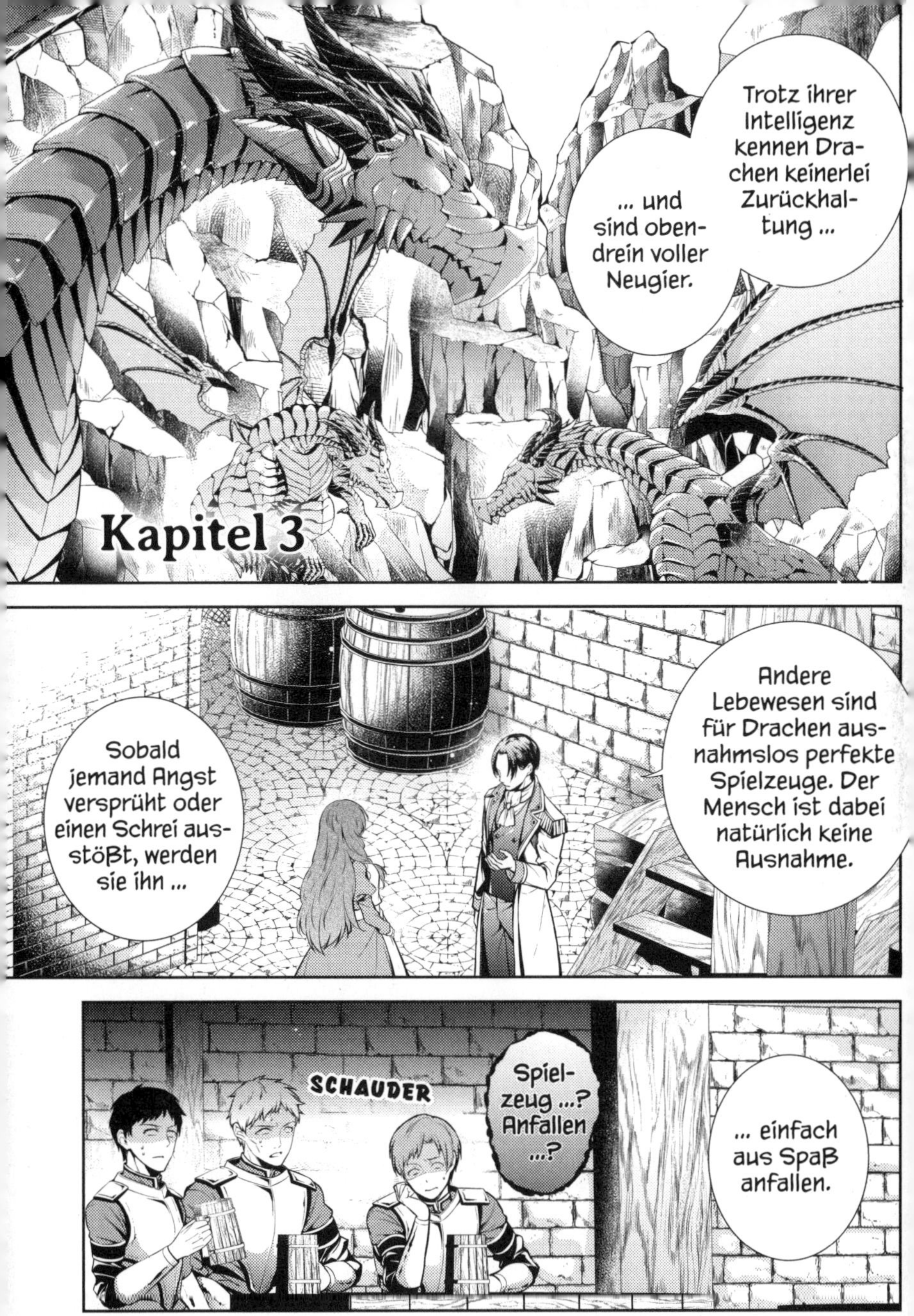
Kapitel 3
Trotz ihrer Intelligenz kennen Drachen keinerlei Zurückhaltung ...
... und sind obendrein voller Neugier.
Andere Lebewesen sind für Drachen ausnahmslos perfekte Spielzeuge. Der Mensch ist dabei natürlich keine Ausnahme.
Sobald jemand Angst versprüht oder einen Schrei ausstößt, werden sie ihn ...
... einfach aus Spaß anfallen.
Spielzeug ...? Anfallen ...?
SCHAUDER

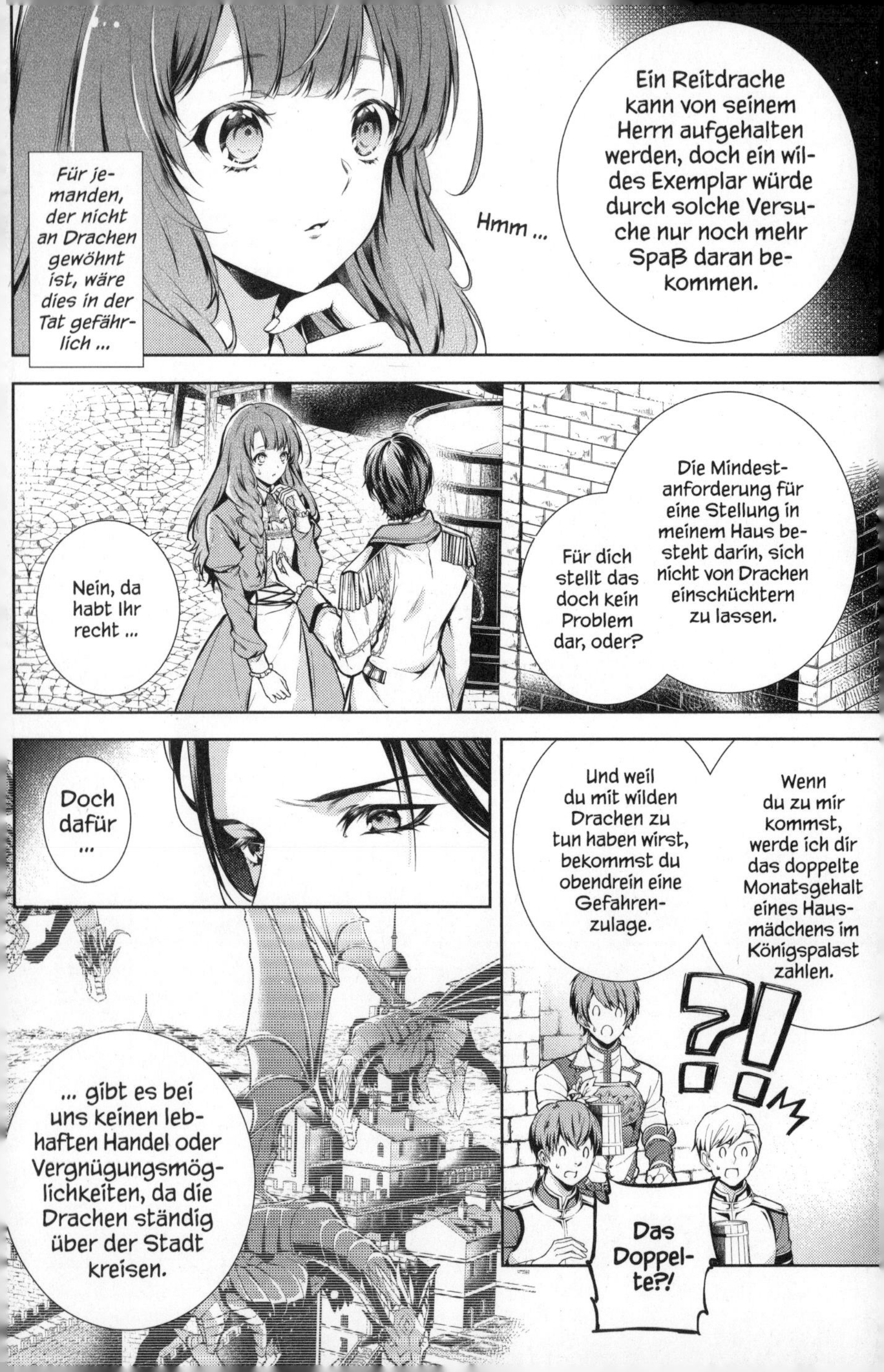

Ein Reitdrache kann von seinem Herrn aufgehalten werden, doch ein wildes Exemplar würde durch solche Versuche nur noch mehr Spaß daran bekommen.
Hmm ...
Für jemanden, der nicht an Drachen gewöhnt ist, wäre dies in der Tat gefährlich ...
Die Mindestanforderung für eine Stellung in meinem Haus besteht darin, sich nicht von Drachen einschüchtern zu lassen.
Für dich stellt das doch kein Problem dar, oder?
Nein, da habt Ihr recht ...
Doch dafür ...
... gibt es bei uns keinen lebhaften Handel oder Vergnügungsmöglichkeiten, da die Drachen ständig über der Stadt kreisen.
Wenn du zu mir kommst, werde ich dir das doppelte Monatsgehalt eines Hausmädchens im Königspalast zahlen.
Und weil du mit wilden Drachen zu tun haben wirst, bekommst du obendrein eine Gefahrenzulage.
?!
Das Doppelte?!

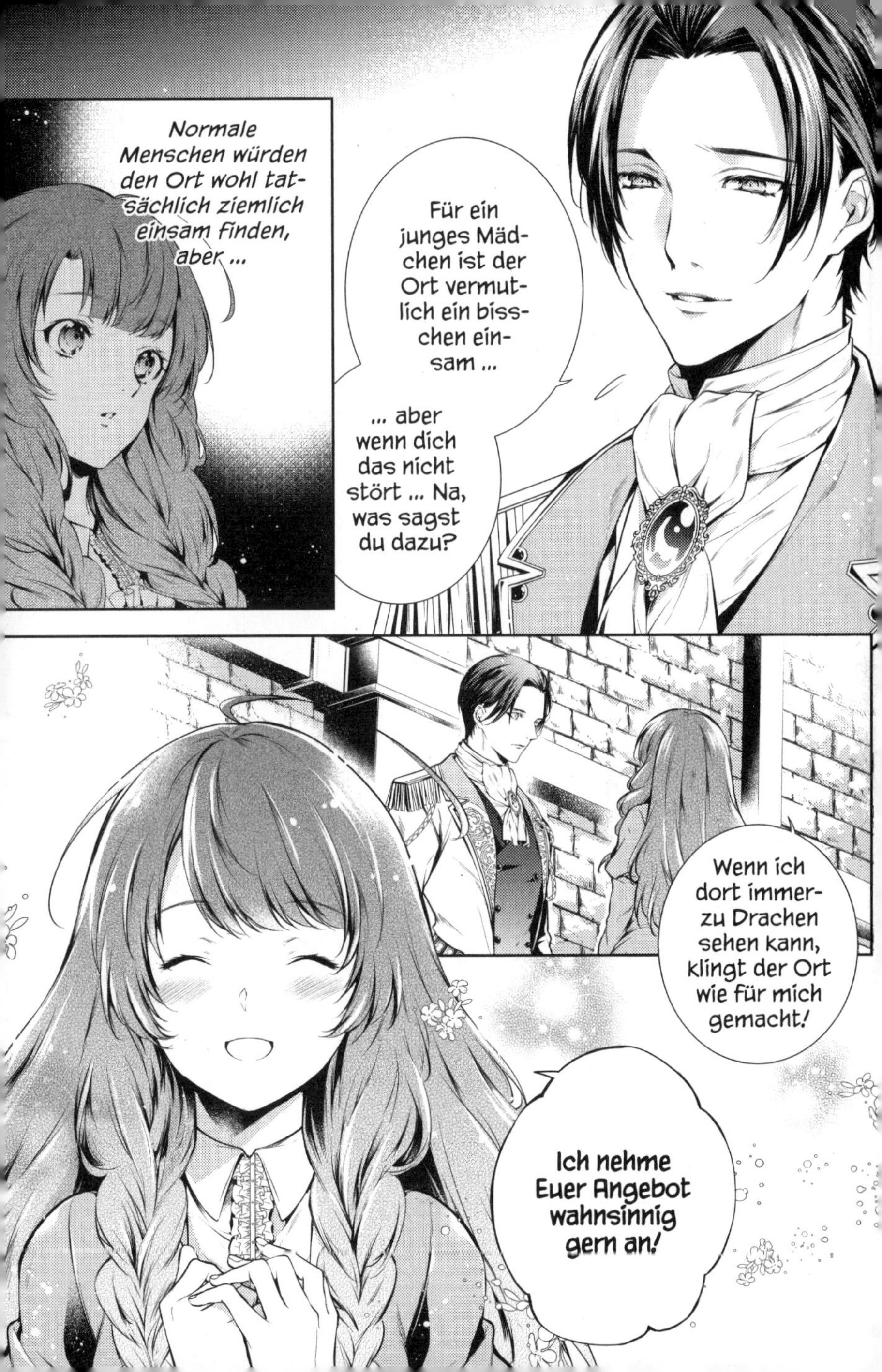
Für ein junges Mädchen ist der Ort vermutlich ein bisschen einsam ...
... aber wenn dich das nicht stört ... Na, was sagst du dazu?
Normale Menschen würden den Ort wohl tatsächlich ziemlich einsam finden, aber ...
Wenn ich dort immerzu Drachen sehen kann, klingt der Ort wie für mich gemacht!
Ich nehme Euer Angebot wahnsinnig gern an!

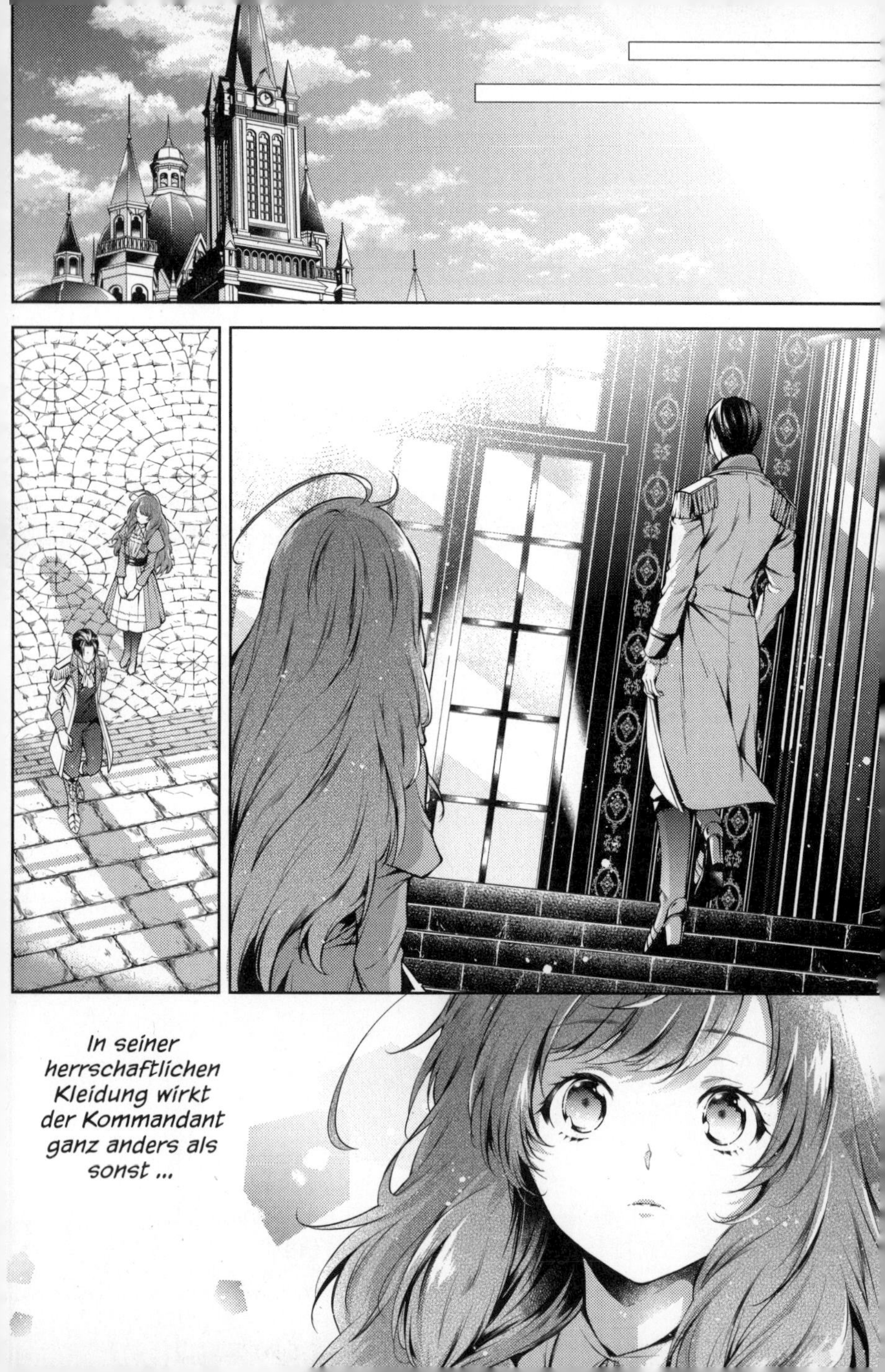
In seiner herrschaftlichen Kleidung wirkt der Kommandant ganz anders als sonst ...

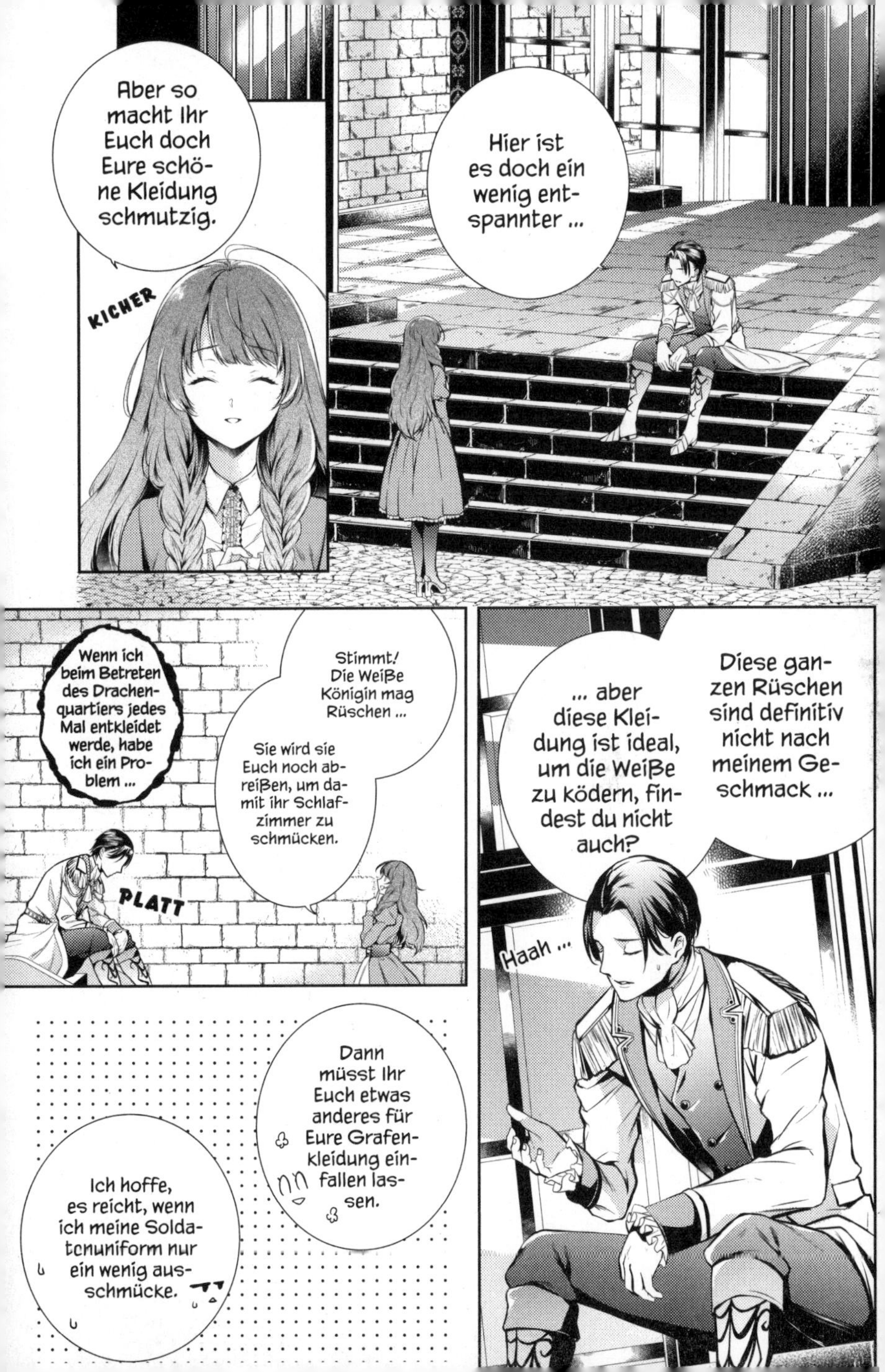
Hier ist es doch ein wenig entspannter ...
Aber so macht Ihr Euch doch Eure schöne Kleidung schmutzig.
KICHER
Diese ganzen Rüschen sind definitiv nicht nach meinem Geschmack ...
... aber diese Kleidung ist ideal, um die Weiße zu ködern, findest du nicht auch?
Haah ...
Stimmt! Die Weiße Königin mag Rüschen ...
Sie wird sie Euch noch abreißen, um damit ihr Schlafzimmer zu schmücken.
PLATT
Wenn ich beim Betreten des Drachenquartiers jedes Mal entkleidet werde, habe ich ein Problem ...
Dann müsst Ihr Euch etwas anderes für Eure Grafenkleidung einfallen lassen.
Ich hoffe, es reicht, wenn ich meine Soldatenuniform nur ein wenig ausschmücke.

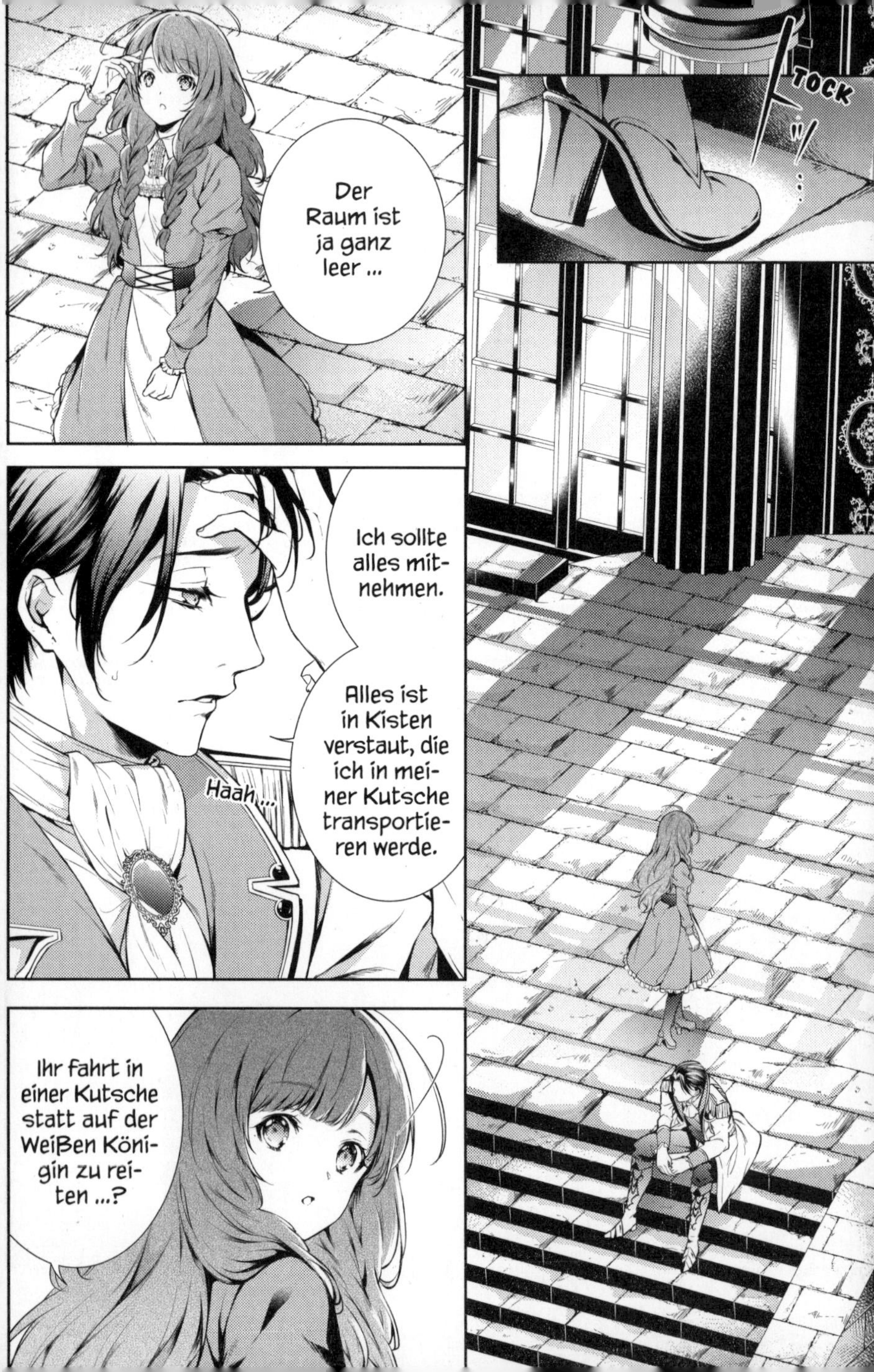
TOCK
Der Raum ist ja ganz leer ...
Ich sollte alles mitnehmen.
Alles ist in Kisten verstaut, die ich in meiner Kutsche transportieren werde.
Haah ...
Ihr fahrt in einer Kutsche statt auf der Weißen Königin zu reiten ...?

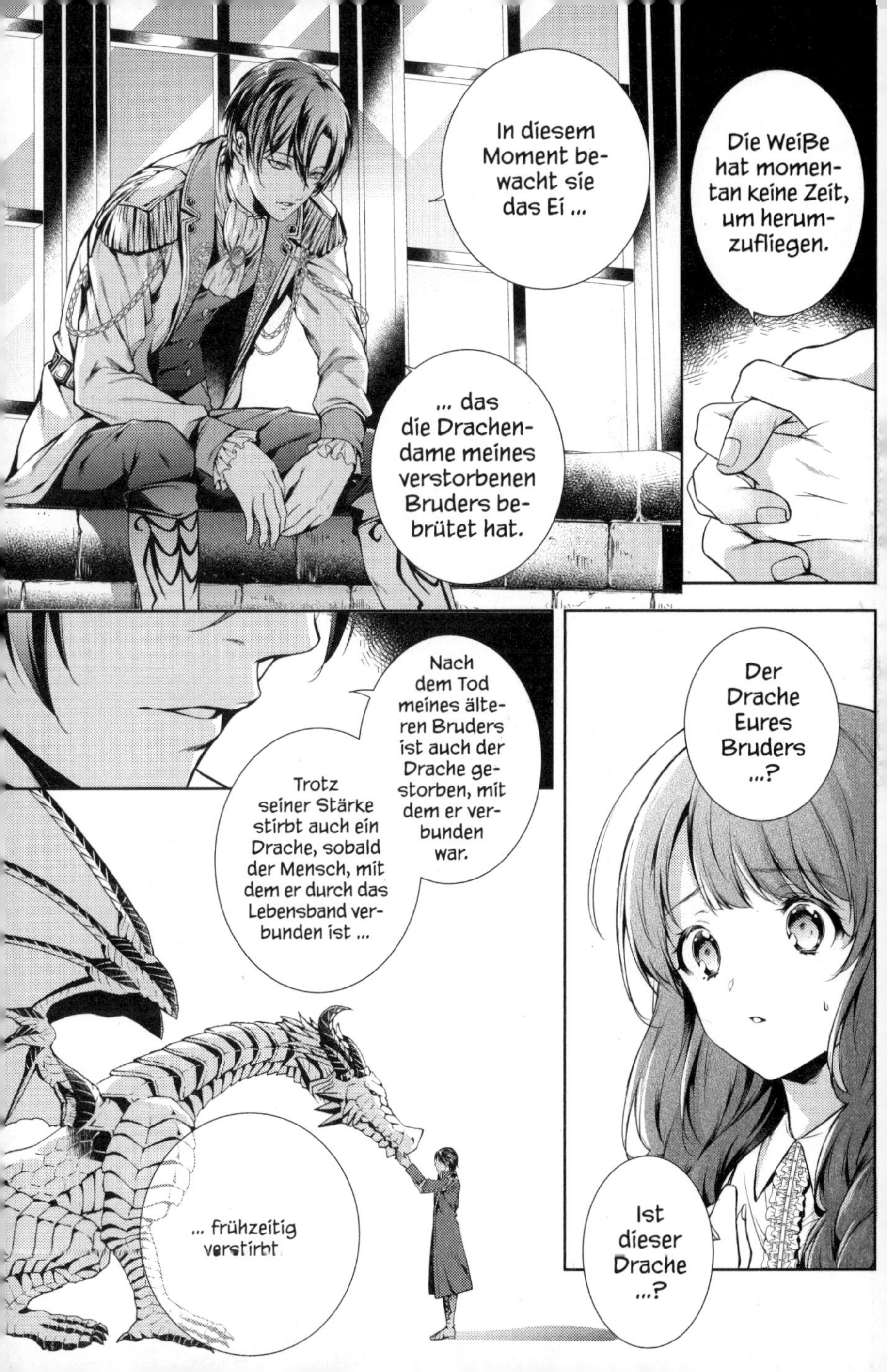
Die Weiße hat momentan keine Zeit, um herumzufliegen.
In diesem Moment bewacht sie das Ei ...
... das die Drachendame meines verstorbenen Bruders bebrütet hat.
Der Drache Eures Bruders ...?
Ist dieser Drache ...?
Nach dem Tod meines älteren Bruders ist auch der Drache gestorben, mit dem er verbunden war.
Trotz seiner Stärke stirbt auch ein Drache, sobald der Mensch, mit dem er durch das Lebensband verbunden ist ...
... frühzeitig verstirbt.

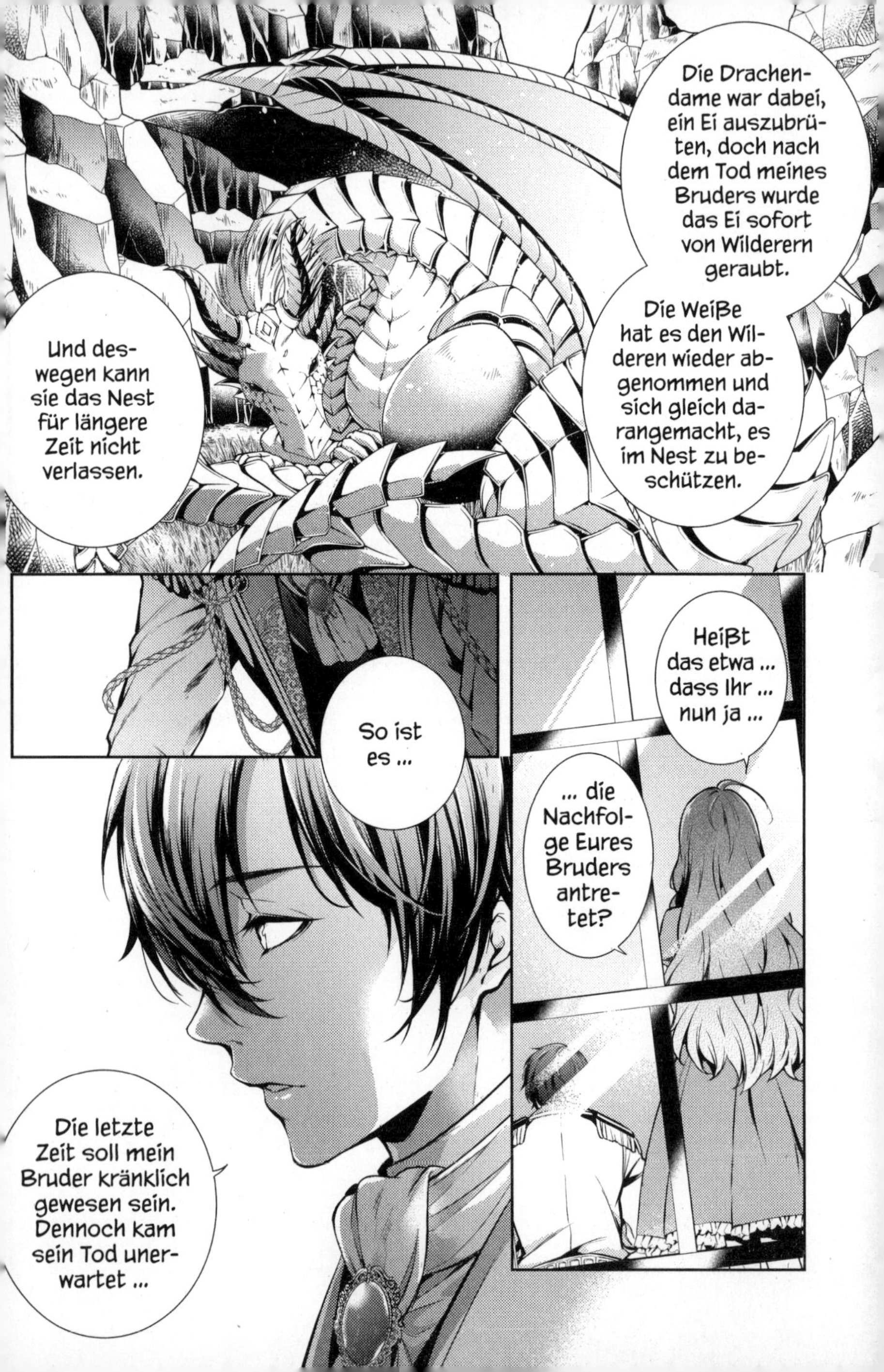
Die Drachendame war dabei, ein Ei auszubrüten, doch nach dem Tod meines Bruders wurde das Ei sofort von Wilderern geraubt.
Die Weiße hat es den Wilderen wieder abgenommen und sich gleich darangemacht, es im Nest zu beschützen.
Und deswegen kann sie das Nest für längere Zeit nicht verlassen.
Heißt das etwa ... dass Ihr ... nun ja ...
... die Nachfolge Eures Bruders antretet?
So ist es ...
Die letzte Zeit soll mein Bruder kränklich gewesen sein. Dennoch kam sein Tod unerwartet ...

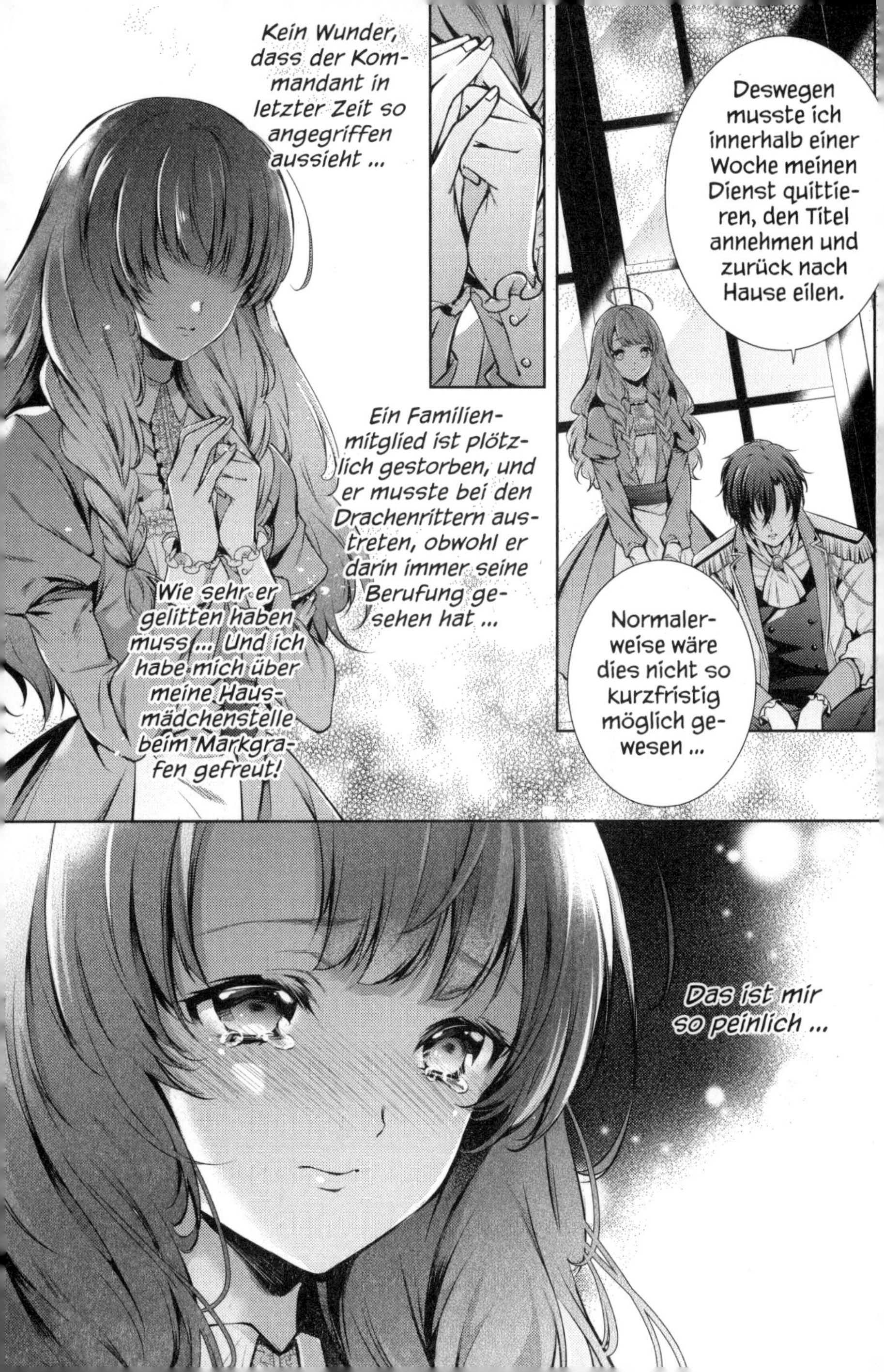
Deswegen musste ich innerhalb einer Woche meinen Dienst quittieren, den Titel annehmen und zurück nach Hause eilen.
Kein Wunder, dass der Kommandant in letzter Zeit so angegriffen aussieht ...
Normalerweise wäre dies nicht so kurzfristig möglich gewesen ...
Ein Familienmitglied ist plötzlich gestorben, und er musste bei den Drachenrittern austreten, obwohl er darin immer seine Berufung gesehen hat ...
Wie sehr er gelitten haben muss ... Und ich habe mich über meine Hausmädchenstelle beim Markgrafen gefreut!
Das ist mir so peinlich ...

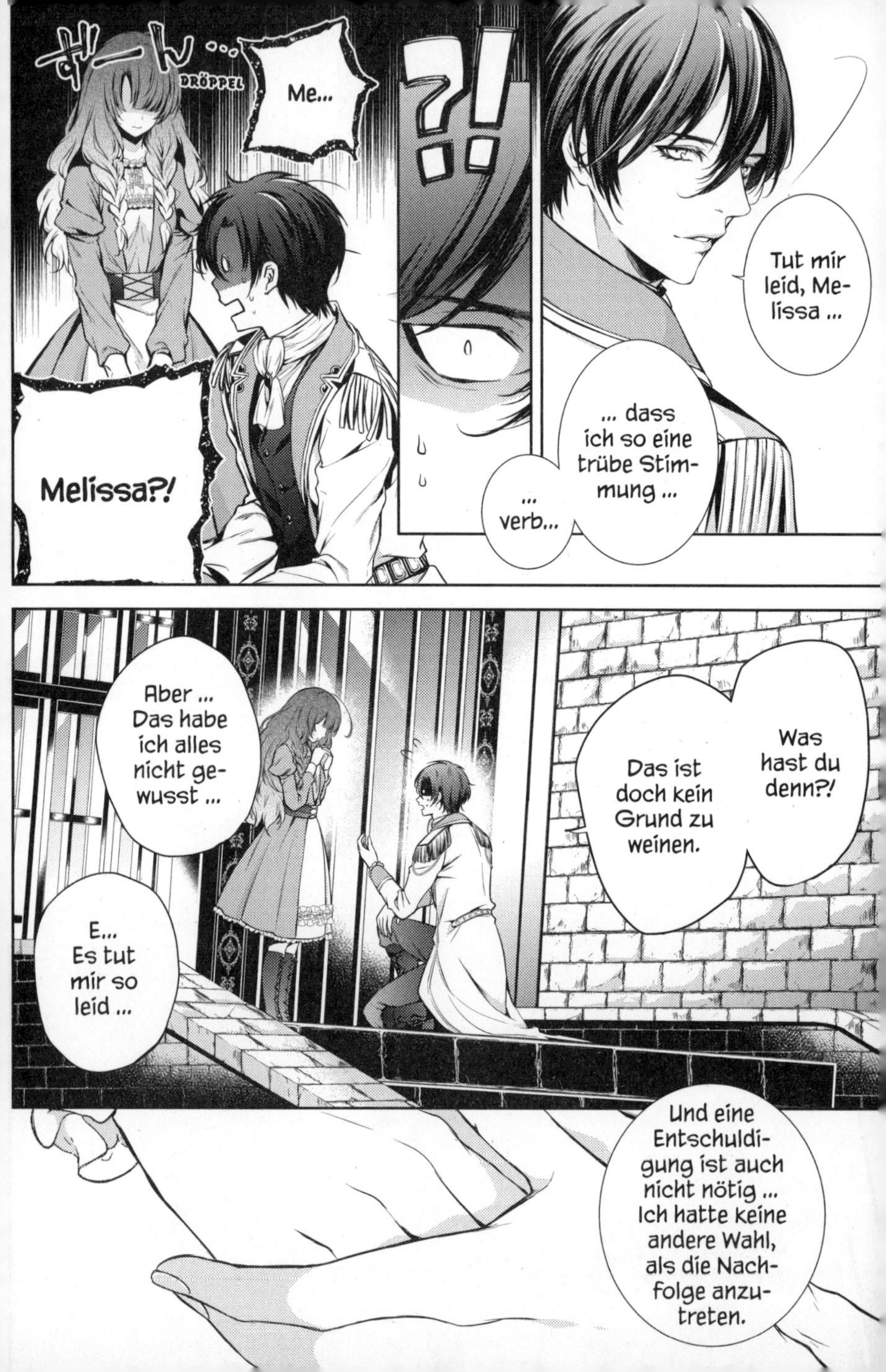
Tut mir leid, Melissa ...
... dass ich so eine trübe Stimmung ...
... verb...
?!
DRÖPPEL
Me...
Melissa?!
Was hast du denn?!
Das ist doch kein Grund zu weinen.
Aber ... Das habe ich alles nicht gewusst ...
E... Es tut mir so leid ...
Und eine Entschuldigung ist auch nicht nötig ... Ich hatte keine andere Wahl, als die Nachfolge anzutreten.

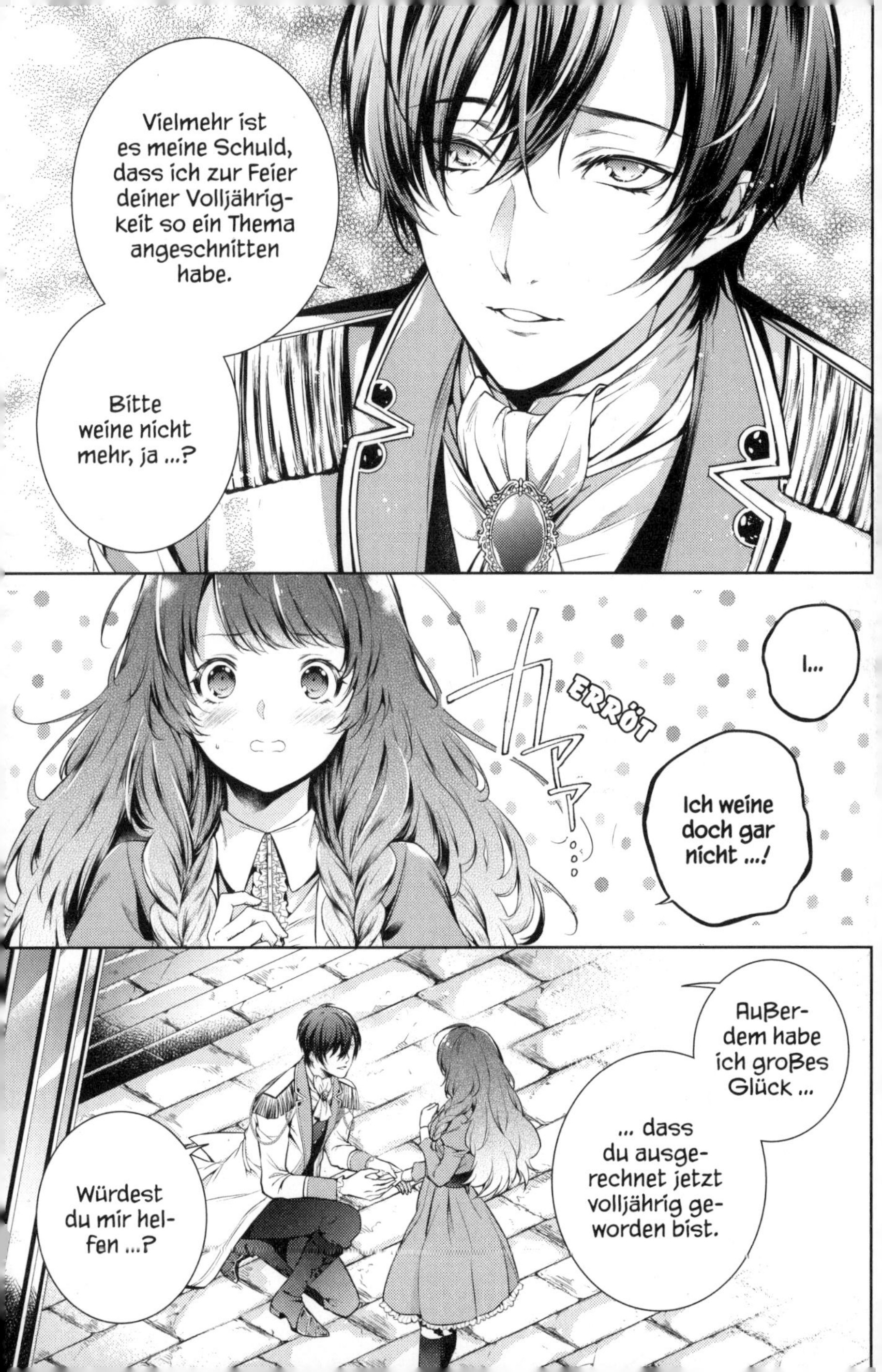
Vielmehr ist es meine Schuld, dass ich zur Feier deiner Volljährigkeit so ein Thema angeschnitten habe.
Bitte weine nicht mehr, ja ...?
I...
ERRÖT
Ich weine doch gar nicht ...!
Außerdem habe ich großes Glück ...
... dass du ausgerechnet jetzt volljährig geworden bist.
Würdest du mir helfen ...?

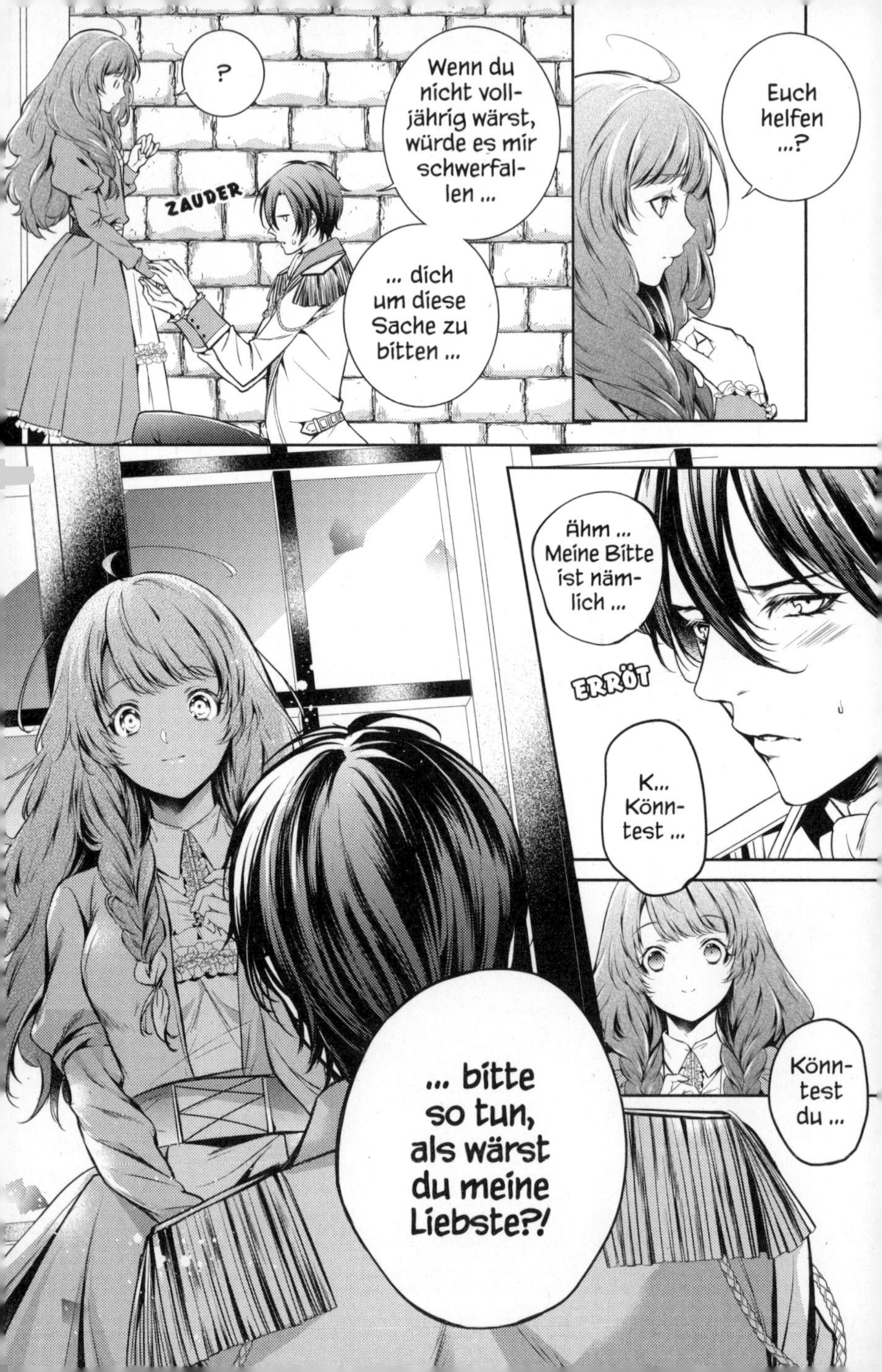
Euch helfen ...?
Wenn du nicht voll- jährig wärst, würde es mir schwerfal- len ...
?
ZAUDER
... dich um diese Sache zu bitten ...
Ähm ... Meine Bitte ist näm- lich ...
ERRÖT
K... Könn- test ...
Könn- test du ...
... bitte so tun, als wärst du meine Liebste?!

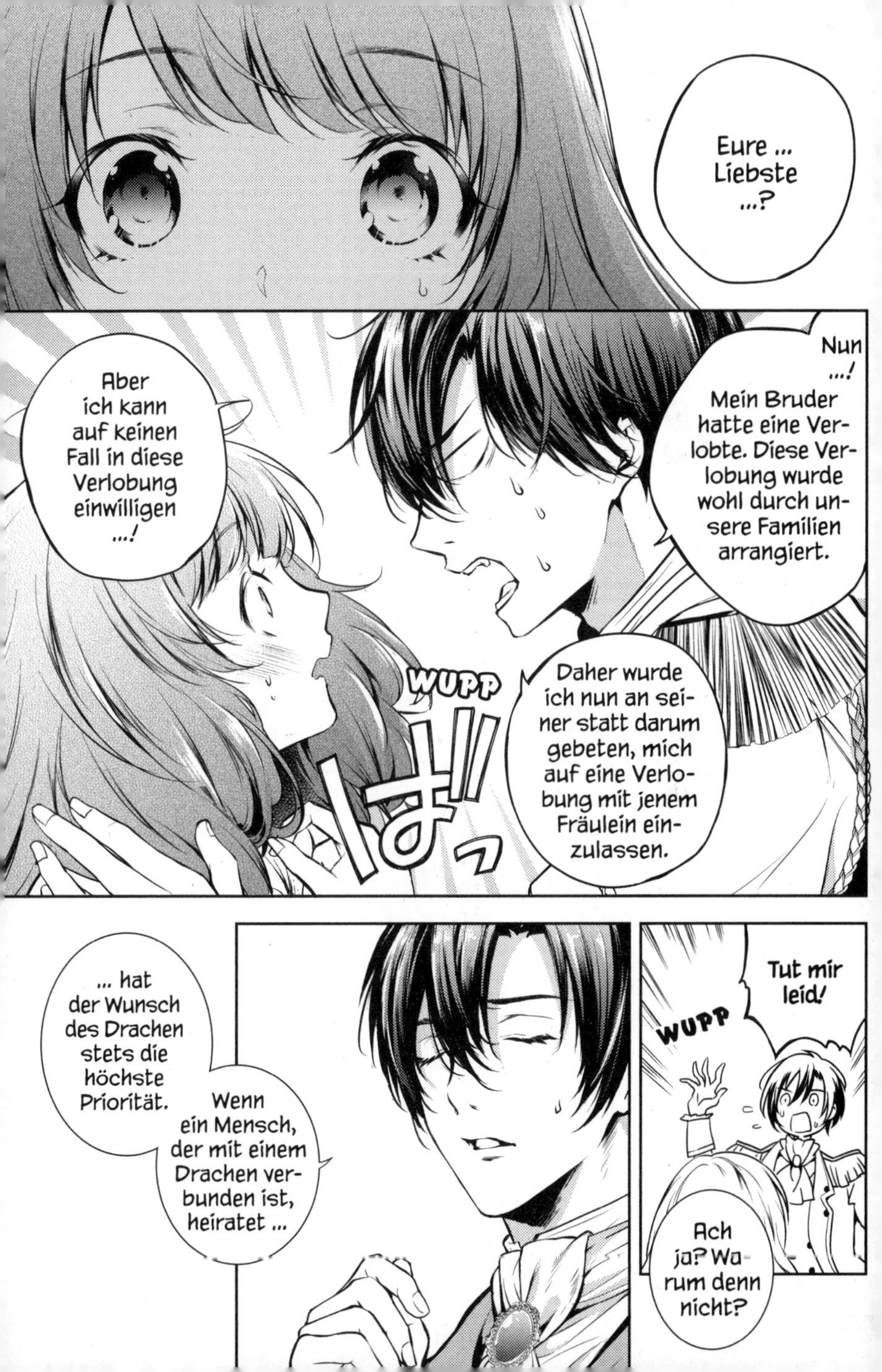

Eure ... Liebste ...?
Nun ...! Mein Bruder hatte eine Verlobte. Diese Verlobung wurde wohl durch unsere Familien arrangiert.
Daher wurde ich nun an seiner statt darum gebeten, mich auf eine Verlobung mit jenem Fräulein einzulassen.
WUPP
Aber ich kann auf keinen Fall in diese Verlobung einwilligen ...!
Tut mir leid!
WUPP
Ach ja? Warum denn nicht?
Wenn ein Mensch, der mit einem Drachen verbunden ist, heiratet ...
... hat der Wunsch des Drachen stets die höchste Priorität.

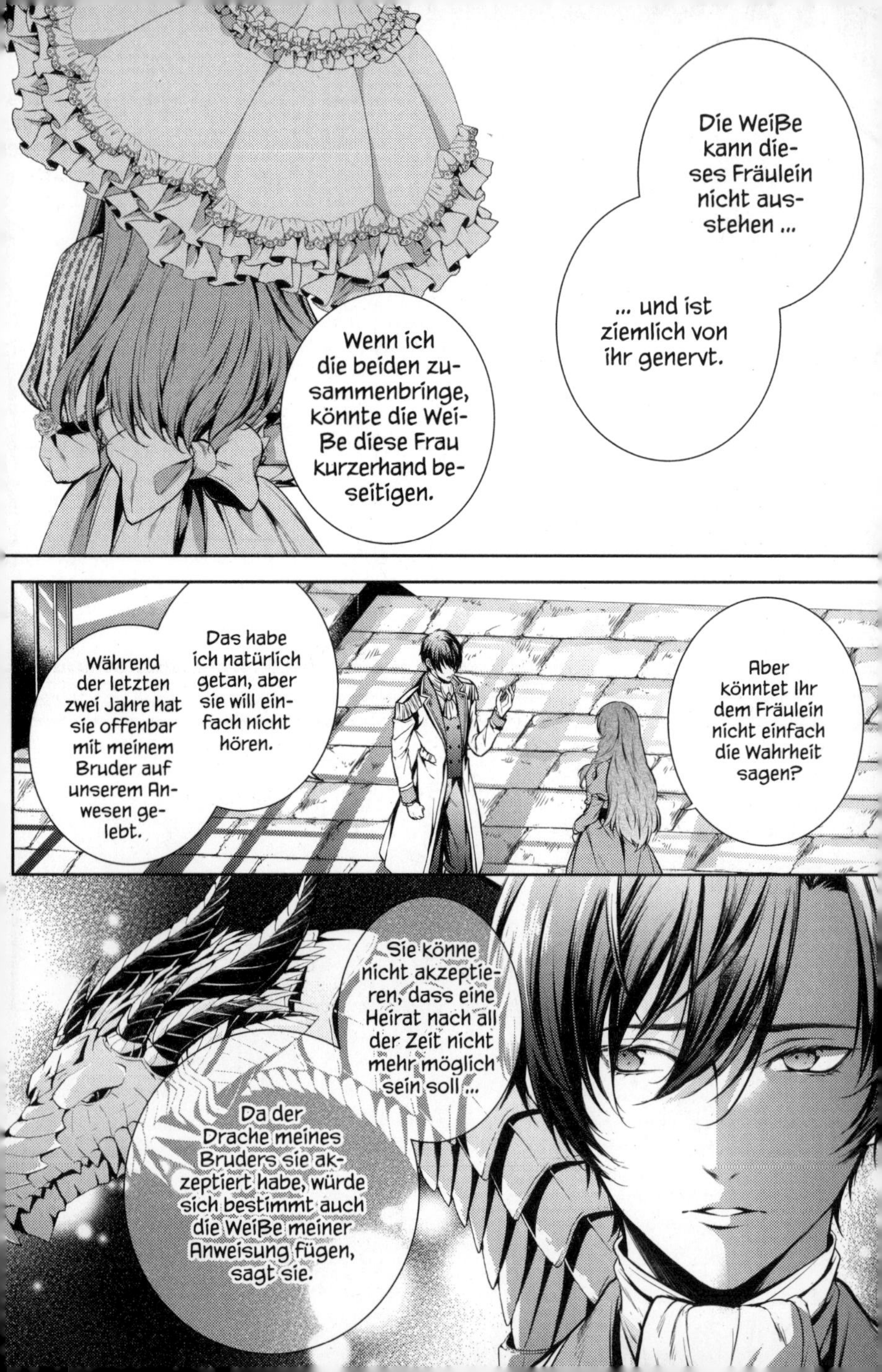

Die Weiße kann dieses Fräulein nicht ausstehen ...
... und ist ziemlich von ihr genervt.
Wenn ich die beiden zusammenbringe, könnte die Weiße diese Frau kurzerhand beseitigen.
Aber könntet Ihr dem Fräulein nicht einfach die Wahrheit sagen?
Das habe ich natürlich getan, aber sie will einfach nicht hören.
Während der letzten zwei Jahre hat sie offenbar mit meinem Bruder auf unserem Anwesen gelebt.
Sie könne nicht akzeptieren, dass eine Heirat nach all der Zeit nicht mehr möglich sein soll ...
Da der Drache meines Bruders sie akzeptiert habe, würde sich bestimmt auch die Weiße meiner Anweisung fügen, sagt sie.

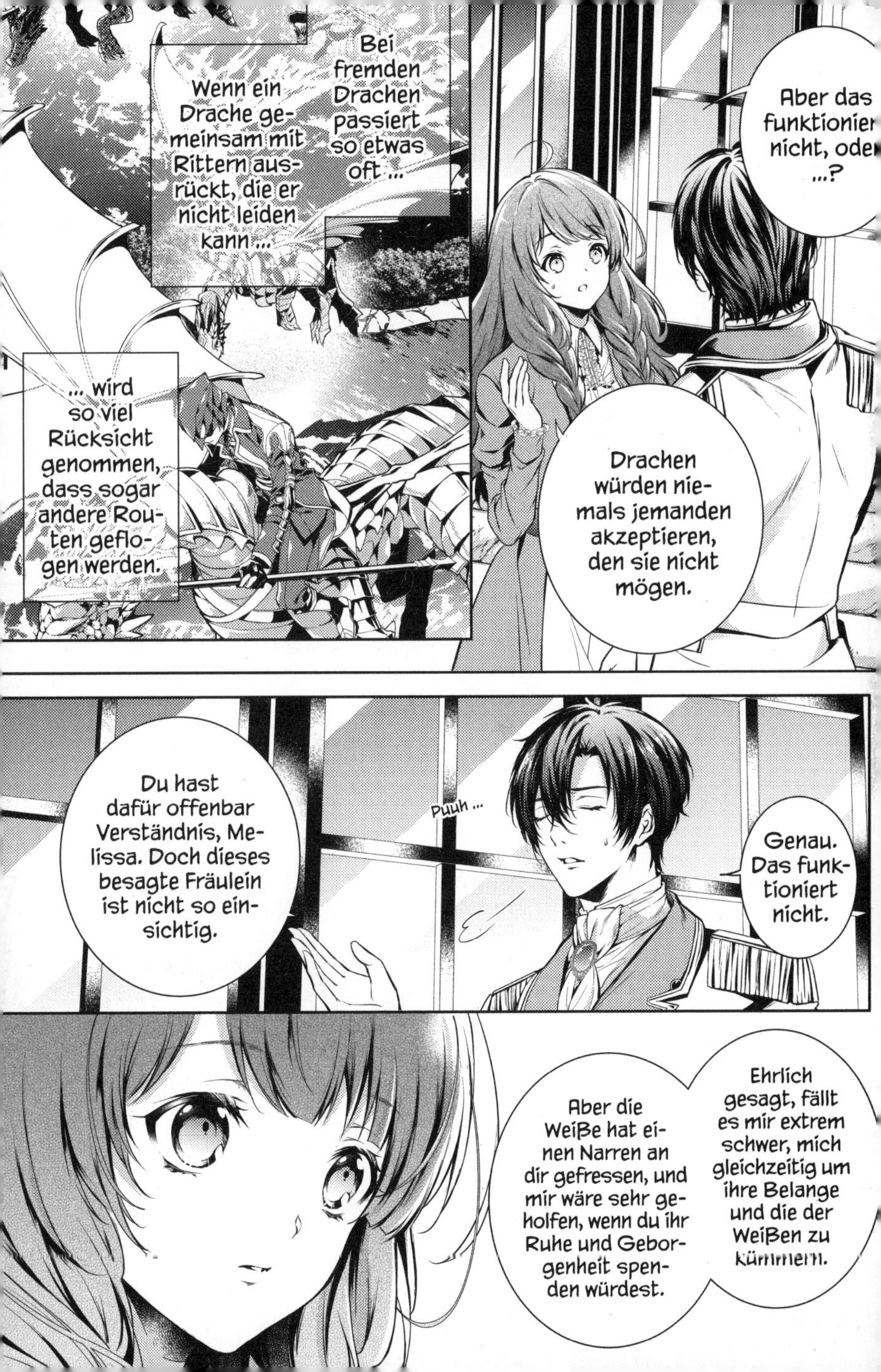
Aber das funktionier nicht, oder ...?
Drachen würden niemals jemanden akzeptieren, den sie nicht mögen.
Bei fremden Drachen passiert so etwas oft ...
Wenn ein Drache gemeinsam mit Rittern ausrückt, die er nicht leiden kann ...
... wird so viel Rücksicht genommen, dass sogar andere Routen geflogen werden.
Genau. Das funktioniert nicht.
Puuh ...
Du hast dafür offenbar Verständnis, Melissa. Doch dieses besagte Fräulein ist nicht so einsichtig.
Ehrlich gesagt, fällt es mir extrem schwer, mich gleichzeitig um ihre Belange und die der Weißen zu kümmern.
Aber die Weiße hat einen Narren an dir gefressen, und mir wäre sehr geholfen, wenn du ihr Ruhe und Geborgenheit spenden würdest.

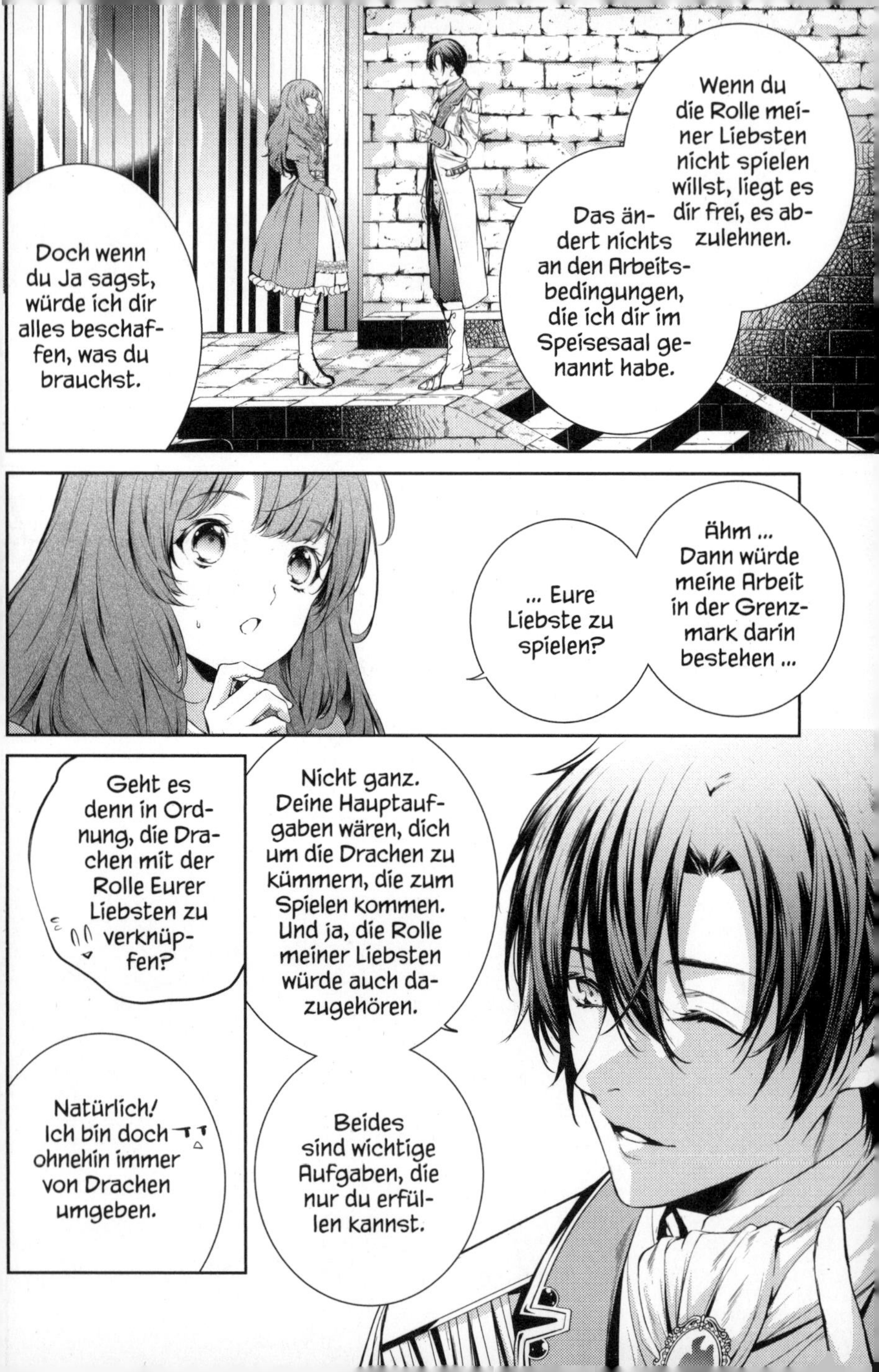
Wenn du die Rolle meiner Liebsten nicht spielen willst, liegt es dir frei, es abzulehnen.
Das ändert nichts an den Arbeitsbedingungen, die ich dir im Speisesaal genannt habe.
Doch wenn du Ja sagst, würde ich dir alles beschaffen, was du brauchst.
Ähm ... Dann würde meine Arbeit in der Grenzmark darin bestehen ...
... Eure Liebste zu spielen?
Nicht ganz. Deine Hauptaufgaben wären, dich um die Drachen zu kümmern, die zum Spielen kommen. Und ja, die Rolle meiner Liebsten würde auch dazugehören.
Geht es denn in Ordnung, die Drachen mit der Rolle Eurer Liebsten zu verknüpfen?
Beides sind wichtige Aufgaben, die nur du erfüllen kannst.
Natürlich! Ich bin doch ohnehin immer von Drachen umgeben.

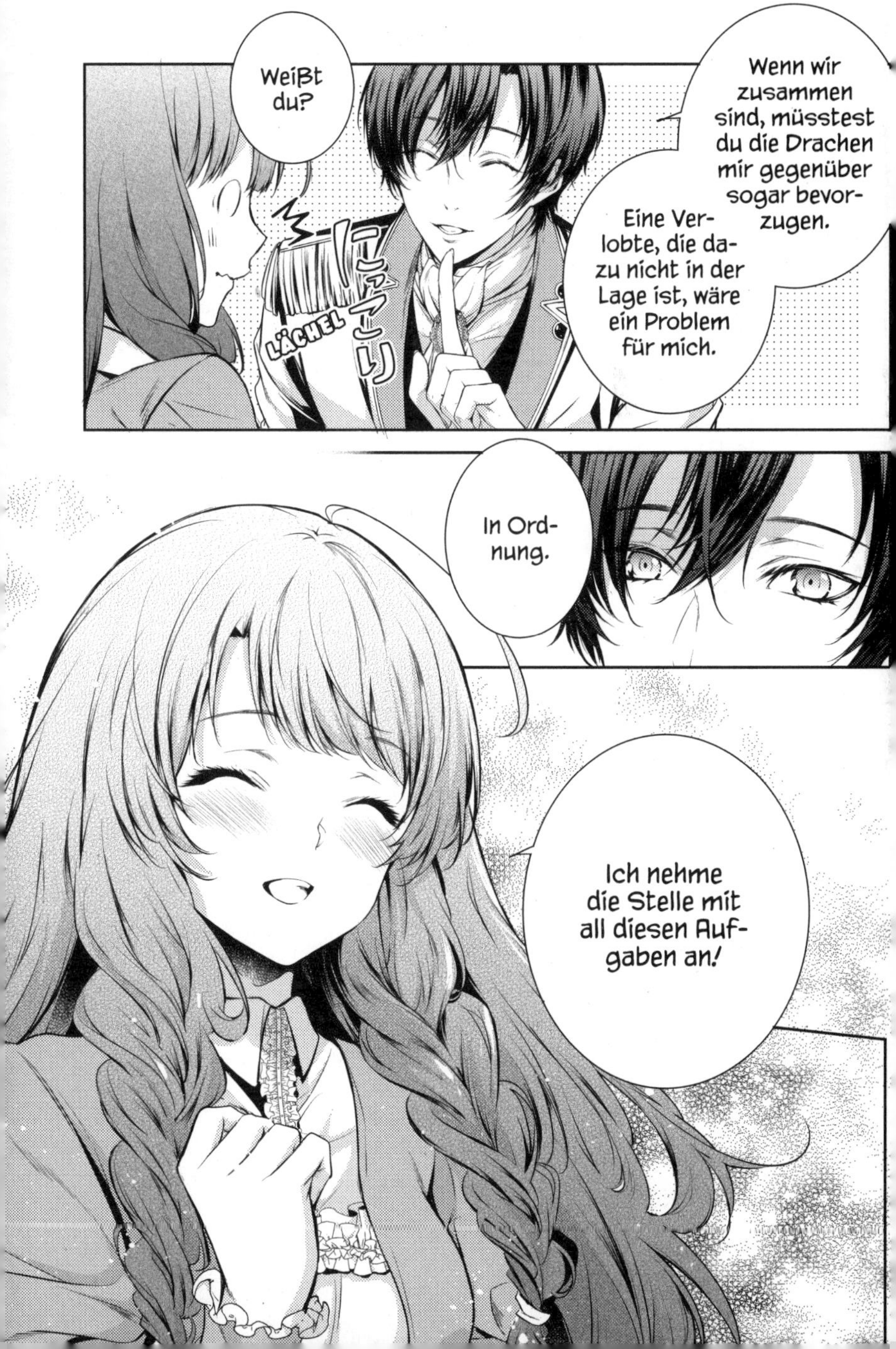
Wenn wir zusammen sind, müsstest du die Drachen mir gegenüber sogar bevorzugen.
Eine Verlobte, die dazu nicht in der Lage ist, wäre ein Problem für mich.
Weißt du?
LÄCHEL
ニッコリ
In Ordnung.
Ich nehme die Stelle mit all diesen Aufgaben an!

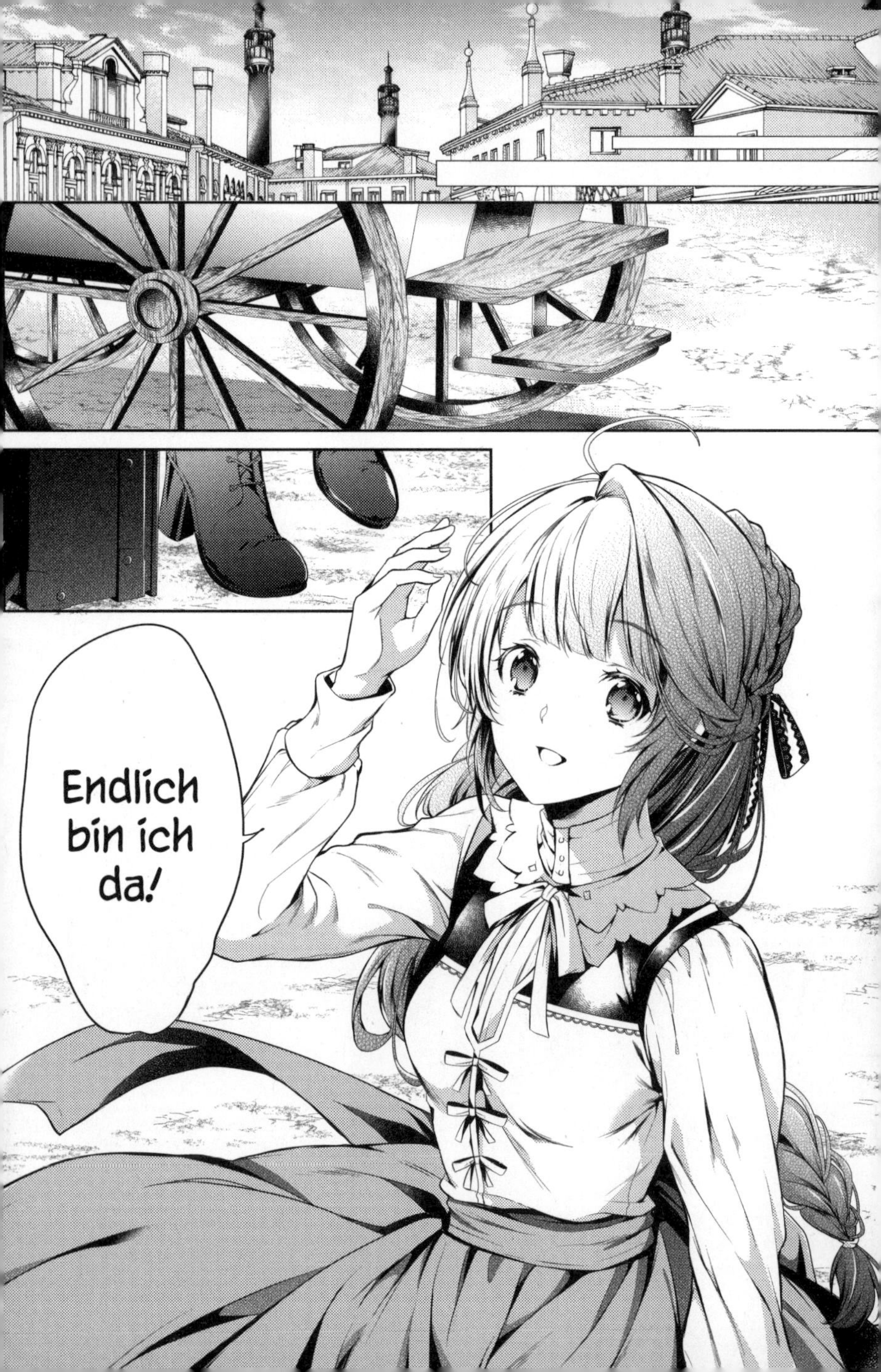
Endlich bin ich da!

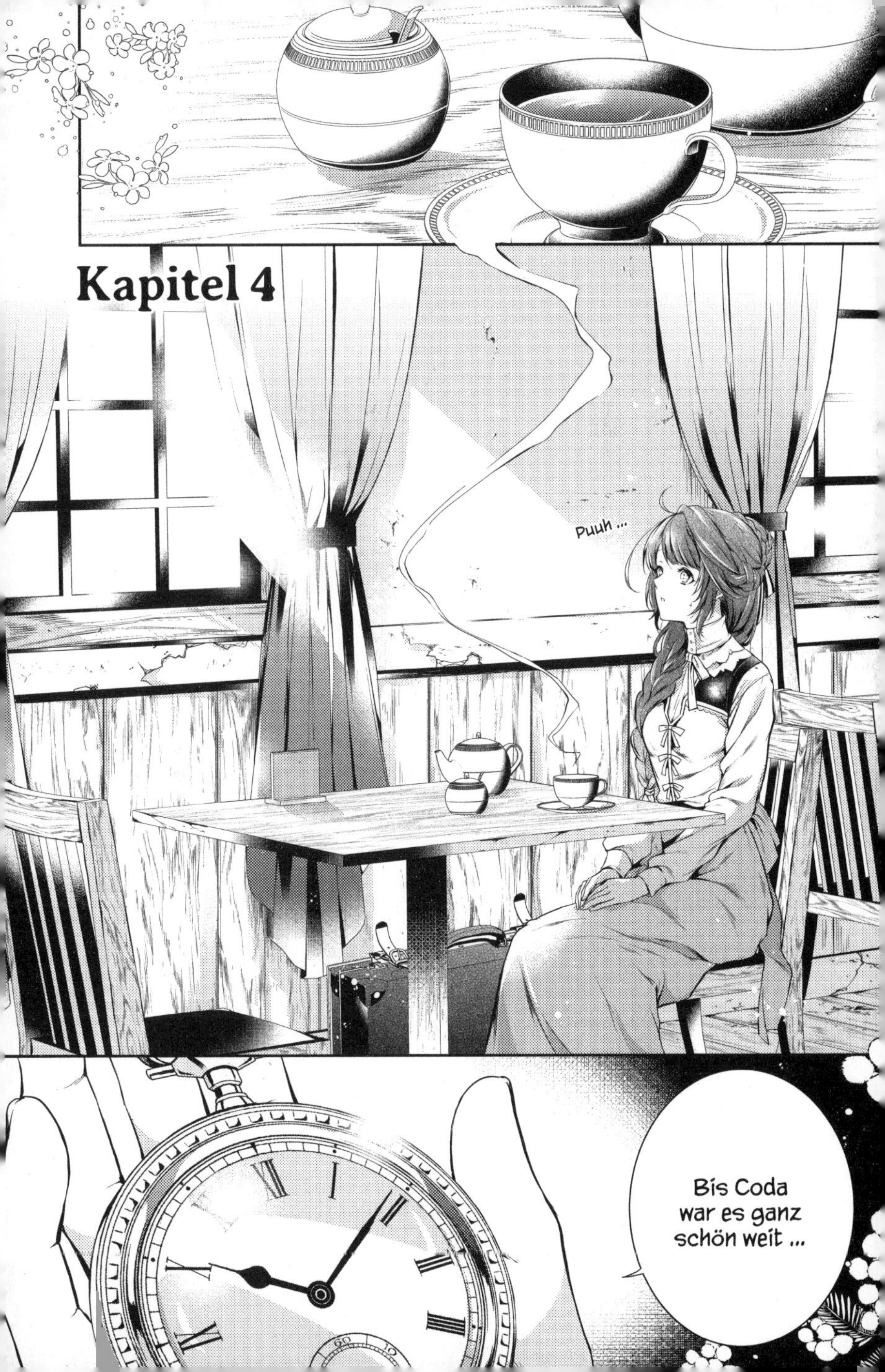
Kapitel 4
Puuh ...
Bis Coda war es ganz schön weit ...

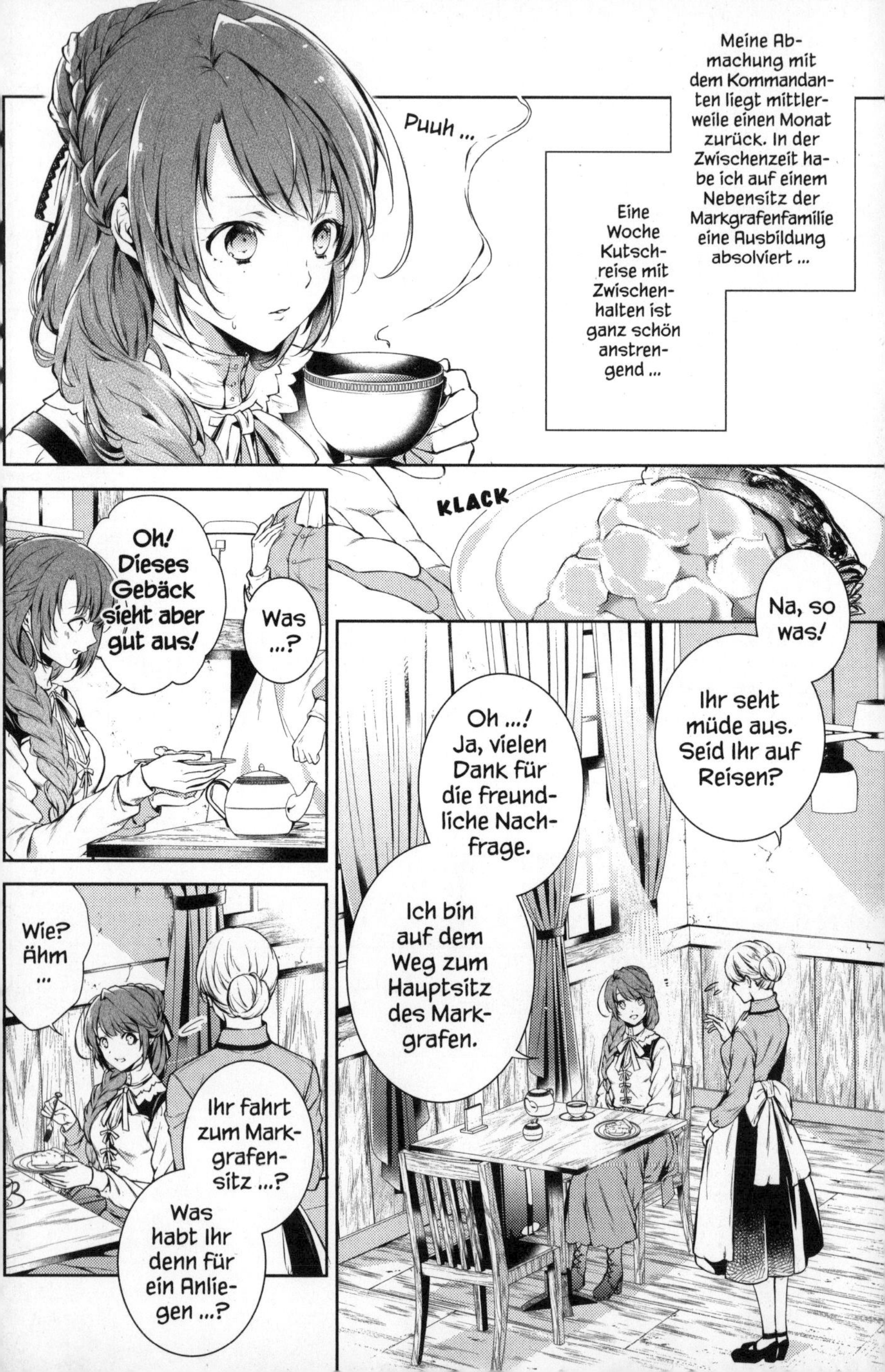
Meine Abmachung mit dem Kommandanten liegt mittlerweile einen Monat zurück. In der Zwischenzeit habe ich auf einem Nebensitz der Markgrafenfamilie eine Ausbildung absolviert ...
Eine Woche Kutschreise mit Zwischenhalten ist ganz schön anstrengend ...
Puuh ...
KLACK
Na, so was!
Ihr seht müde aus. Seid Ihr auf Reisen?
Oh ...! Ja, vielen Dank für die freundliche Nachfrage.
Ich bin auf dem Weg zum Hauptsitz des Markgrafen.
Oh! Dieses Gebäck sieht aber gut aus!
Was ...?
Wie? Ähm ...
Ihr fahrt zum Markgrafensitz ...?
Was habt Ihr denn für ein Anliegen ...?

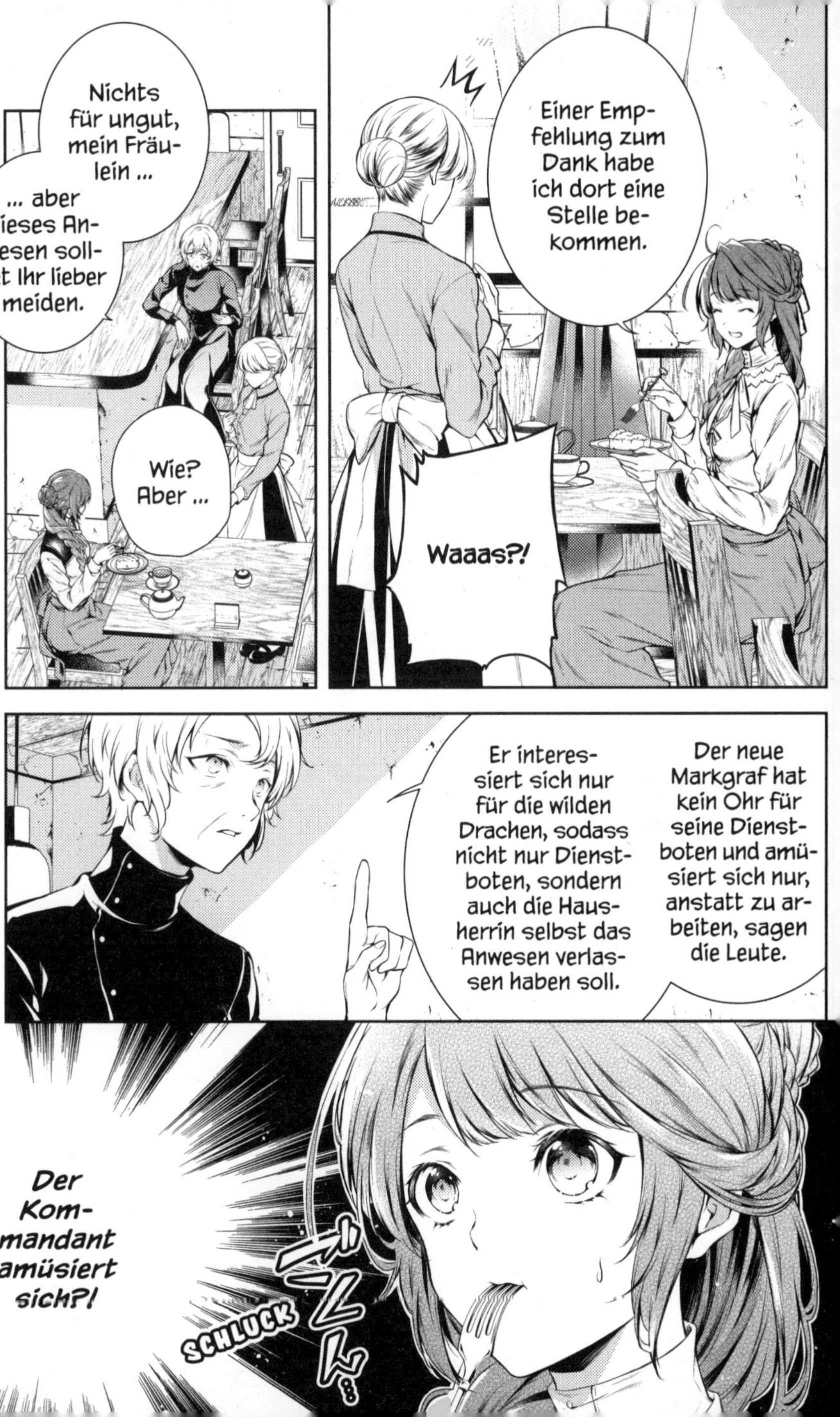

Nichts für ungut, mein Fräulein ...
... aber dieses Anwesen solltet Ihr lieber meiden.
Wie? Aber ...
Einer Empfehlung zum Dank habe ich dort eine Stelle bekommen.
Waaas?!
Der neue Markgraf hat kein Ohr für seine Dienstboten und amüsiert sich nur, anstatt zu arbeiten, sagen die Leute.
Er interessiert sich nur für die wilden Drachen, sodass nicht nur Dienstboten, sondern auch die Hausherrin selbst das Anwesen verlassen haben soll.
Der Kommandant amüsiert sich?!
SCHLUCK

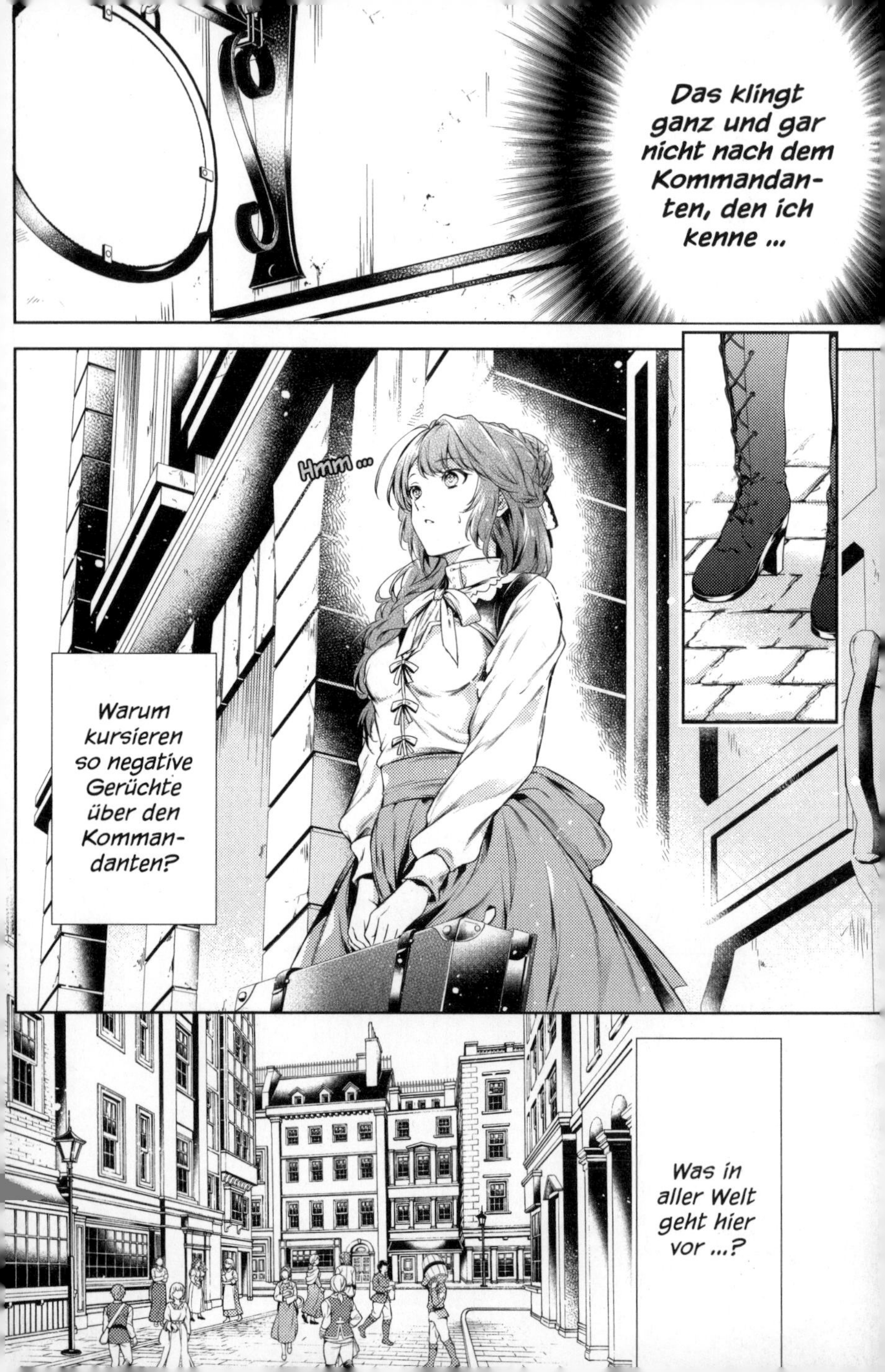

Das klingt ganz und gar nicht nach dem Kommandanten, den ich kenne ...
Hmm ...
Warum kursieren so negative Gerüchte über den Kommandanten?
Was in aller Welt geht hier vor ...?

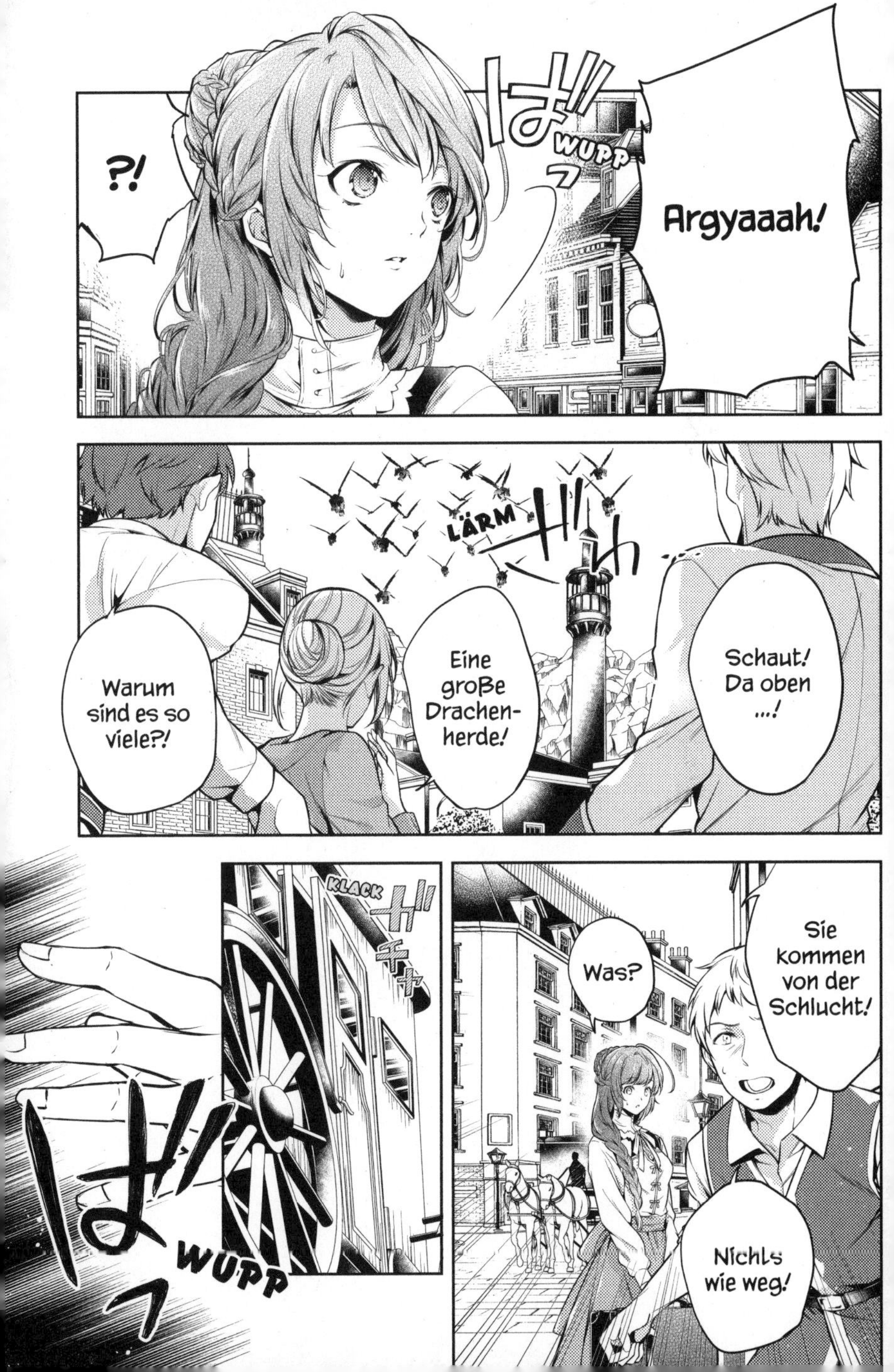
Argyaaah!
WUPP
?!
Schaut! Da oben ...!
LÄRM
Eine große Drachenherde!
Warum sind es so viele?!
Sie kommen von der Schlucht!
Was?
Nichts wie weg!
KLACK
WUPP

GRABB
ガッ

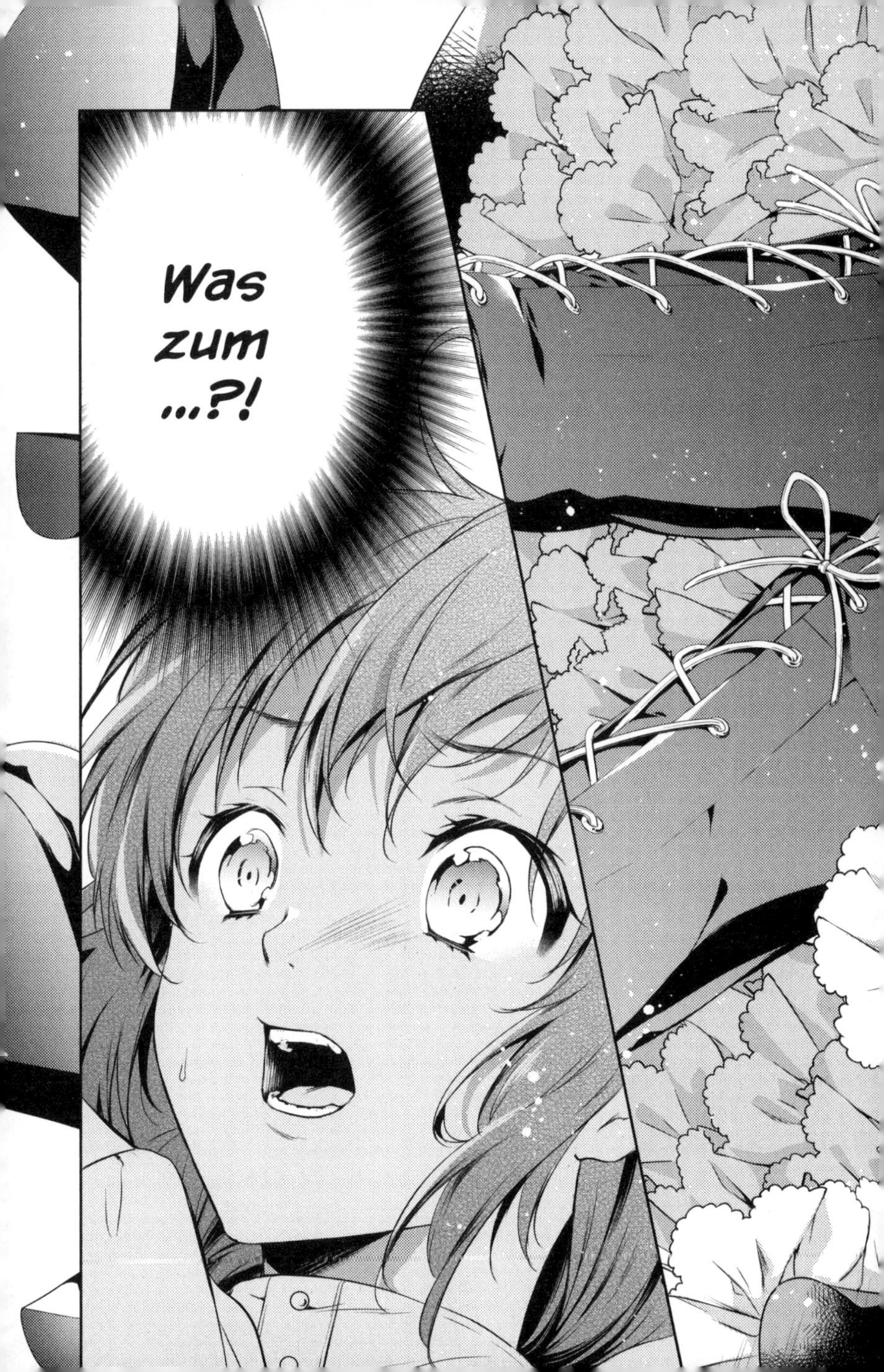
Was zum ...?!

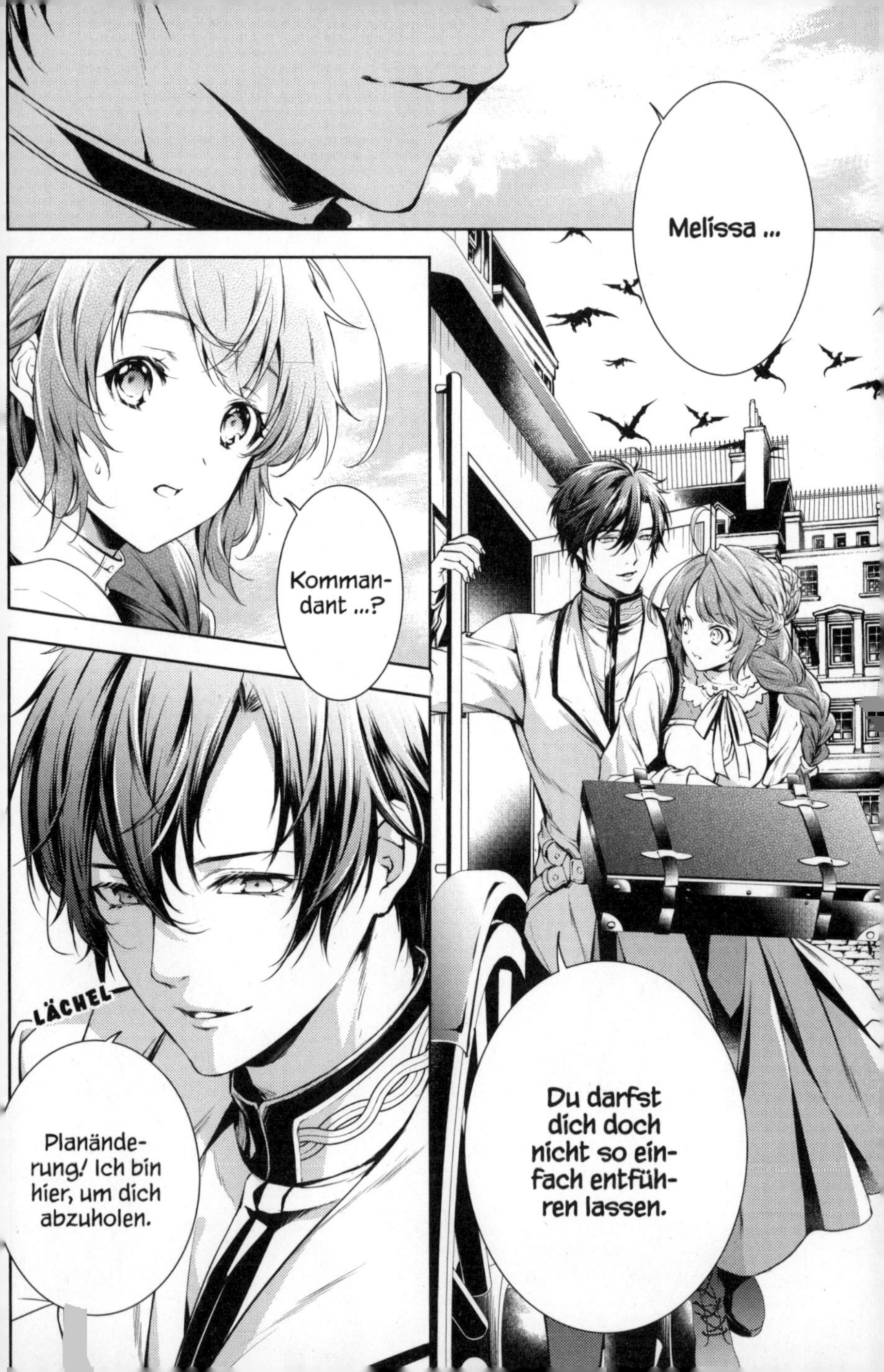
Melissa ...
Kommandant ...?
Du darfst dich doch nicht so einfach entführen lassen.
LÄCHEL
Planänderung! Ich bin hier, um dich abzuholen.

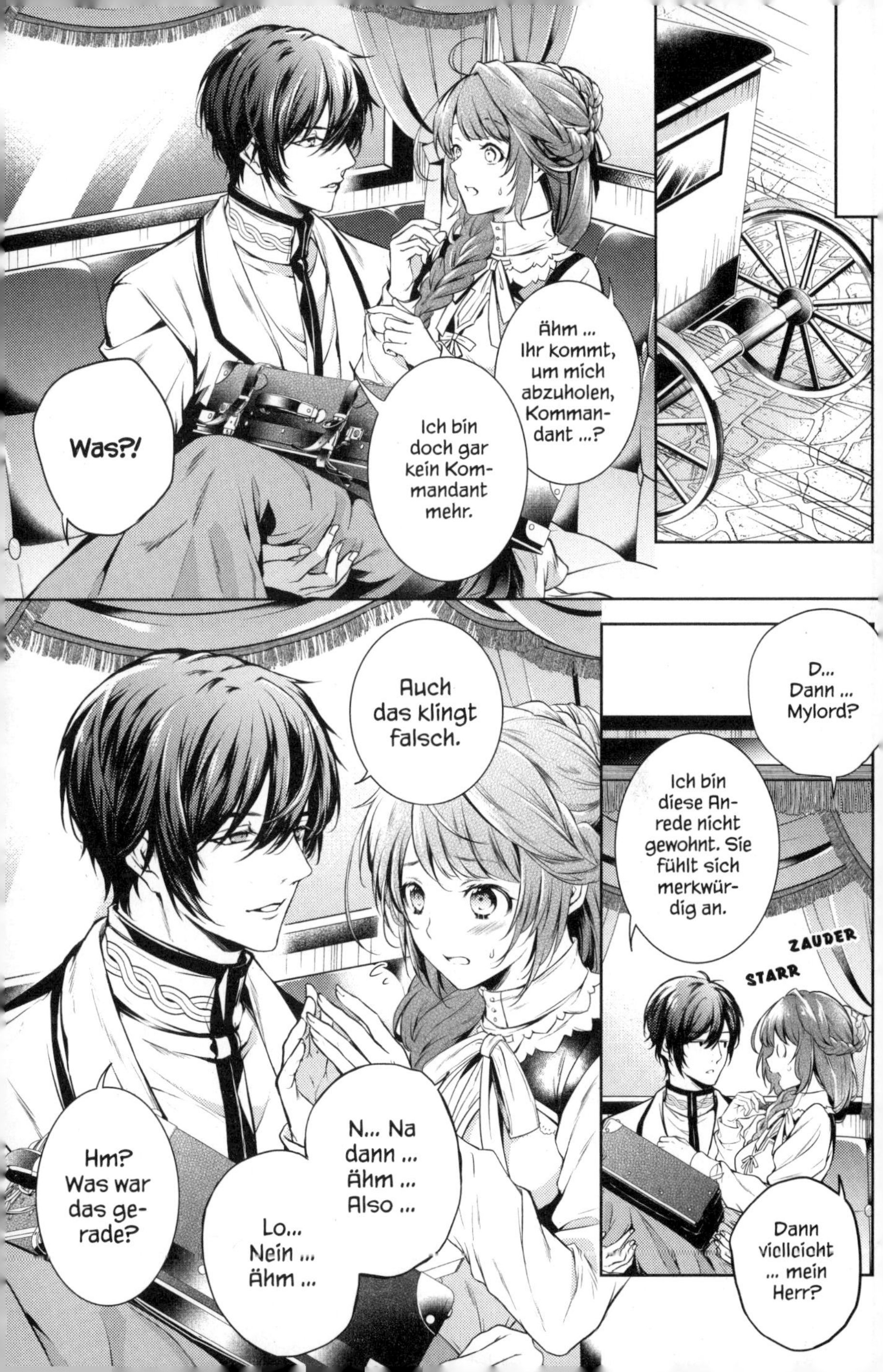
Ähm ... Ihr kommt, um mich abzuholen, Kommandant ...?
Ich bin doch gar kein Kommandant mehr.
Was?!
D... Dann ... Mylord?
Ich bin diese Anrede nicht gewohnt. Sie fühlt sich merkwürdig an.
ZAUDER
STARR
Dann vielleicht ... mein Herr?
Auch das klingt falsch.
N... Na dann ... Ähm ... Also ...
Lo... Nein ... Ähm ...
Hm? Was war das gerade?

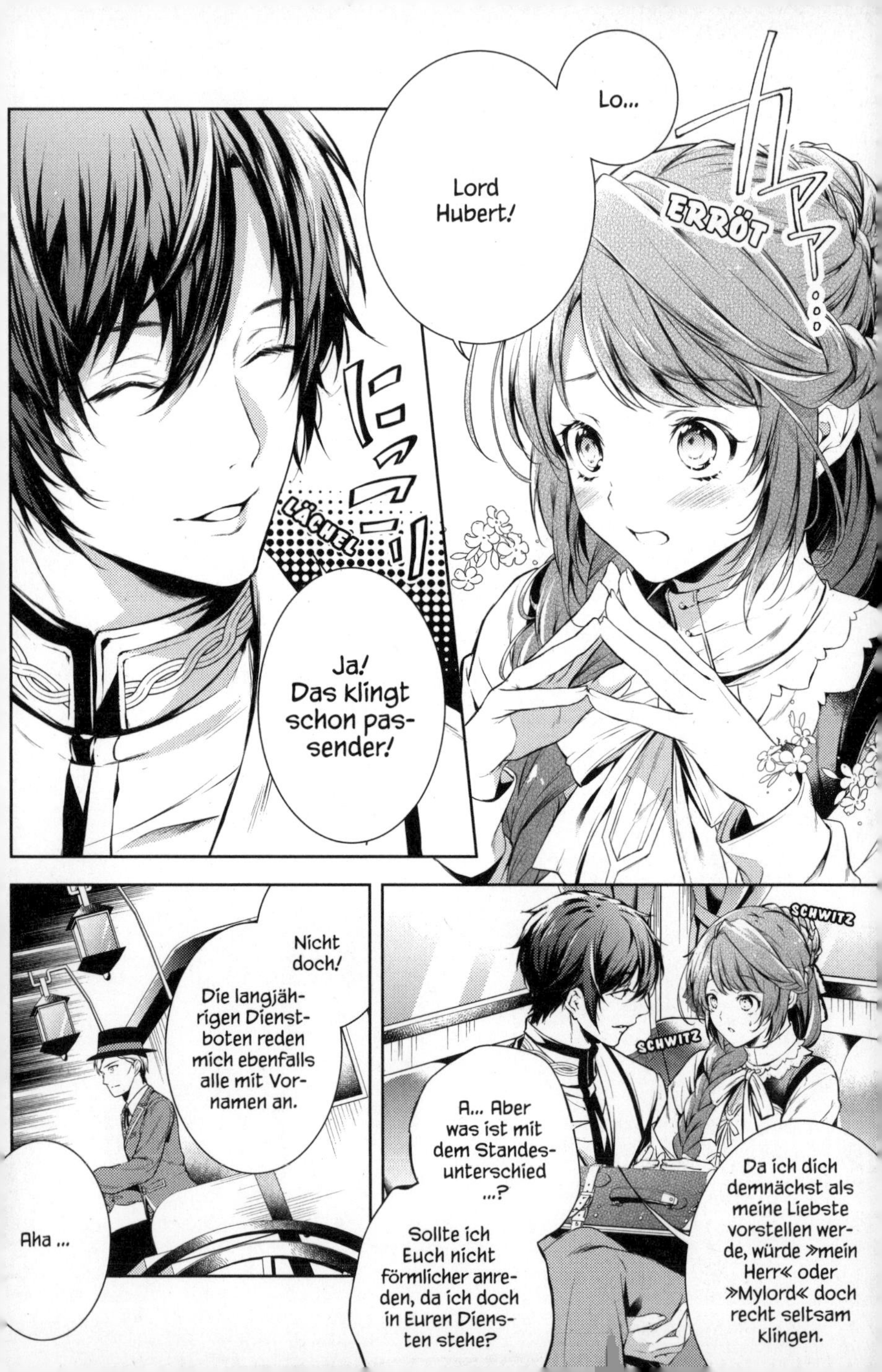
ERRÖT
Lo...
Lord Hubert!
LÄCHEL
Ja! Das klingt schon passender!
Da ich dich demnächst als meine Liebste vorstellen werde, würde »mein Herr« oder »Mylord« doch recht seltsam klingen.
SCHWITZ
SCHWITZ
Sollte ich Euch nicht förmlicher anreden, da ich doch in Euren Diensten stehe?
A... Aber was ist mit dem Standesunterschied ...?
Nicht doch!
Die langjährigen Dienstboten reden mich ebenfalls alle mit Vornamen an.
Aha ...

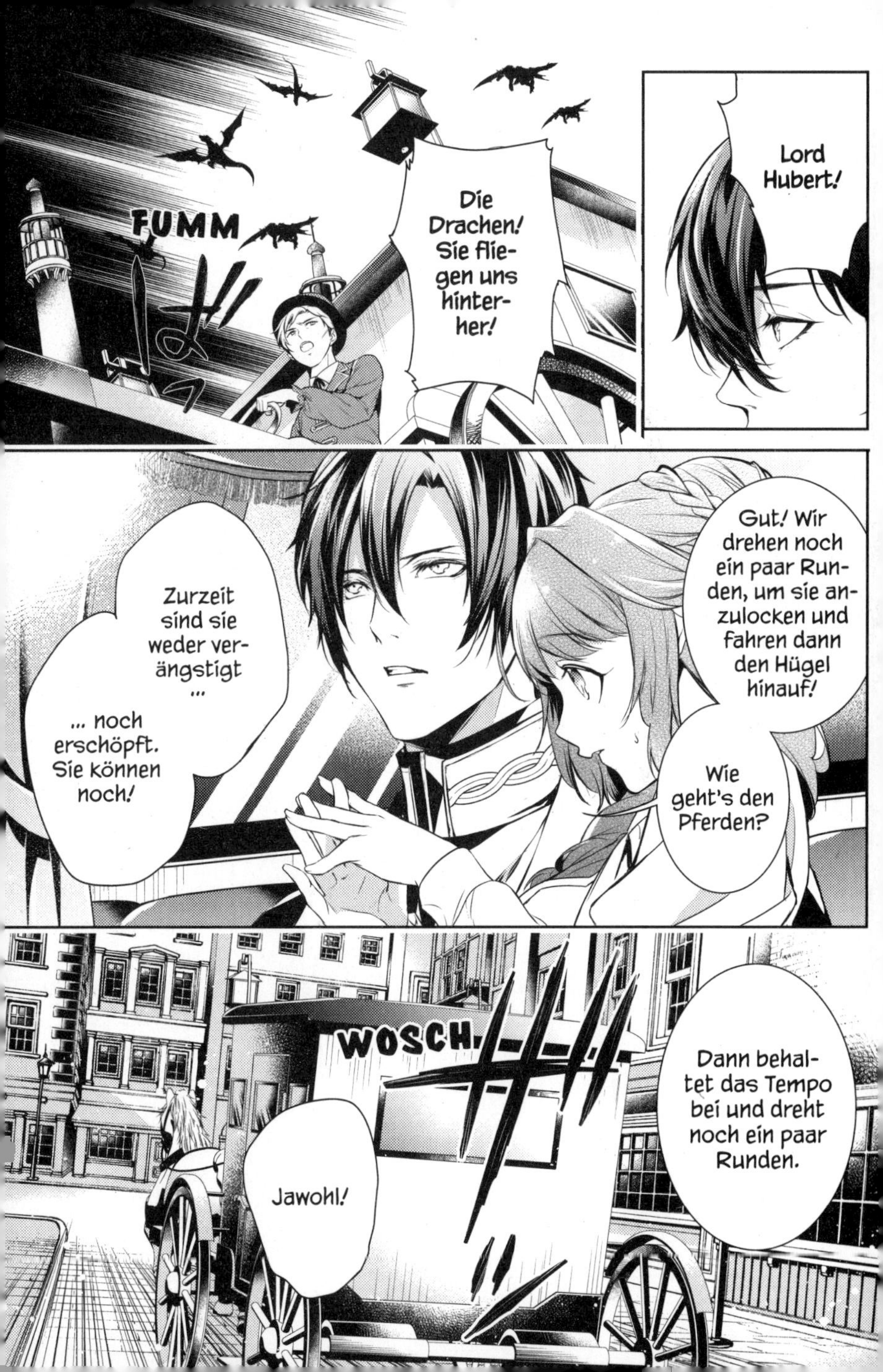
Lord Hubert!
Die Drachen! Sie fliegen uns hinterher!
FUMM
Gut! Wir drehen noch ein paar Runden, um sie anzulocken und fahren dann den Hügel hinauf!
Wie geht's den Pferden?
Zurzeit sind sie weder verängstigt ...
... noch erschöpft. Sie können noch!
Dann behaltet das Tempo bei und dreht noch ein paar Runden.
Jawohl!
WOSCH

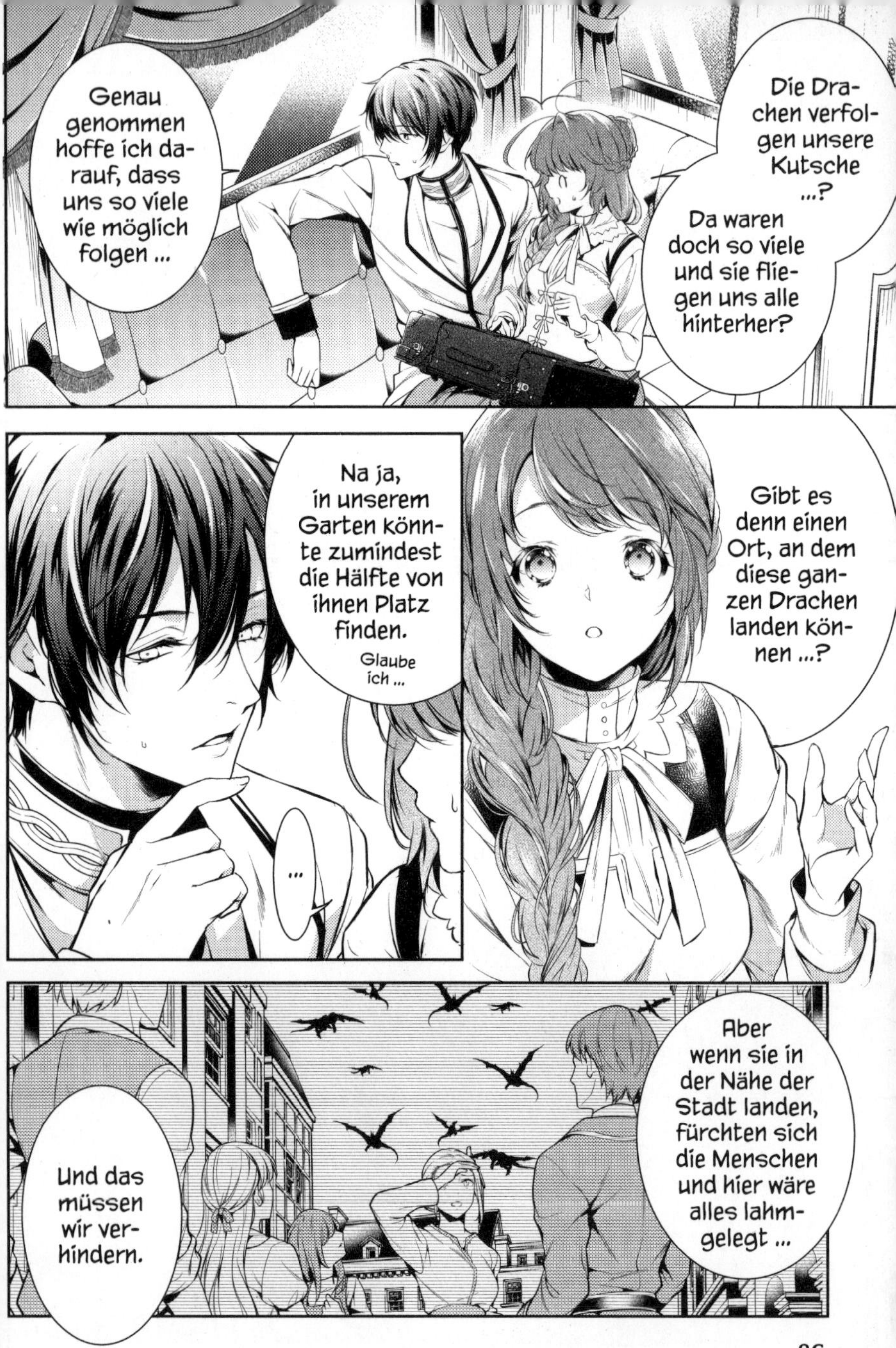
Die Drachen verfolgen unsere Kutsche ...?
Da waren doch so viele und sie fliegen uns alle hinterher?
Genau genommen hoffe ich darauf, dass uns so viele wie möglich folgen ...
Gibt es denn einen Ort, an dem diese ganzen Drachen landen können ...?
Na ja, in unserem Garten könnte zumindest die Hälfte von ihnen Platz finden.
Glaube ich ...
...
Aber wenn sie in der Nähe der Stadt landen, fürchten sich die Menschen und hier wäre alles lahmgelegt ...
Und das müssen wir verhindern.

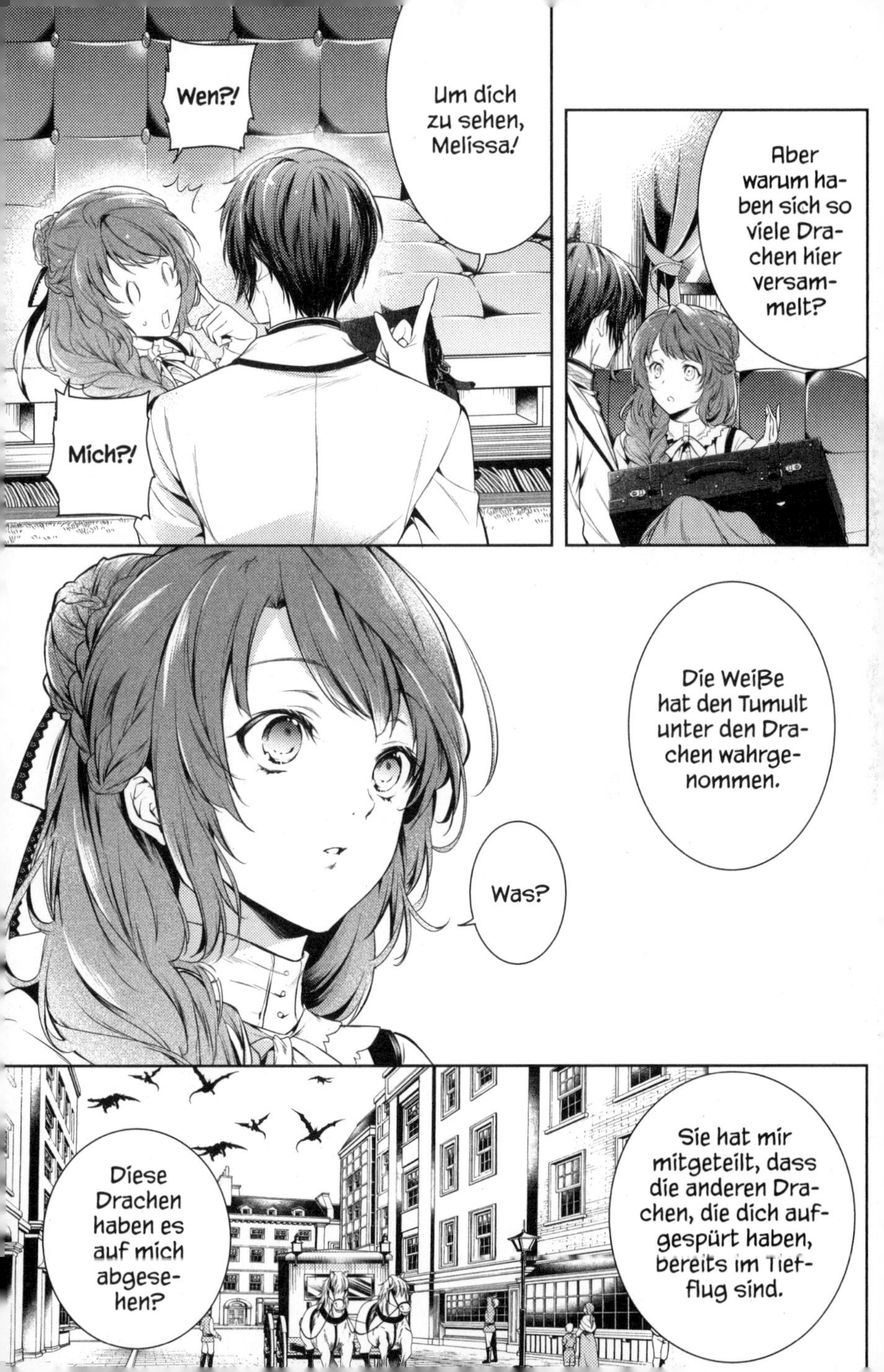
Aber warum haben sich so viele Drachen hier versammelt?
Um dich zu sehen, Melissa!
Wen?!
Mich?!
Die Weiße hat den Tumult unter den Drachen wahrgenommen.
Was?
Sie hat mir mitgeteilt, dass die anderen Drachen, die dich aufgespürt haben, bereits im Tiefflug sind.
Diese Drachen haben es auf mich abgesehen?

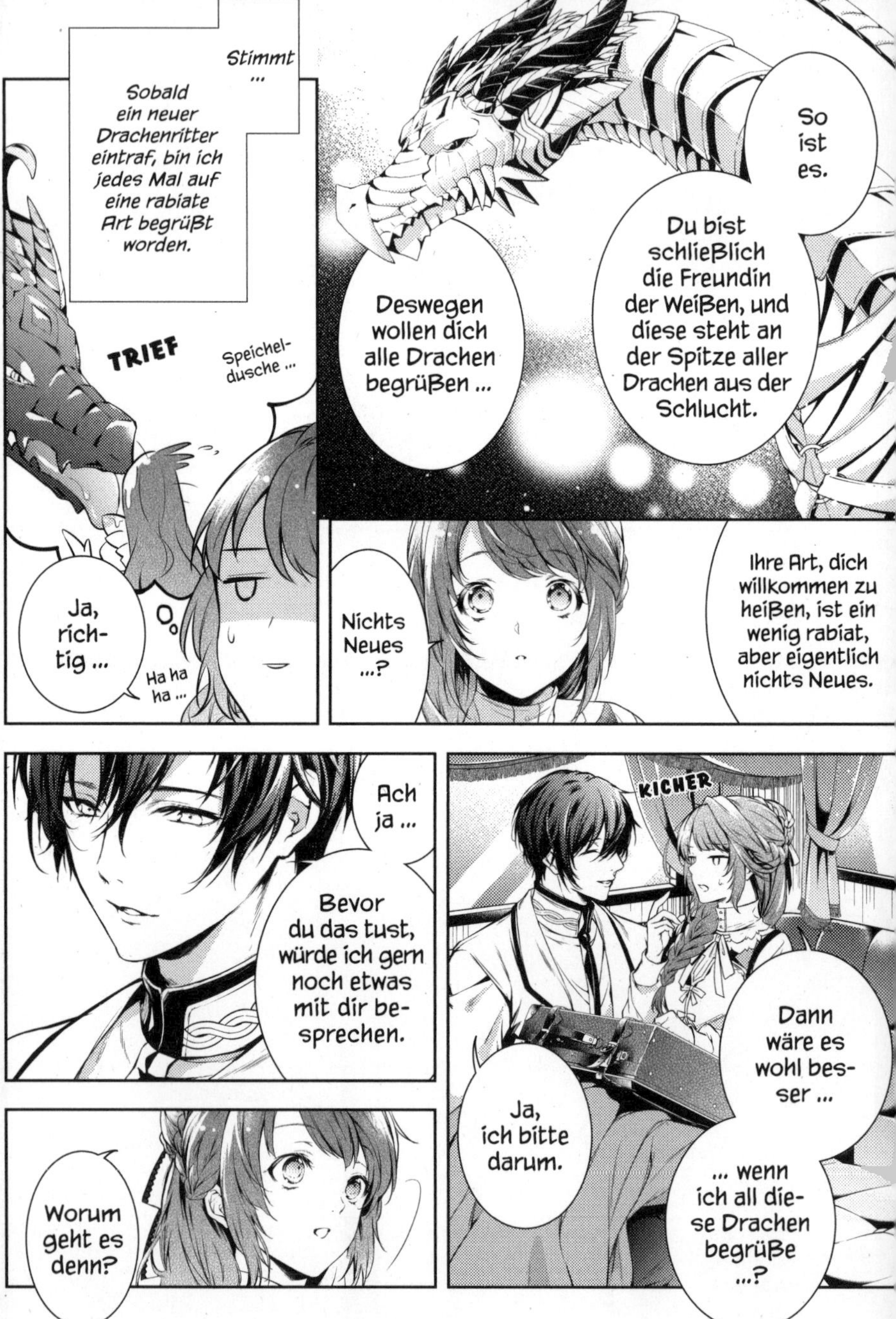

So ist es.
Du bist schließlich die Freundin der Weißen, und diese steht an der Spitze aller Drachen aus der Schlucht.
Deswegen wollen dich alle Drachen begrüßen ...
Stimmt ...
Sobald ein neuer Drachenritter eintraf, bin ich jedes Mal auf eine rabiate Art begrüßt worden.
TRIEF
Speichel-dusche ...
Ihre Art, dich willkommen zu heißen, ist ein wenig rabiat, aber eigentlich nichts Neues.
Nichts Neues ...?
Ja, richtig ...
Ha ha ha ...
KICHER
Dann wäre es wohl besser ...
... wenn ich all diese Drachen begrüße ...?
Ja, ich bitte darum.
Ach ja ...
Bevor du das tust, würde ich gern noch etwas mit dir besprechen.
Worum geht es denn?

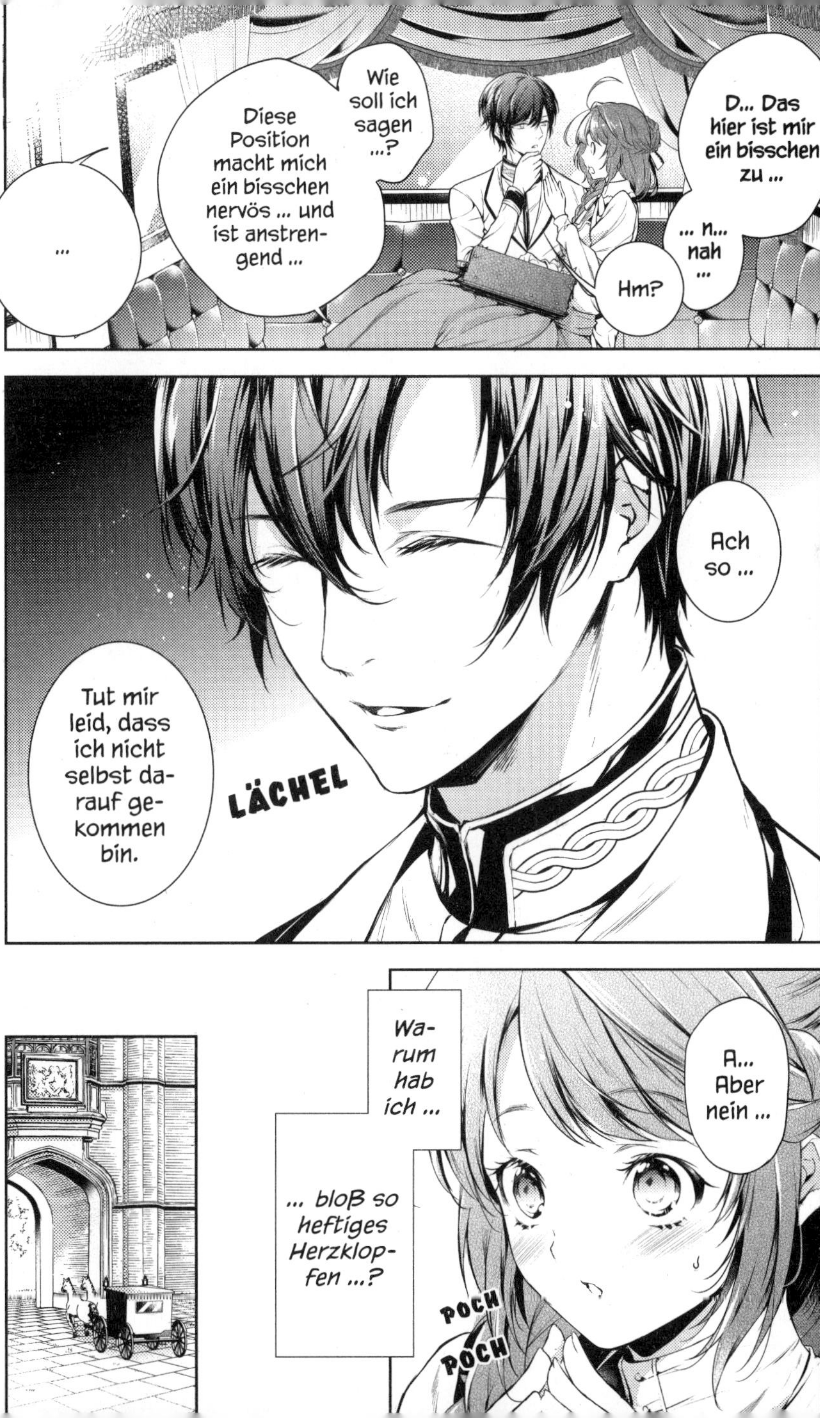
D… Das hier ist mir ein bisschen zu …
… n… nah …
Hm?
Wie soll ich sagen …?
Diese Position macht mich ein bisschen nervös … und ist anstrengend …
…
Ach so …
Tut mir leid, dass ich nicht selbst darauf gekommen bin.
LÄCHEL
A… Aber nein …
Warum hab ich …
… bloß so heftiges Herzklopfen …?
POCH
POCH

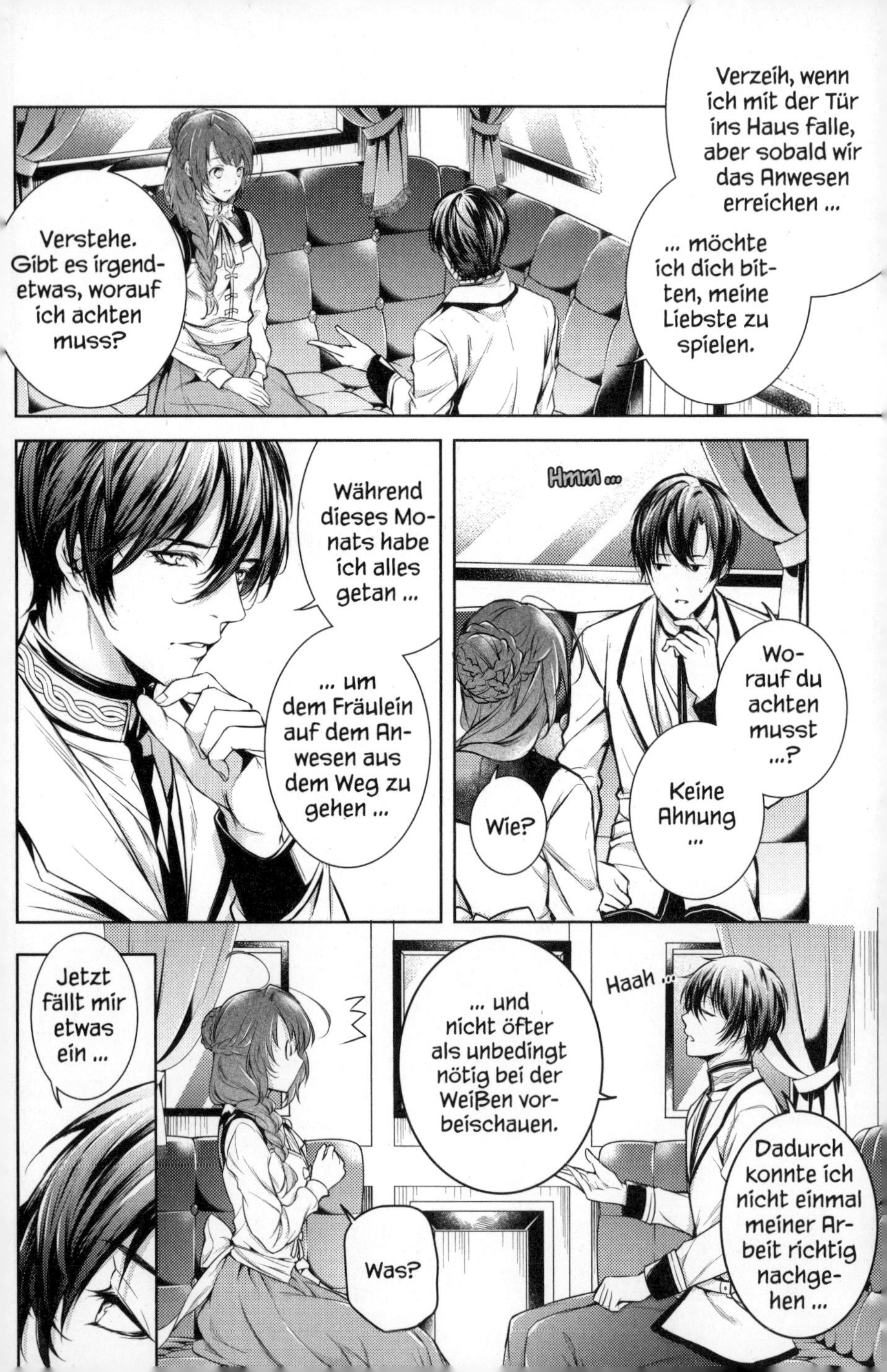
Verzeih, wenn ich mit der Tür ins Haus falle, aber sobald wir das Anwesen erreichen ...
... möchte ich dich bitten, meine Liebste zu spielen.
Verstehe. Gibt es irgendetwas, worauf ich achten muss?
Hmm ...
Worauf du achten musst ...?
Keine Ahnung ...
Wie?
Während dieses Monats habe ich alles getan ...
... um dem Fräulein auf dem Anwesen aus dem Weg zu gehen ...
Haah ...
... und nicht öfter als unbedingt nötig bei der Weißen vorbeischauen.
Dadurch konnte ich nicht einmal meiner Arbeit richtig nachgehen ...
Was?
Jetzt fällt mir etwas ein ...

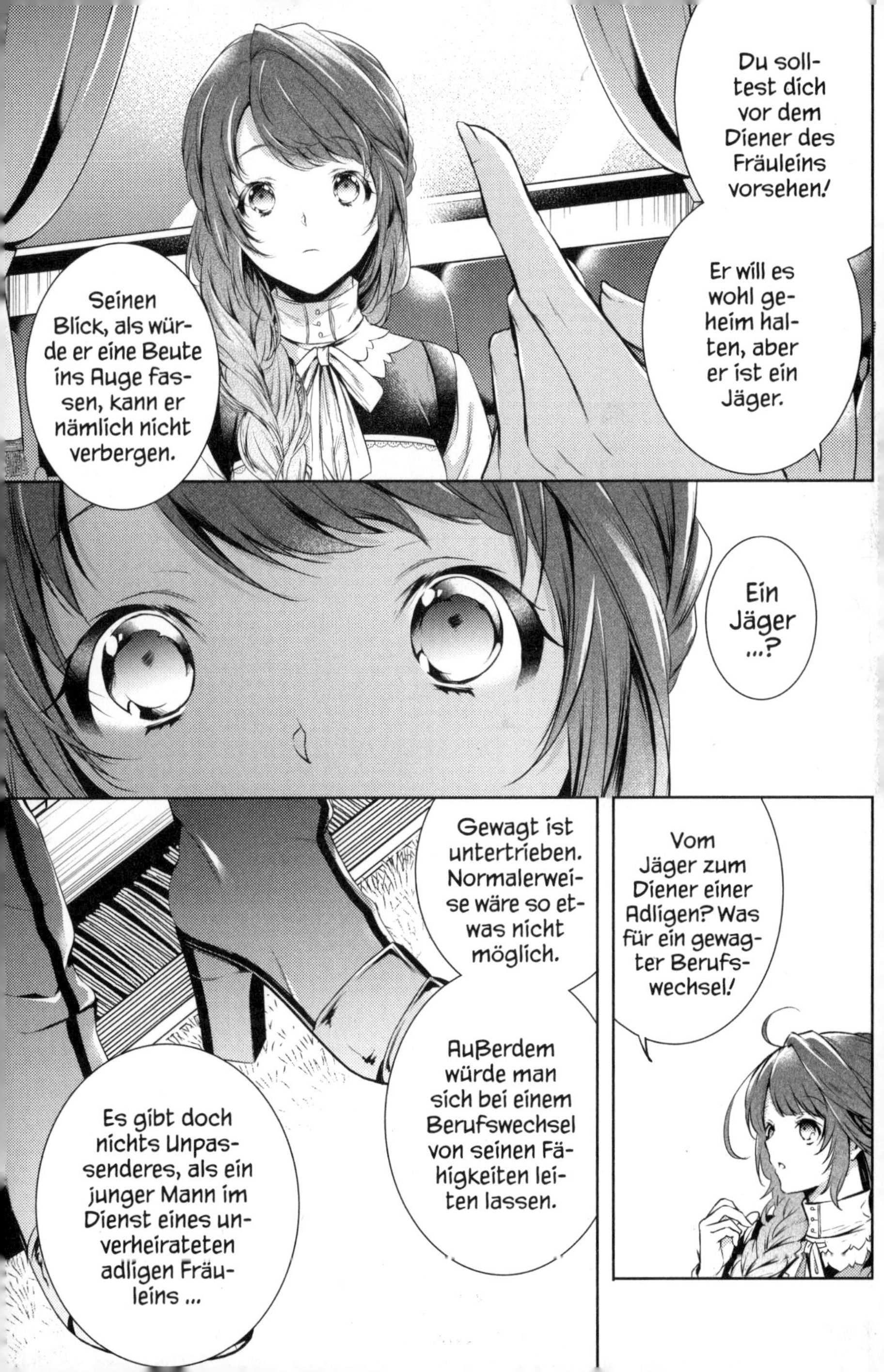
Du solltest dich vor dem Diener des Fräuleins vorsehen!
Er will es wohl geheim halten, aber er ist ein Jäger.
Seinen Blick, als würde er eine Beute ins Auge fassen, kann er nämlich nicht verbergen.
Ein Jäger …?
Vom Jäger zum Diener einer Adligen? Was für ein gewagter Berufswechsel!
Gewagt ist untertrieben. Normalerweise wäre so etwas nicht möglich.
Außerdem würde man sich bei einem Berufswechsel von seinen Fähigkeiten leiten lassen.
Es gibt doch nichts Unpassenderes, als ein junger Mann im Dienst eines unverheirateten adligen Fräuleins ...

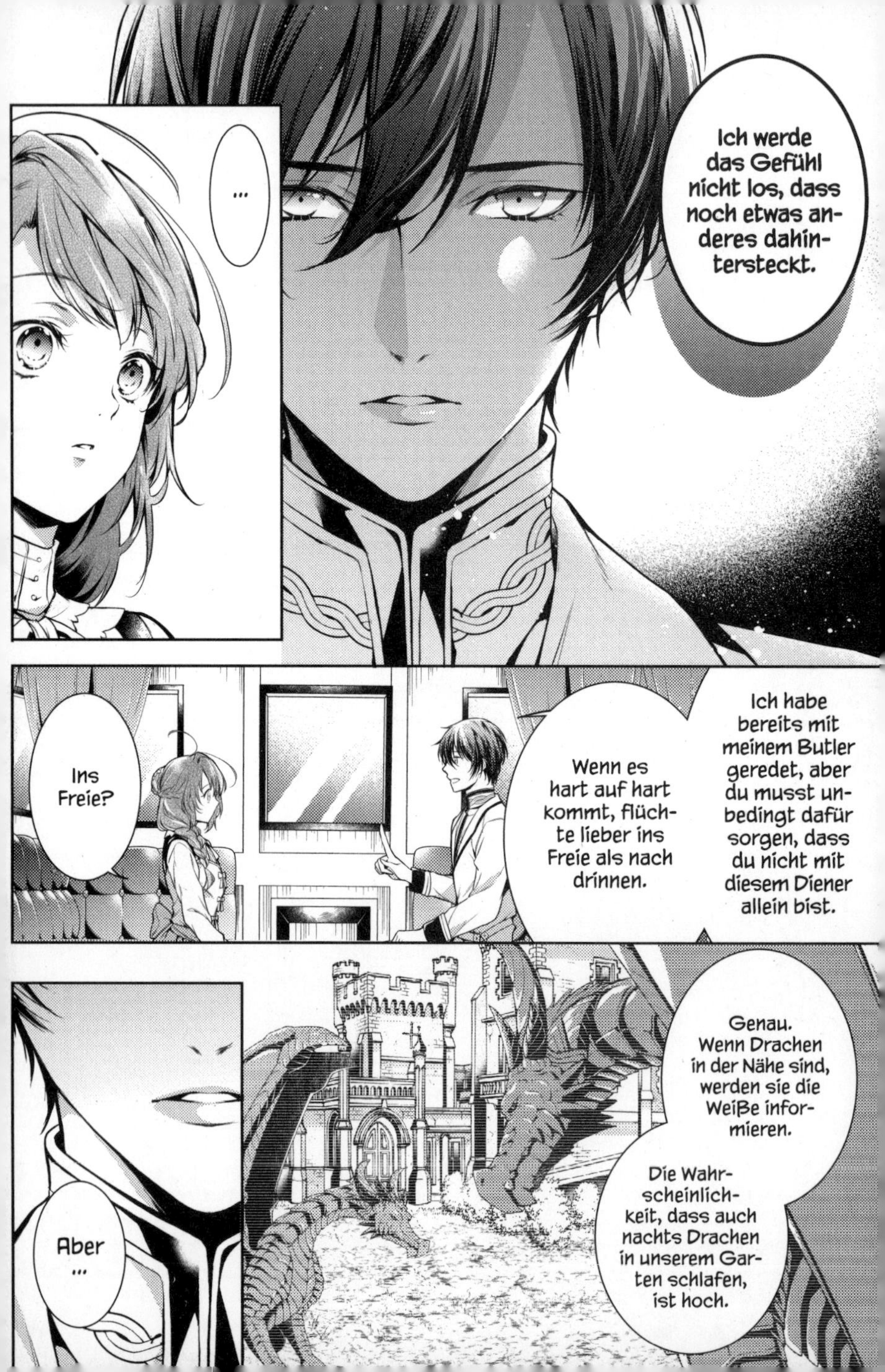
Ich werde das Gefühl nicht los, dass noch etwas anderes dahintersteckt.
...
Ich habe bereits mit meinem Butler geredet, aber du musst unbedingt dafür sorgen, dass du nicht mit diesem Diener allein bist.
Wenn es hart auf hart kommt, flüchte lieber ins Freie als nach drinnen.
Ins Freie?
Genau. Wenn Drachen in der Nähe sind, werden sie die Weiße informieren.
Die Wahrscheinlichkeit, dass auch nachts Drachen in unserem Garten schlafen, ist hoch.
Aber ...

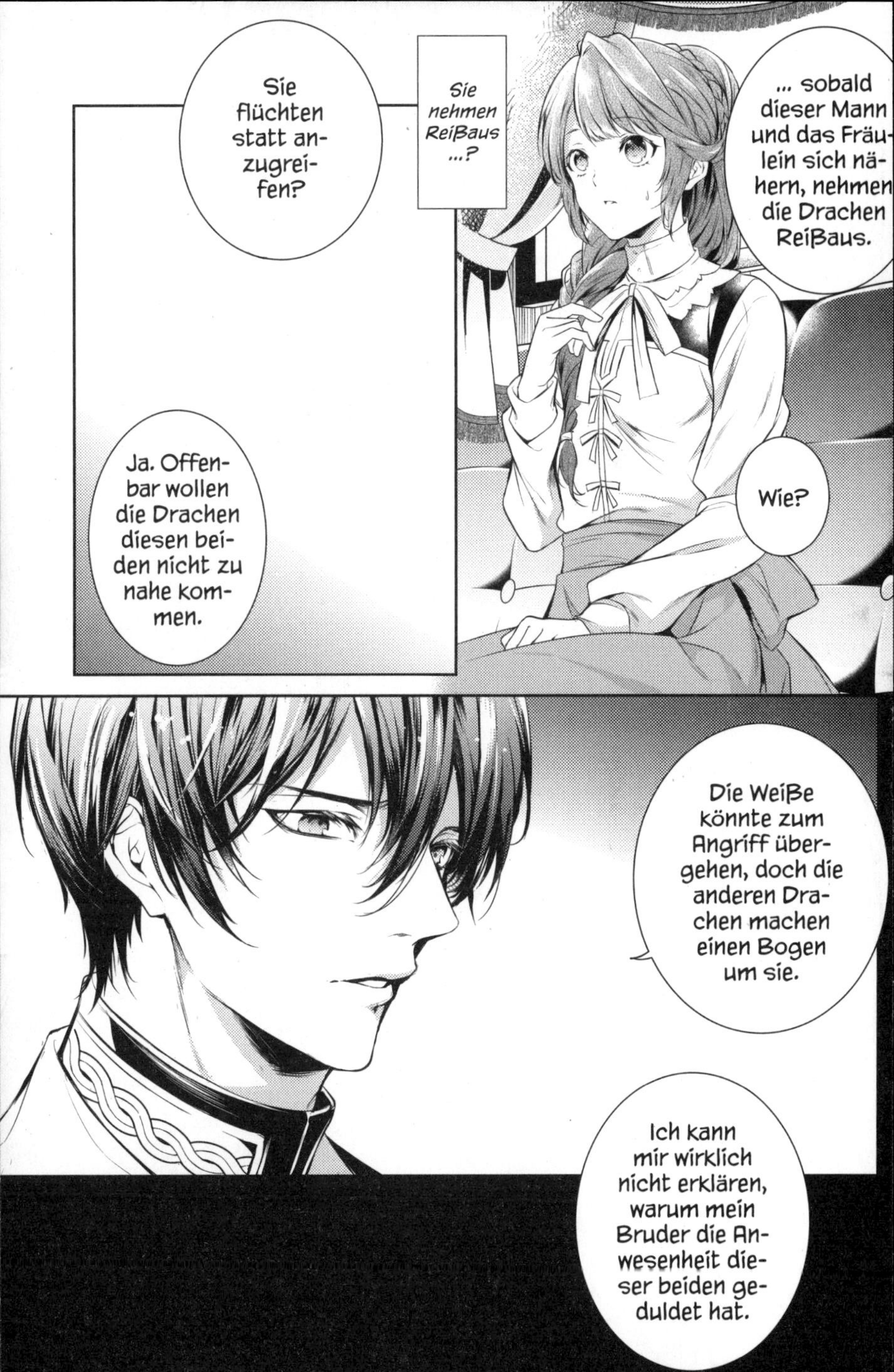
... sobald dieser Mann und das Fräulein sich nähern, nehmen die Drachen Reißaus.
Sie nehmen Reißaus ...?
Sie flüchten statt anzugreifen?
Wie?
Ja. Offenbar wollen die Drachen diesen beiden nicht zu nahe kommen.
Die Weiße könnte zum Angriff übergehen, doch die anderen Drachen machen einen Bogen um sie.
Ich kann mir wirklich nicht erklären, warum mein Bruder die Anwesenheit dieser beiden geduldet hat.

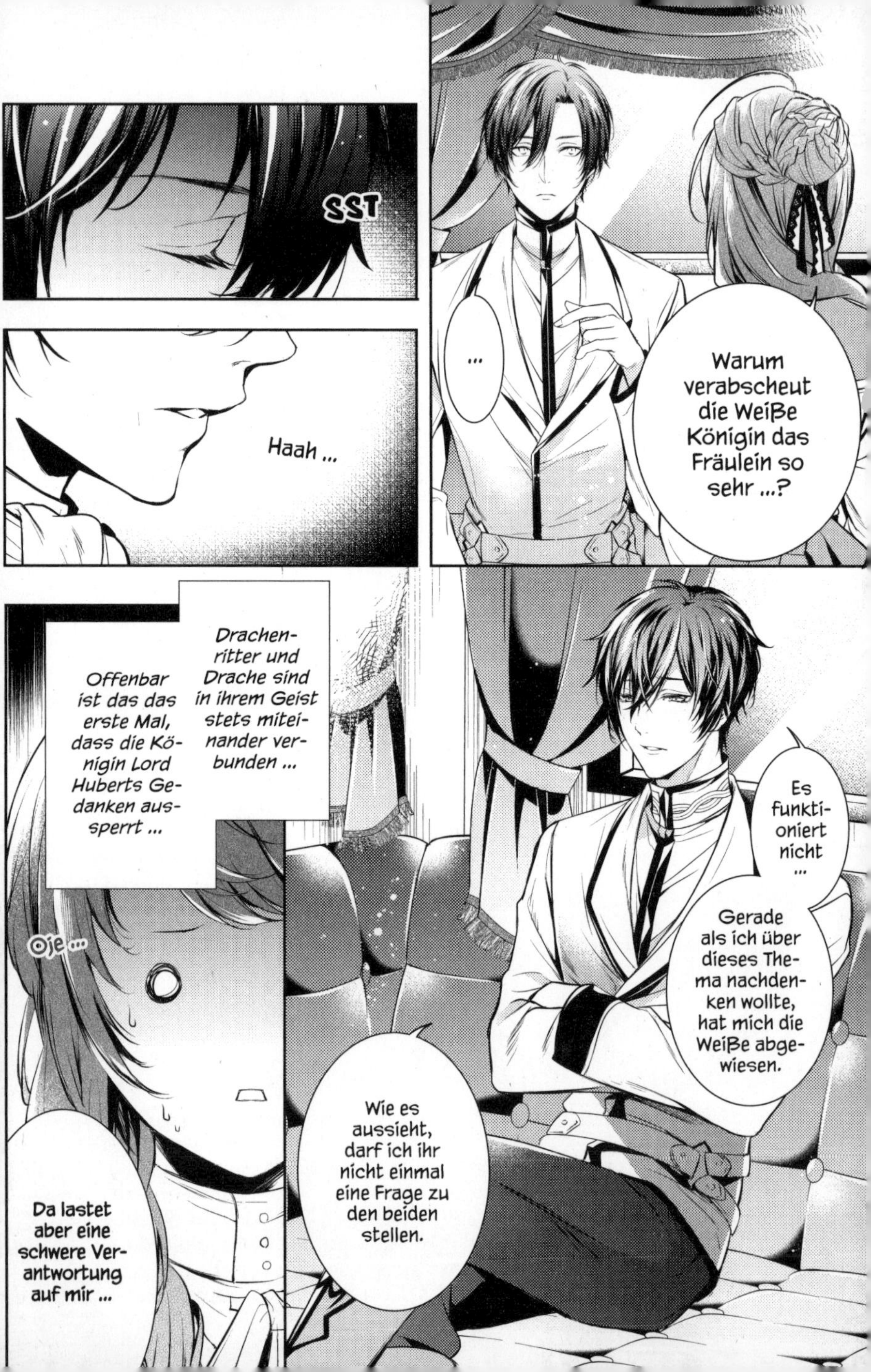

Warum verabscheut die Weiße Königin das Fräulein so sehr ...?
...
SST
Haah ...
Es funktioniert nicht ...
Gerade als ich über dieses Thema nachdenken wollte, hat mich die Weiße abgewiesen.
Wie es aussieht, darf ich ihr nicht einmal eine Frage zu den beiden stellen.
Drachenritter und Drache sind in ihrem Geist stets miteinander verbunden ...
Offenbar ist das das erste Mal, dass die Königin Lord Huberts Gedanken aussperrt ...
Oje ...
Da lastet aber eine schwere Verantwortung auf mir ...

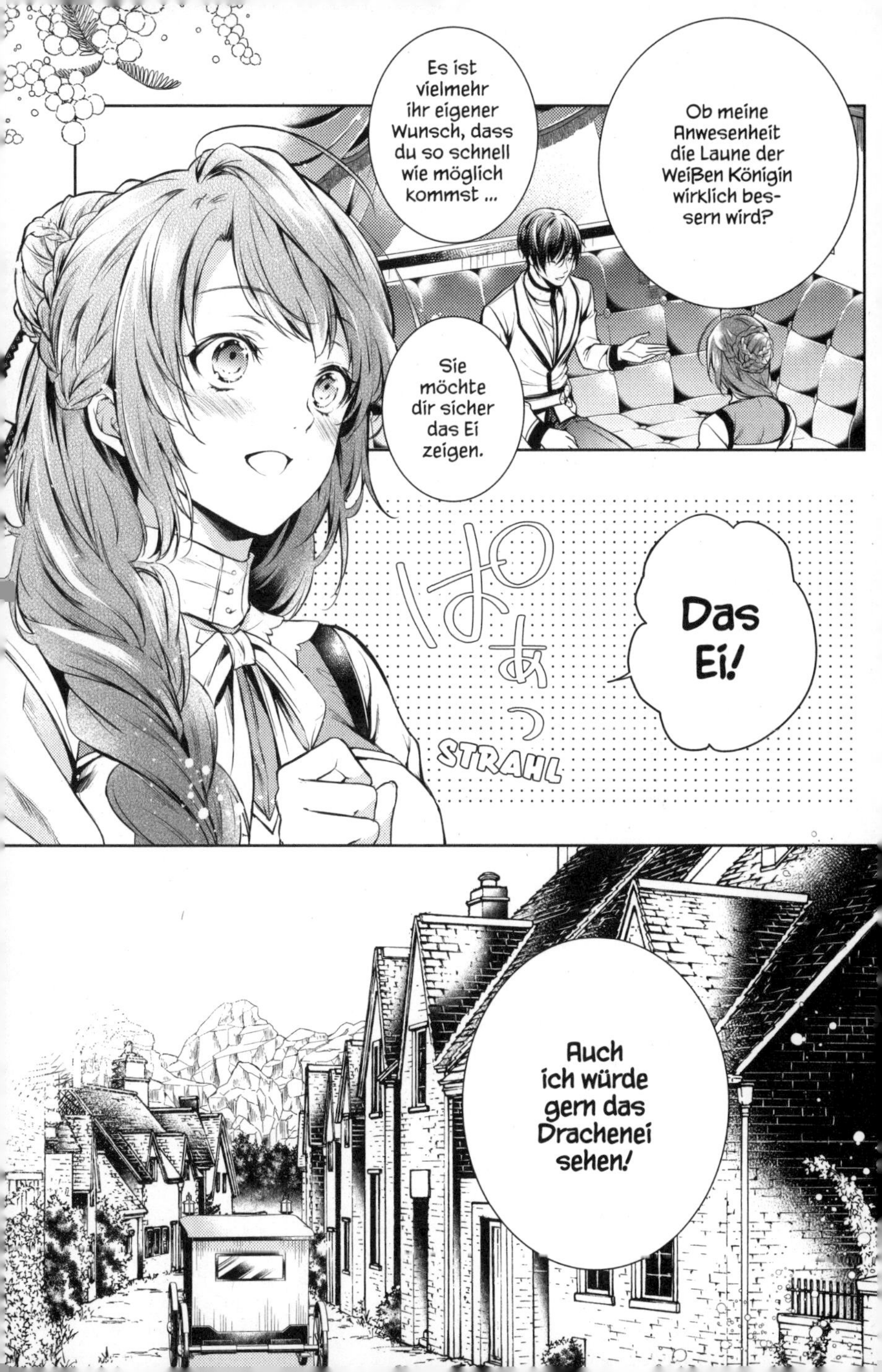
Ob meine Anwesenheit die Laune der Weißen Königin wirklich bessern wird?
Es ist vielmehr ihr eigener Wunsch, dass du so schnell wie möglich kommst ...
Sie möchte dir sicher das Ei zeigen.
ぱあっ
STRAHL
Das Ei!
Auch ich würde gern das Drachenei sehen!

HÜTERIN

DER

DRACHEN

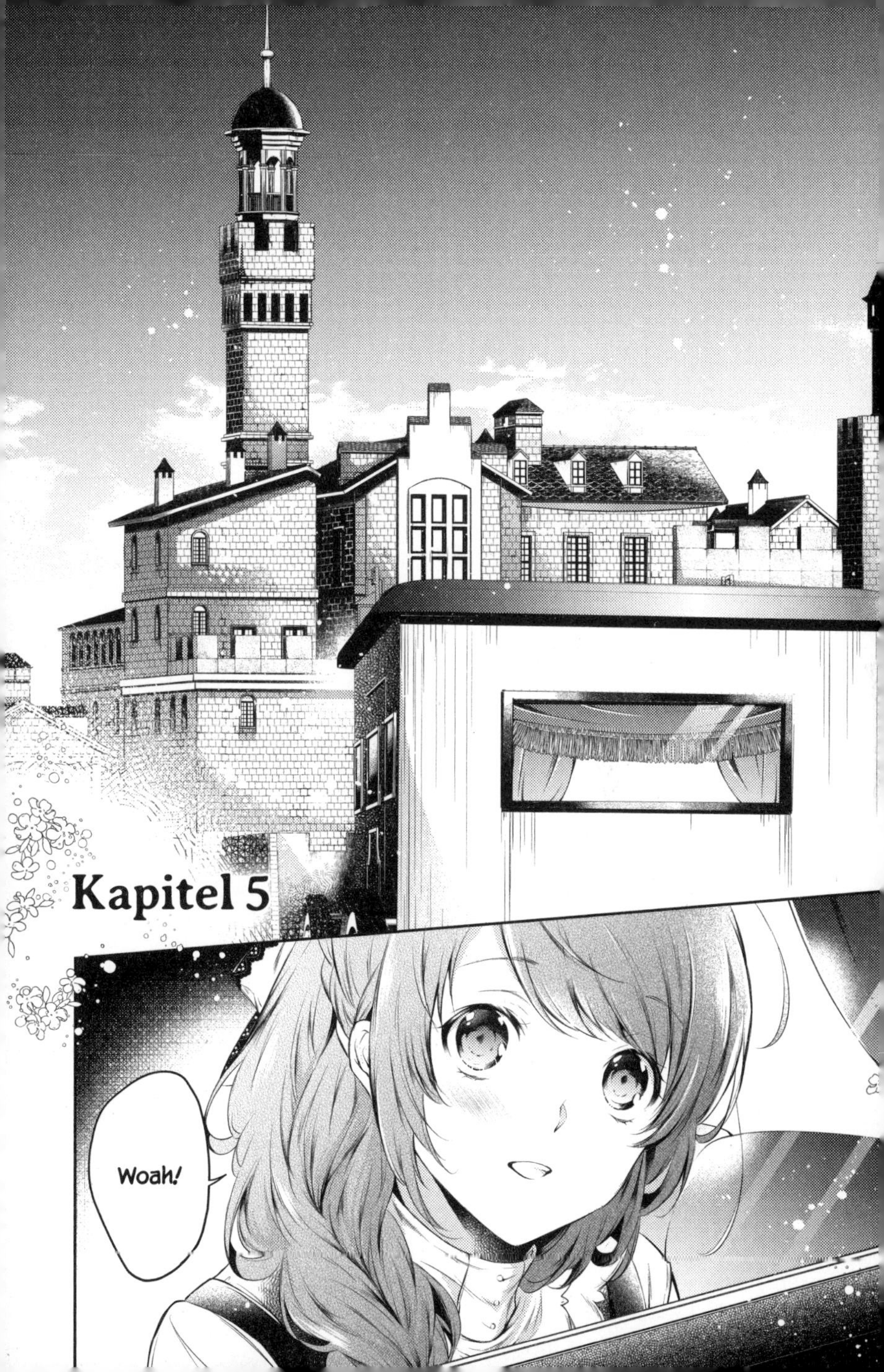
Kapitel 5
Woah!

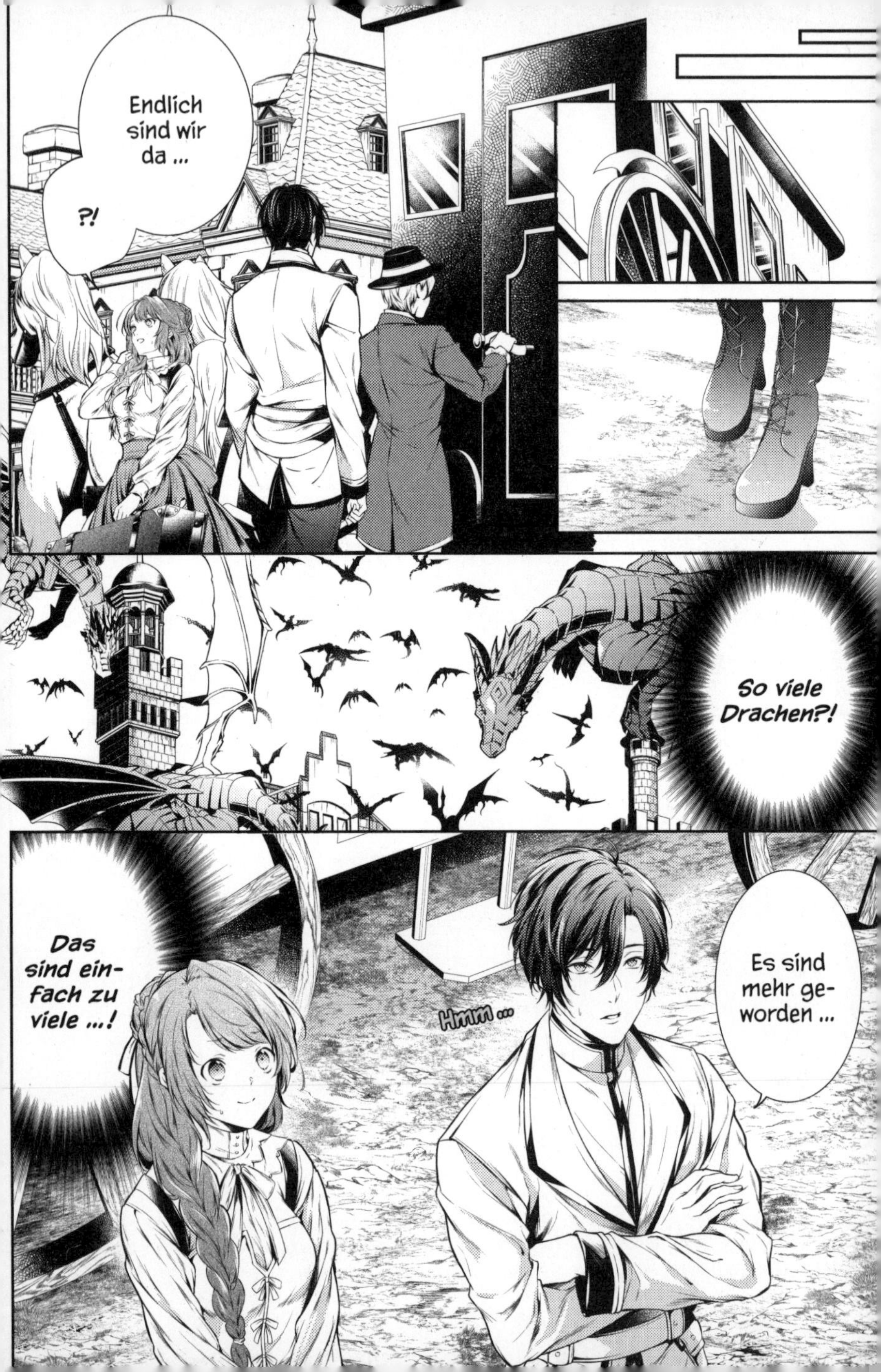
Endlich sind wir da ...
?!
So viele Drachen?!
Es sind mehr geworden ...
Hmm ...
Das sind einfach zu viele ...!

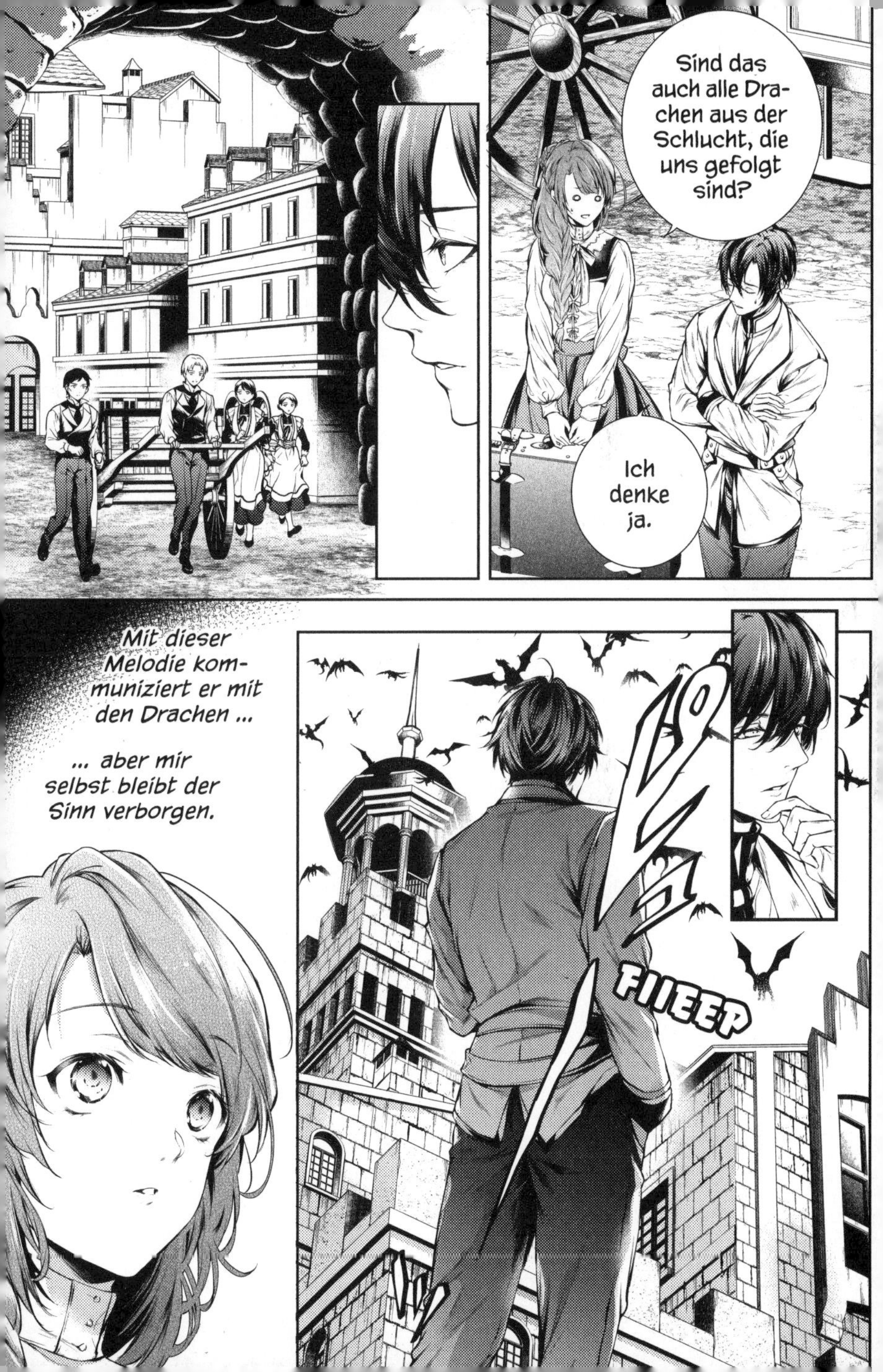
Sind das auch alle Drachen aus der Schlucht, die uns gefolgt sind?
Ich denke ja.
Mit dieser Melodie kommuniziert er mit den Drachen ...
... aber mir selbst bleibt der Sinn verborgen.
FIIEEP

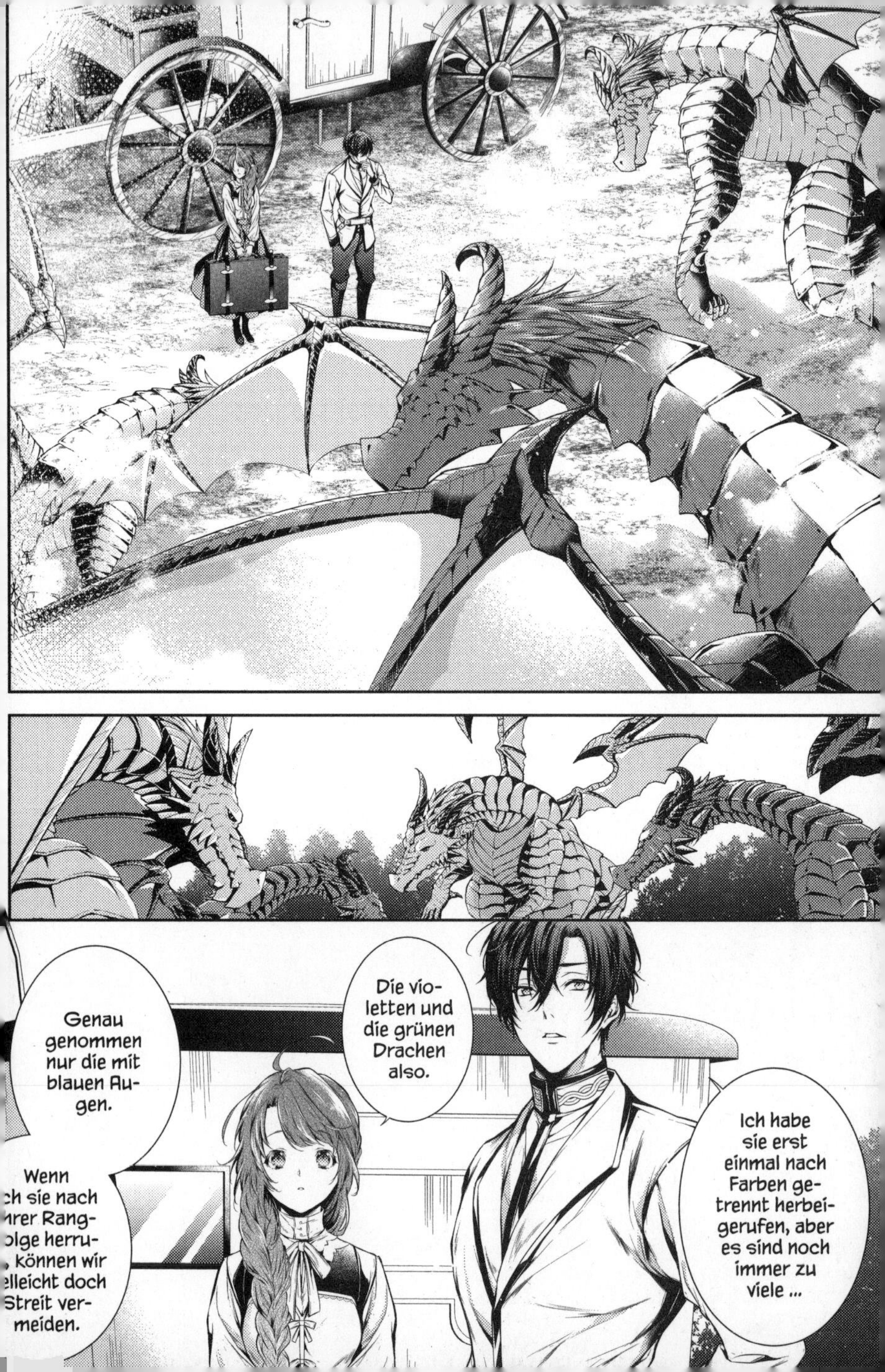

Ich habe sie erst einmal nach Farben getrennt herbeigerufen, aber es sind noch immer zu viele ...
Die violetten und die grünen Drachen also.
Genau genommen nur die mit blauen Augen.
Wenn ch sie nach hrer Rangolge herru- können wir elleicht doch Streit vermeiden.

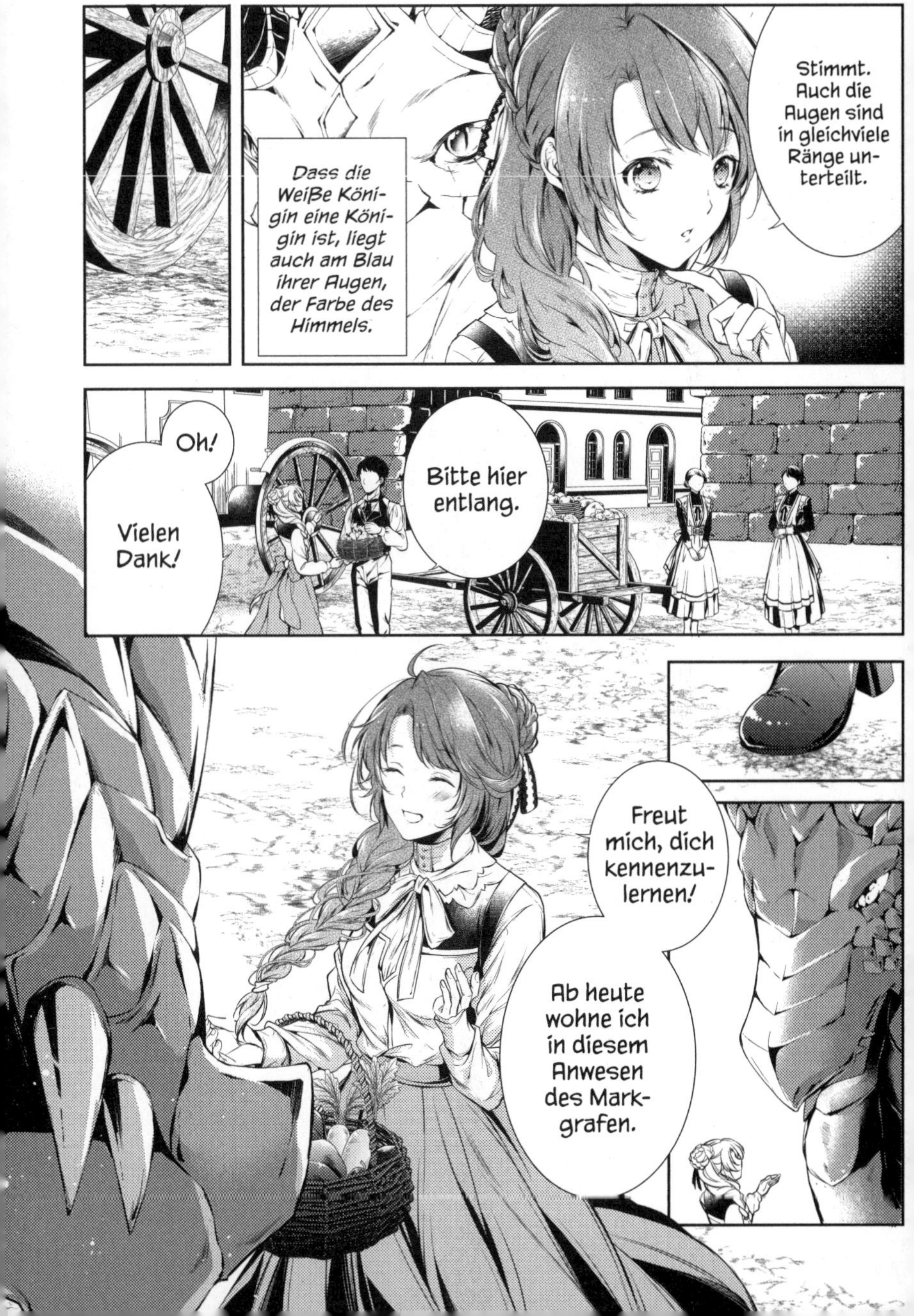
Stimmt. Auch die Augen sind in gleichviele Ränge unterteilt.
Dass die Weiße Königin eine Königin ist, liegt auch am Blau ihrer Augen, der Farbe des Himmels.
Bitte hier entlang.
Oh!
Vielen Dank!
Freut mich, dich kennenzulernen!
Ab heute wohne ich in diesem Anwesen des Markgrafen.

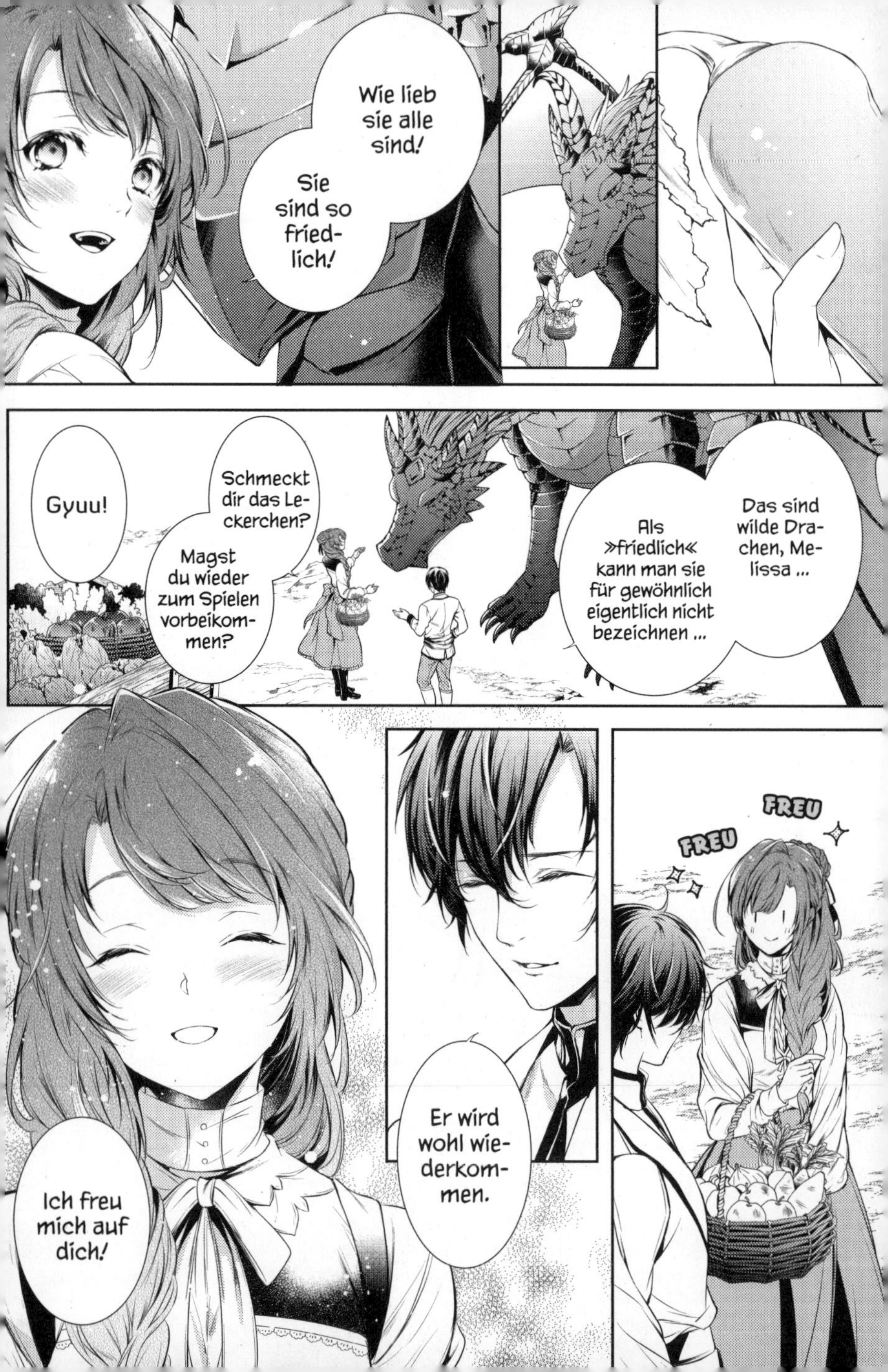
Wie lieb sie alle sind!
Sie sind so fried-lich!
Das sind wilde Dra-chen, Me-lissa ...
Als »friedlich« kann man sie für gewöhnlich eigentlich nicht bezeichnen ...
Schmeckt dir das Le-ckerchen?
Magst du wieder zum Spielen vorbeikom-men?
Gyuu!
FREU
FREU
Er wird wohl wie-derkom-men.
Ich freu mich auf dich!

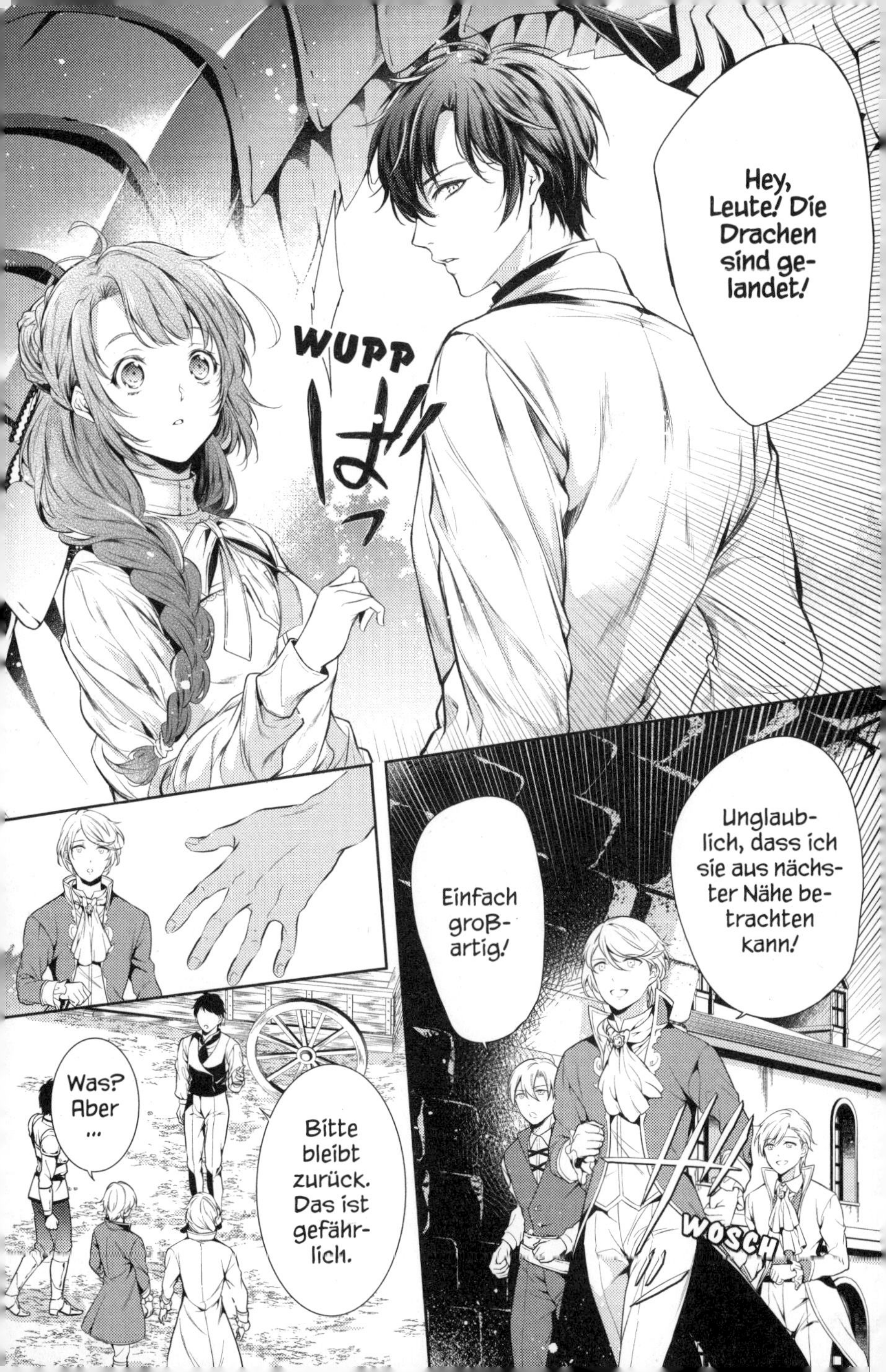
Hey, Leute! Die Drachen sind gelandet!
WUPP
ぱっ
Unglaublich, dass ich sie aus nächster Nähe betrachten kann!
Einfach großartig!
WOSCH
Bitte bleibt zurück. Das ist gefährlich.
Was? Aber ...

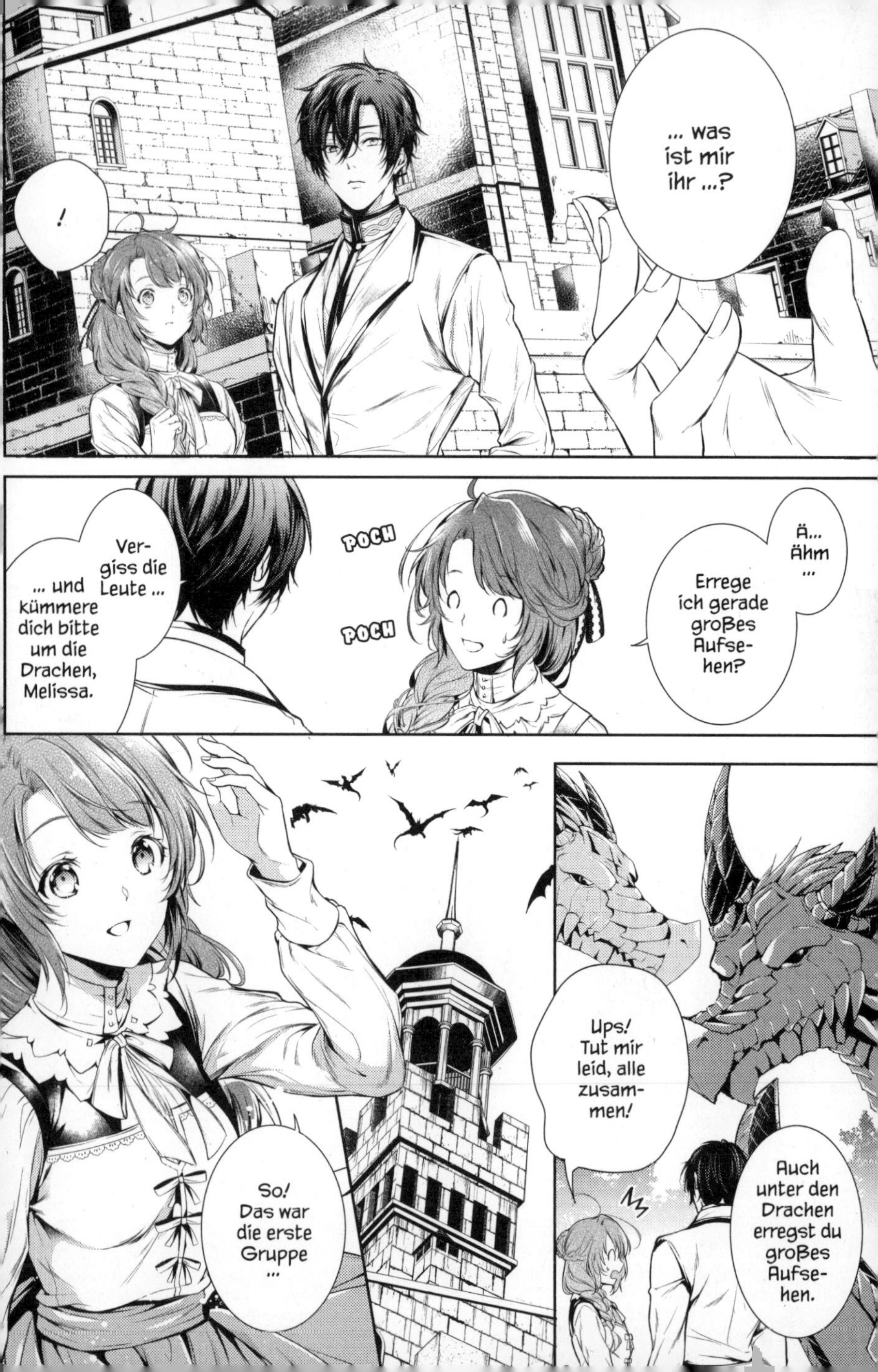
... was ist mir ihr ...?
!
Ä... Ähm ...
Errege ich gerade großes Aufse-hen?
POCH
POCH
Ver-giss die Leute ...
... und kümmere dich bitte um die Drachen, Melissa.
Auch unter den Drachen erregst du großes Aufse-hen.
Ups! Tut mir leid, alle zusam-men!
So! Das war die erste Gruppe ...

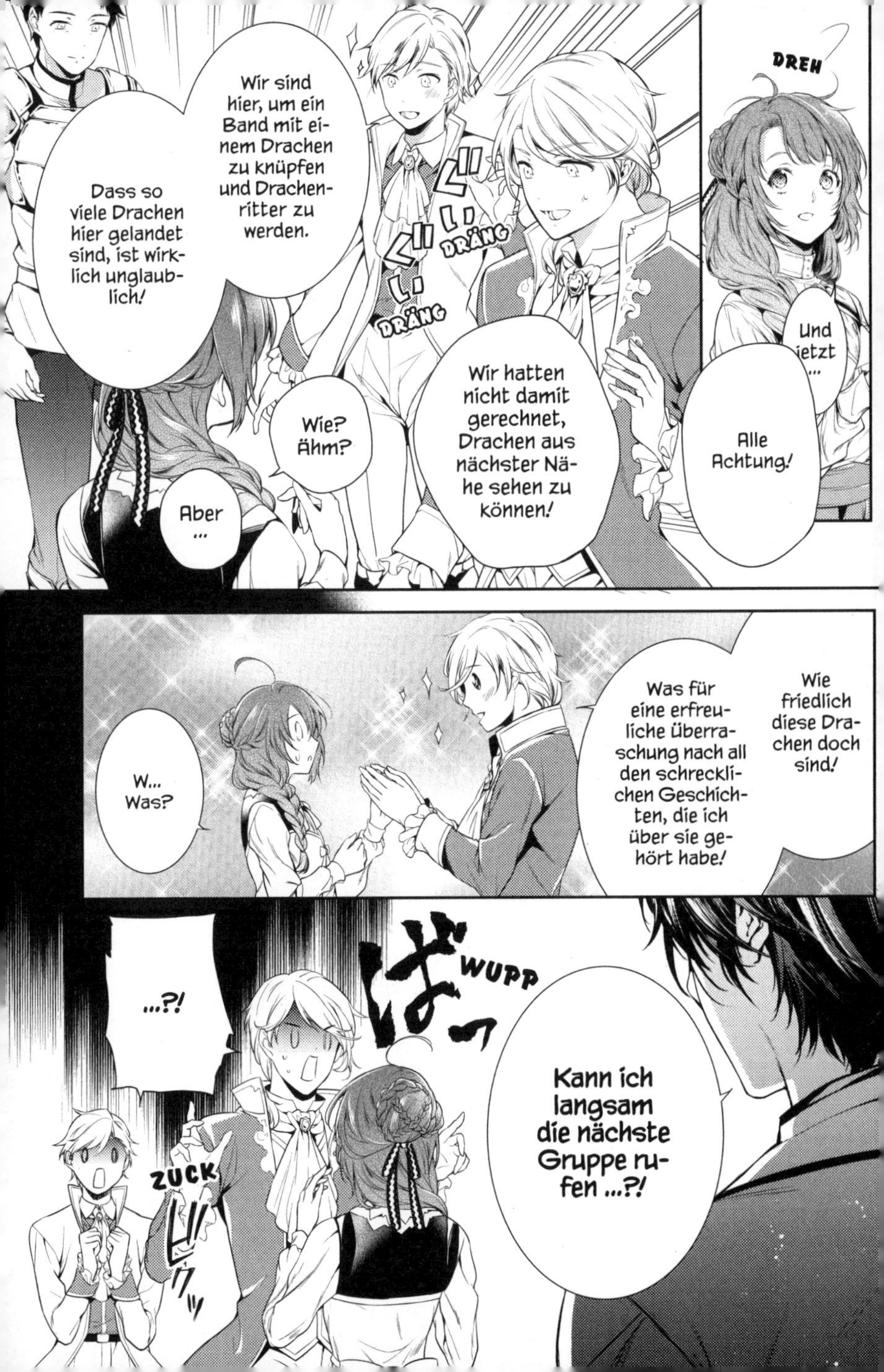
DREH
Und jetzt ...
Alle Achtung!
Wir hatten nicht damit gerechnet, Drachen aus nächster Nähe sehen zu können!
Wir sind hier, um ein Band mit einem Drachen zu knüpfen und Drachenritter zu werden.
DRÄNG
DRÄNG
Dass so viele Drachen hier gelandet sind, ist wirklich unglaublich!
Wie? Ähm?
Aber ...
Wie friedlich diese Drachen doch sind!
Was für eine erfreuliche Überraschung nach all den schrecklichen Geschichten, die ich über sie gehört habe!
W... Was?
Kann ich langsam die nächste Gruppe rufen ...?!
WUPP
...?!
ZUCK

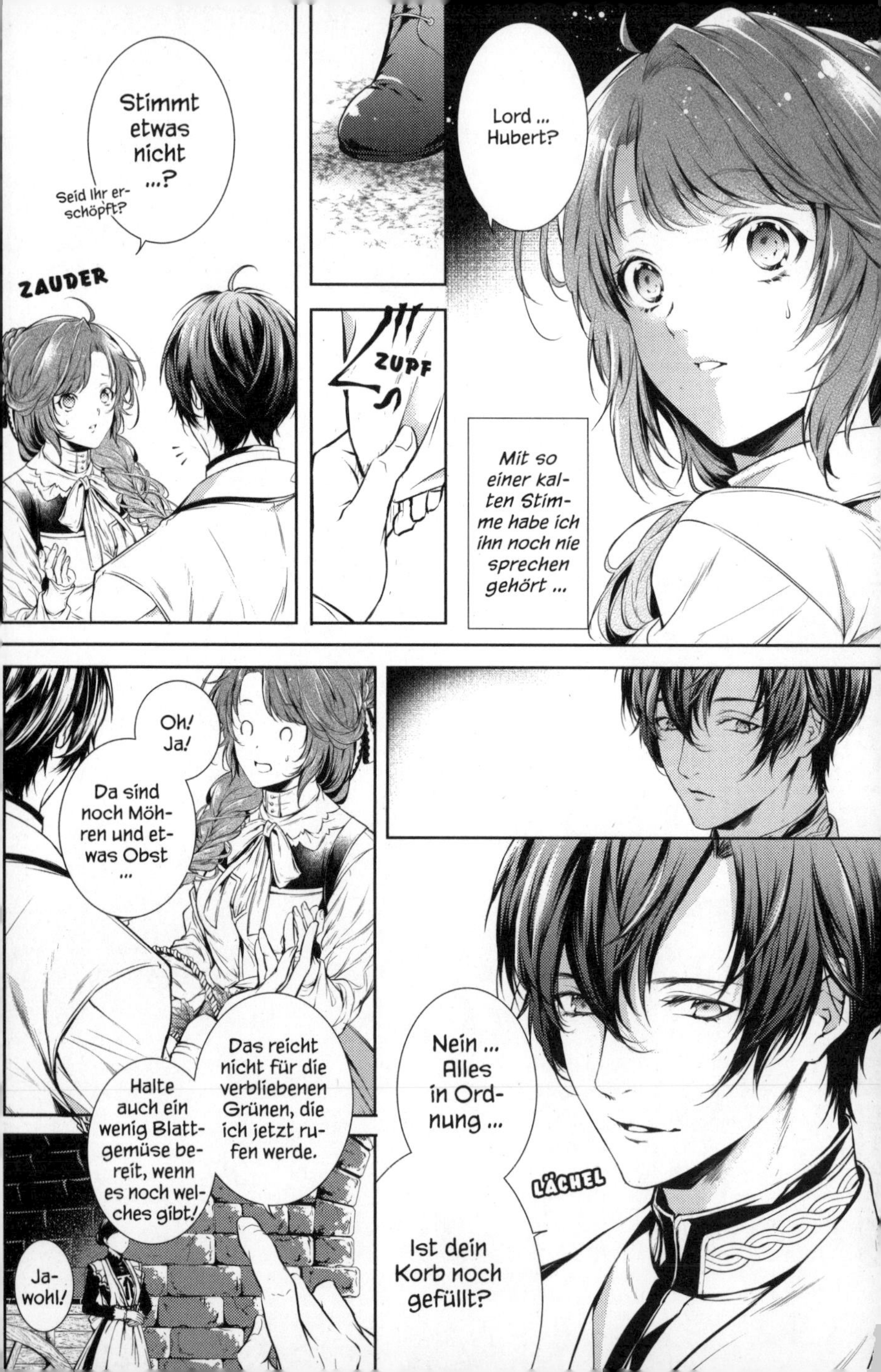
Lord ... Hubert?
Mit so einer kalten Stimme habe ich ihn noch nie sprechen gehört ...
ZUPF
Stimmt etwas nicht ...?
Seid Ihr erschöpft?
ZAUDER
Nein ... Alles in Ordnung ...
LÄCHEL
Ist dein Korb noch gefüllt?
Oh! Ja!
Da sind noch Möhren und etwas Obst ...
Das reicht nicht für die verbliebenen Grünen, die ich jetzt rufen werde.
Halte auch ein wenig Blattgemüse bereit, wenn es noch welches gibt!
Jawohl!

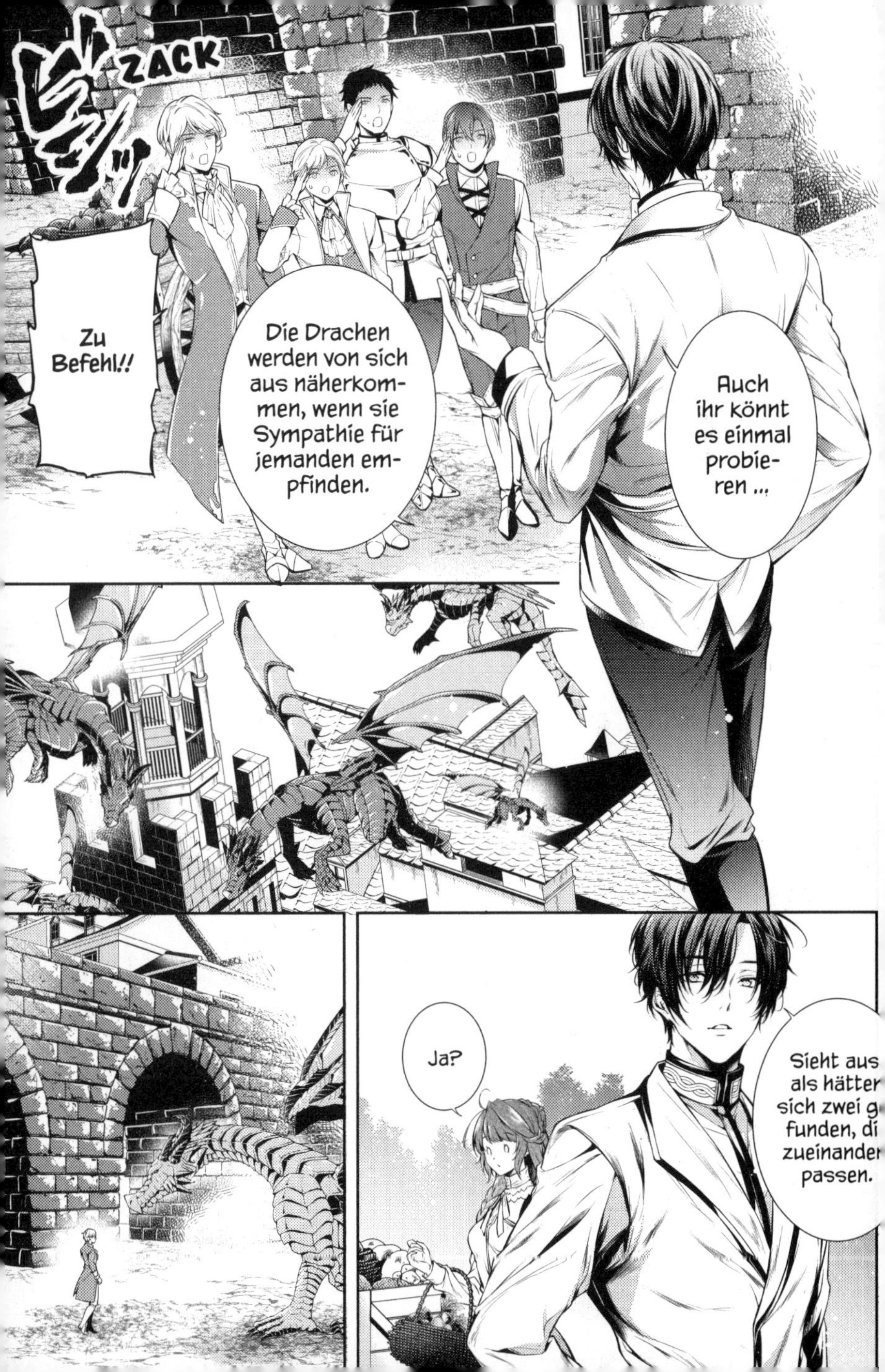
ZACK
Zu Befehl!!
Die Drachen werden von sich aus näherkommen, wenn sie Sympathie für jemanden empfinden.
Auch ihr könnt es einmal probieren ...
Sieht aus als hätter sich zwei g funden, di zueinander passen.
Ja?

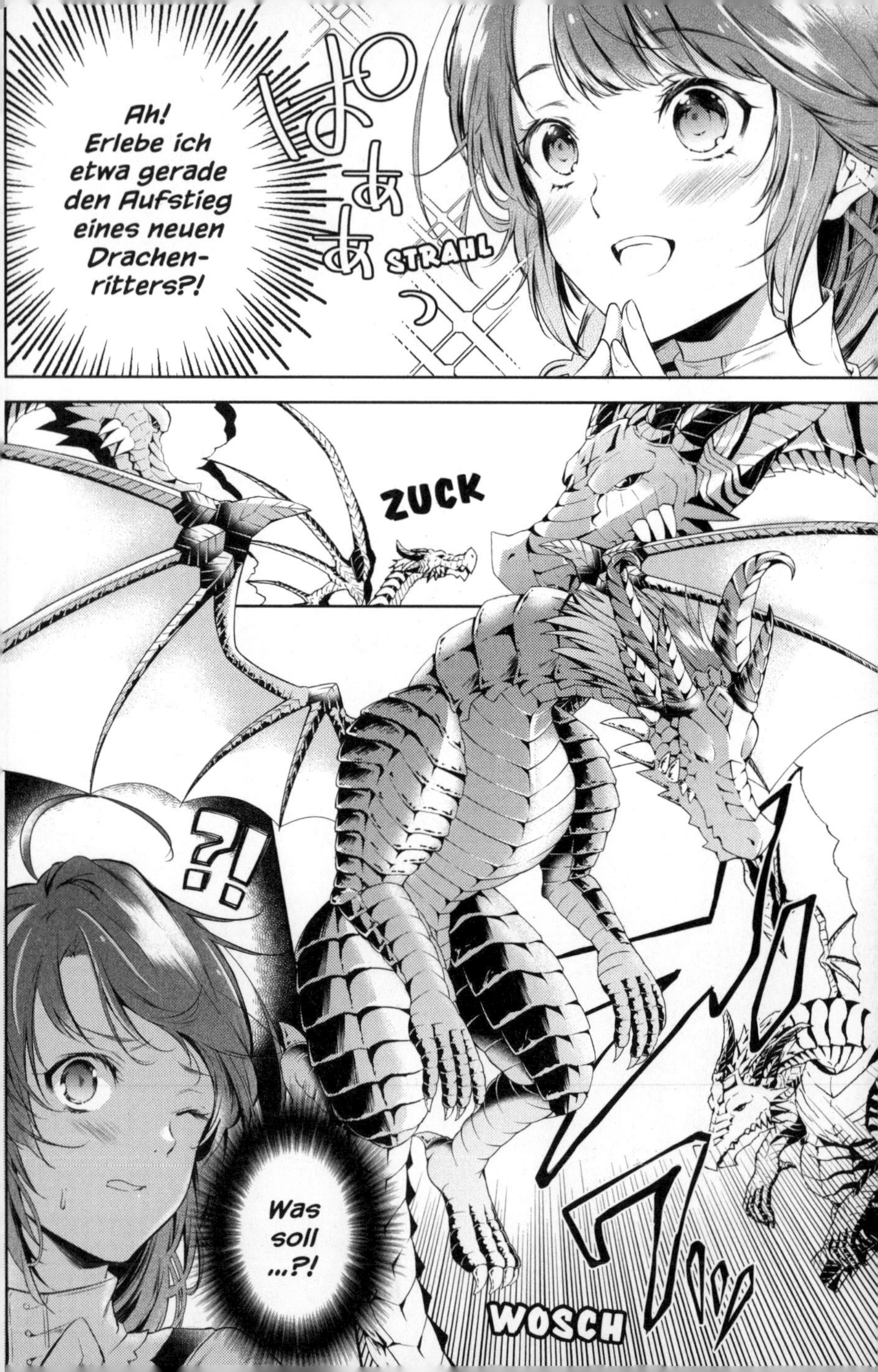
Ah! Erlebe ich etwa gerade den Aufstieg eines neuen Drachen-ritters?!
はぁあ
STRAHL
ZUCK
?!
Was soll ...?!
WOSCH

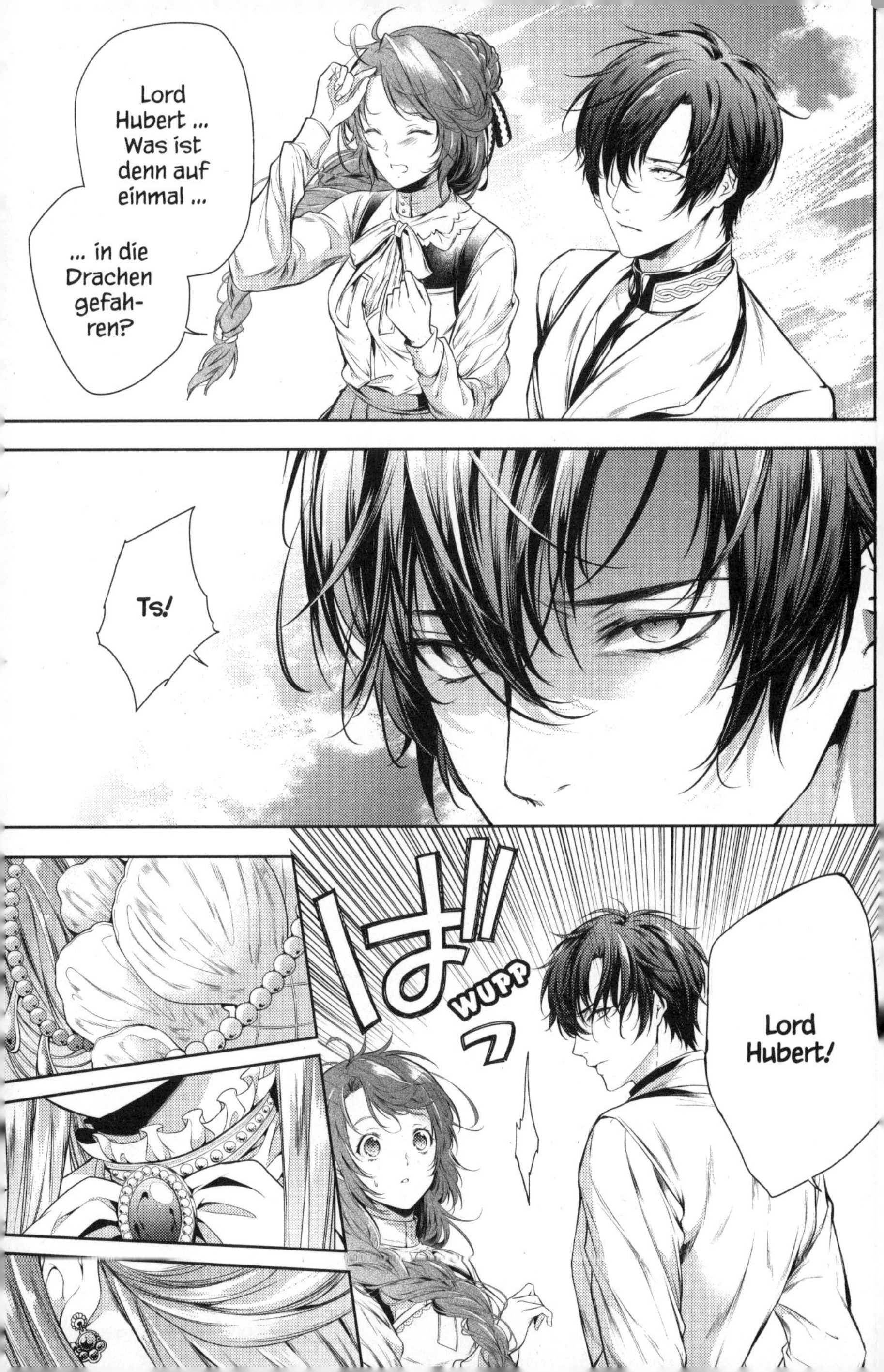
Lord Hubert ... Was ist denn auf einmal ...
... in die Drachen gefahren?
Ts!
ば
WUPP
Lord Hubert!

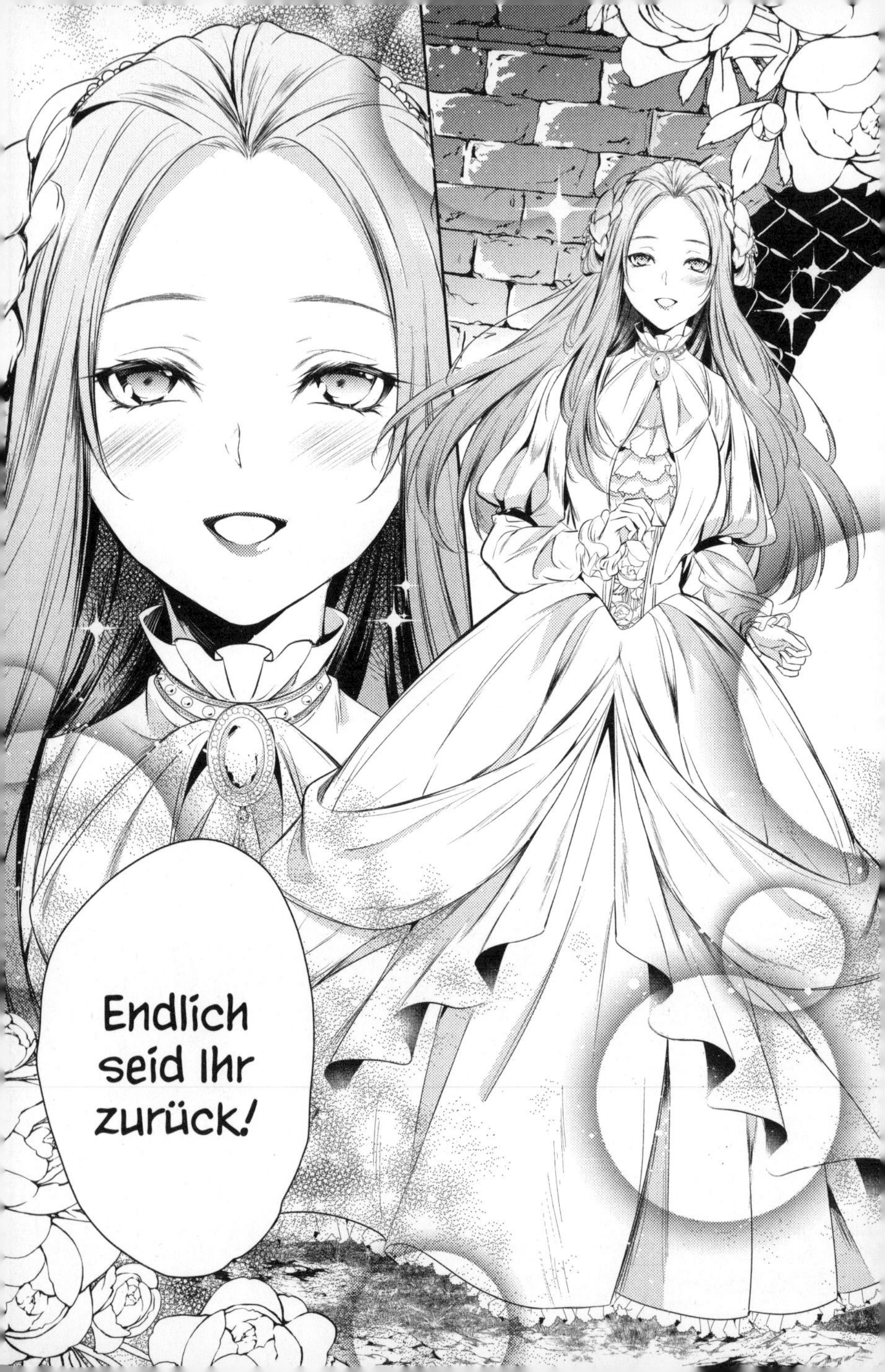
Endlich seid Ihr zurück!

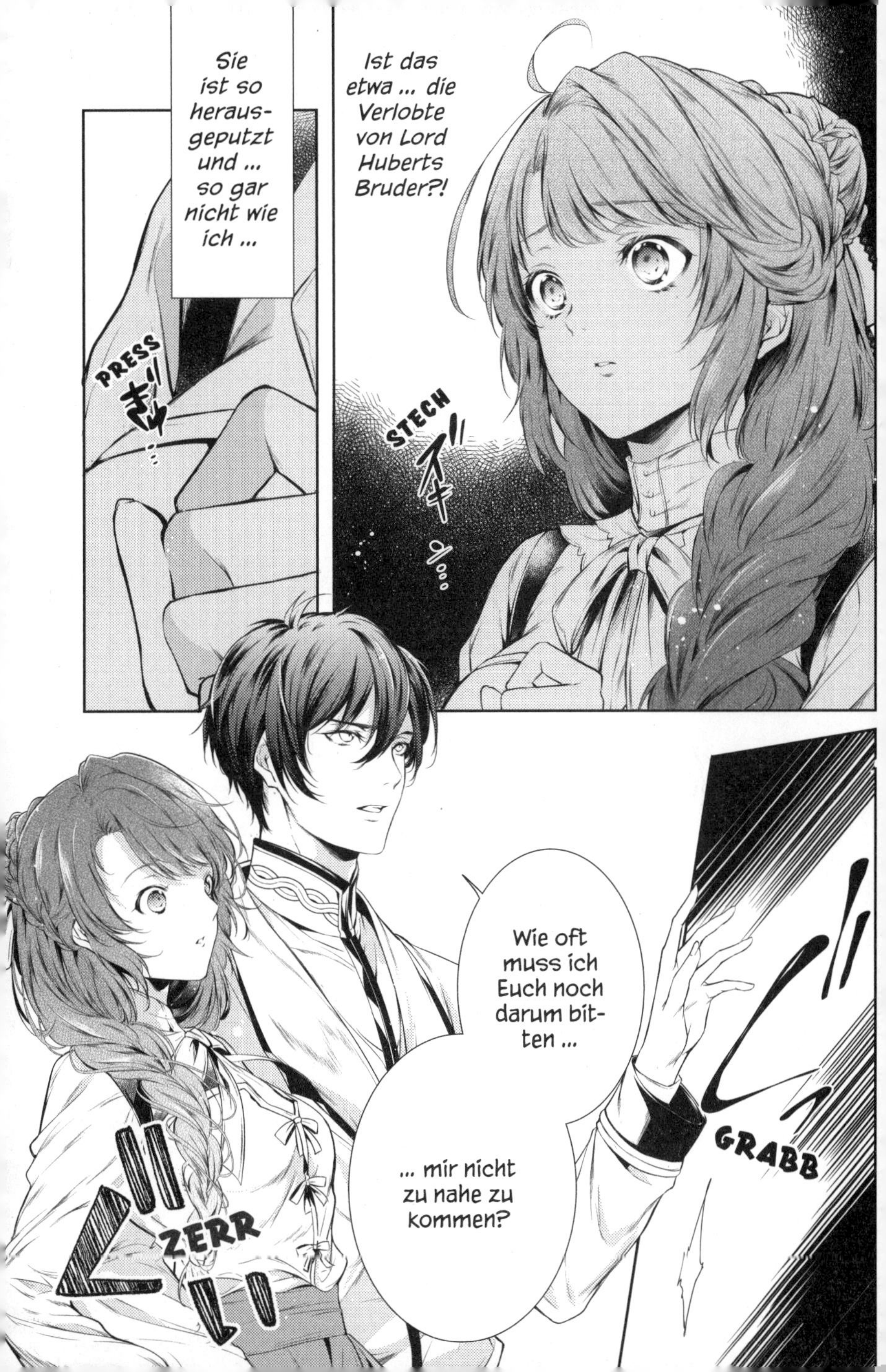
Ist das etwa ... die Verlobte von Lord Huberts Bruder?!
Sie ist so heraus-geputzt und ... so gar nicht wie ich ...
STECH
PRESS
Wie oft muss ich Euch noch darum bit-ten ...
GRABB
... mir nicht zu nahe zu kommen?
ZERR

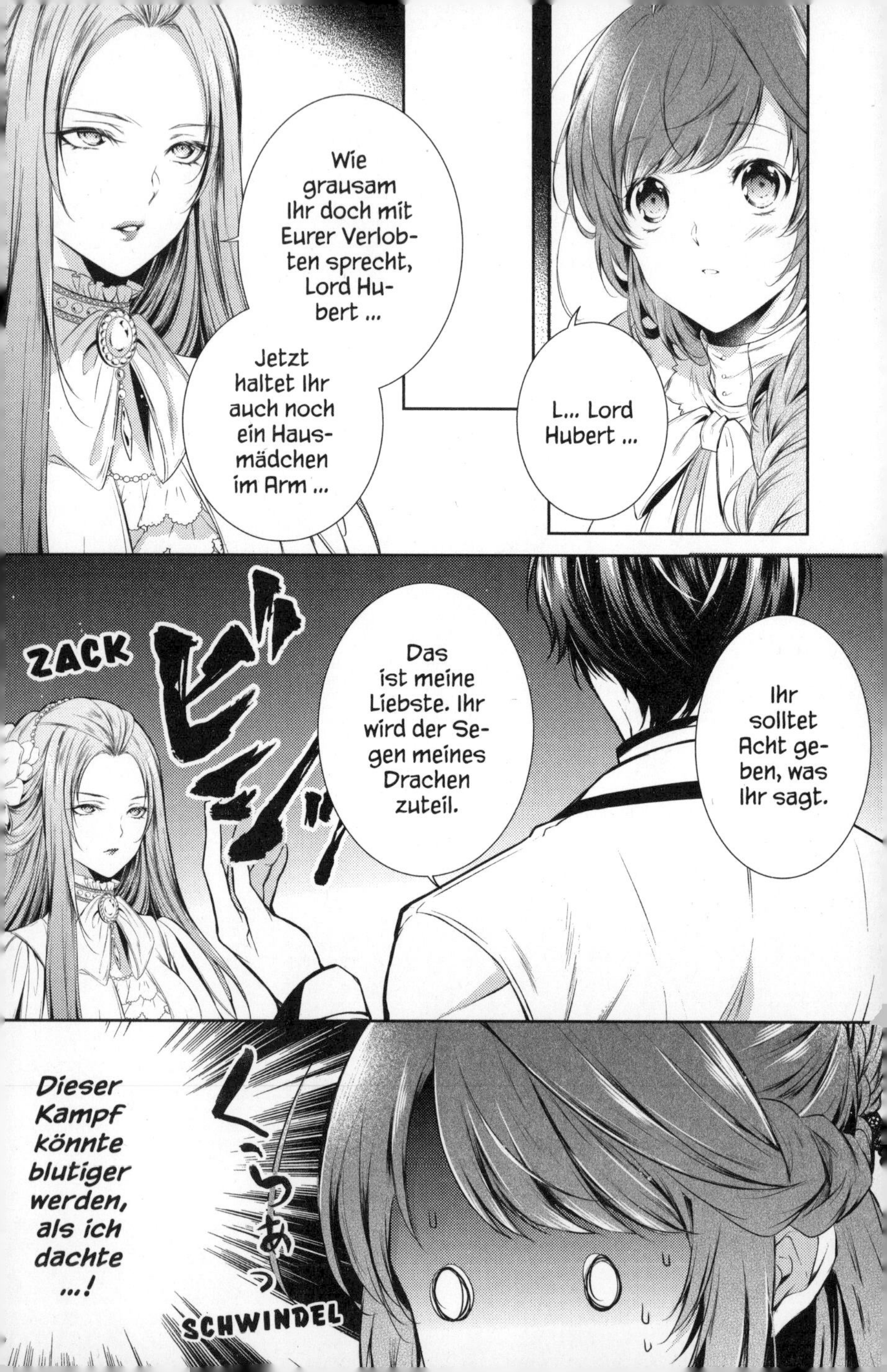
L… Lord Hubert …
Wie grausam Ihr doch mit Eurer Verlobten sprecht, Lord Hubert …
Jetzt haltet Ihr auch noch ein Hausmädchen im Arm …
Ihr solltet Acht geben, was Ihr sagt.
Das ist meine Liebste. Ihr wird der Segen meines Drachen zuteil.
ZACK
SCHWINDEL
Dieser Kampf könnte blutiger werden, als ich dachte …!

HÜTERIN DER DRACHEN

HÜTERIN
DER
DRACHEN

# Kapitel 6

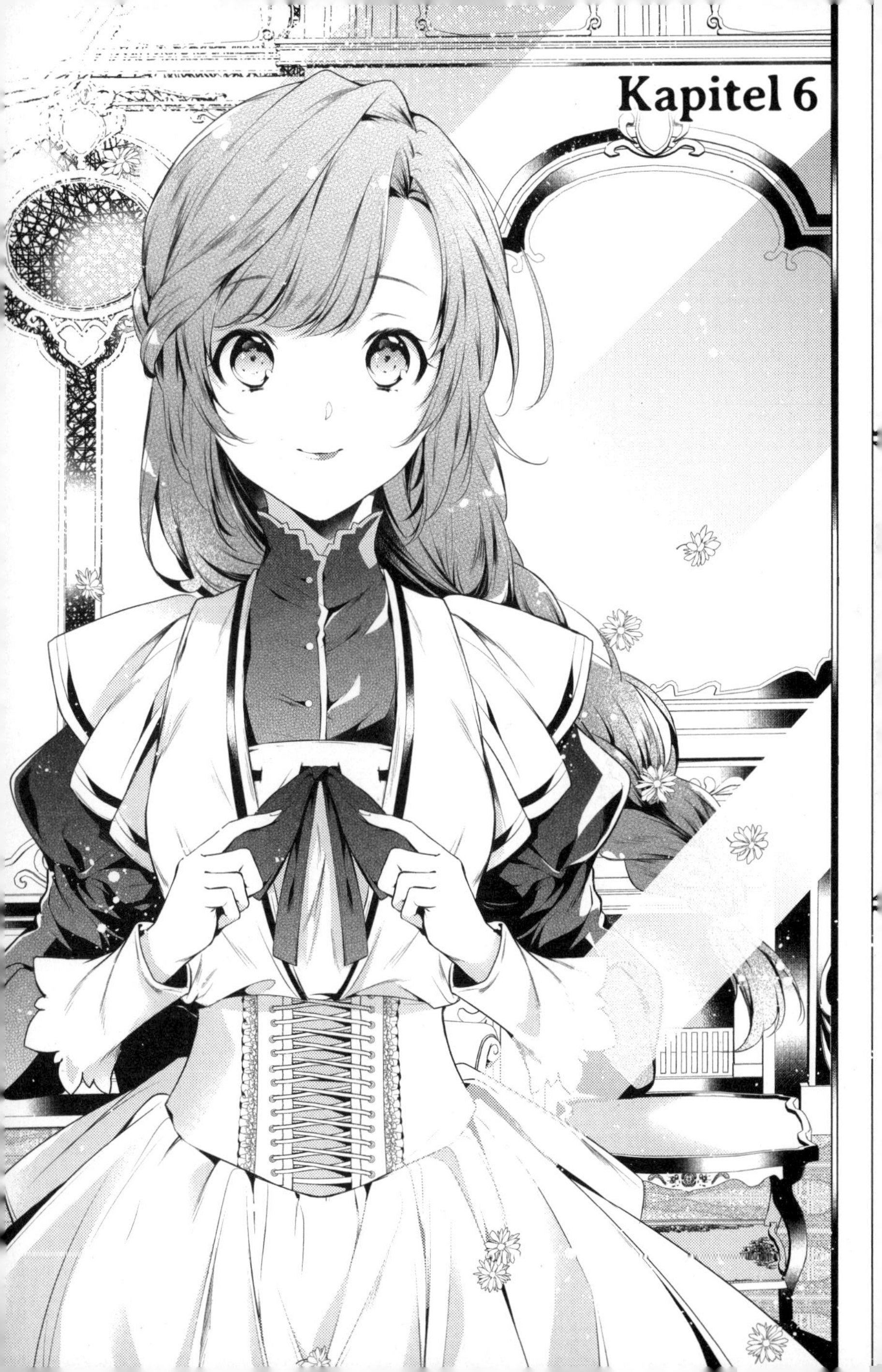

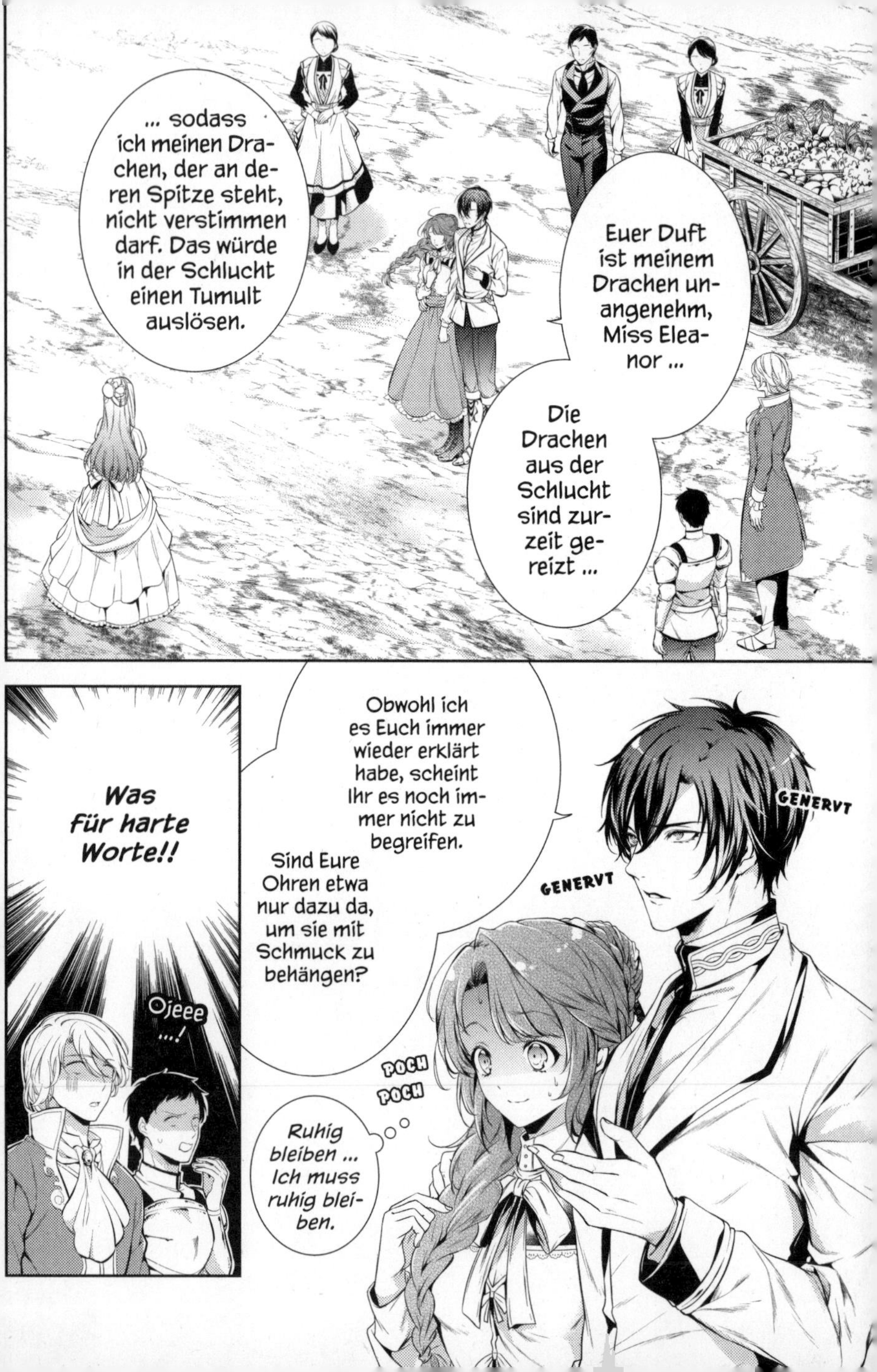
Die Drachen aus der Schlucht sind zurzeit gereizt ...
Euer Duft ist meinem Drachen unangenehm, Miss Eleanor ...
... sodass ich meinen Drachen, der an deren Spitze steht, nicht verstimmen darf. Das würde in der Schlucht einen Tumult auslösen.
GENERVT
GENERVT
Obwohl ich es Euch immer wieder erklärt habe, scheint Ihr es noch immer nicht zu begreifen.
Sind Eure Ohren etwa nur dazu da, um sie mit Schmuck zu behängen?
Was für harte Worte!!
POCH POCH
Ruhig bleiben ... Ich muss ruhig bleiben.
Ojeee ...!

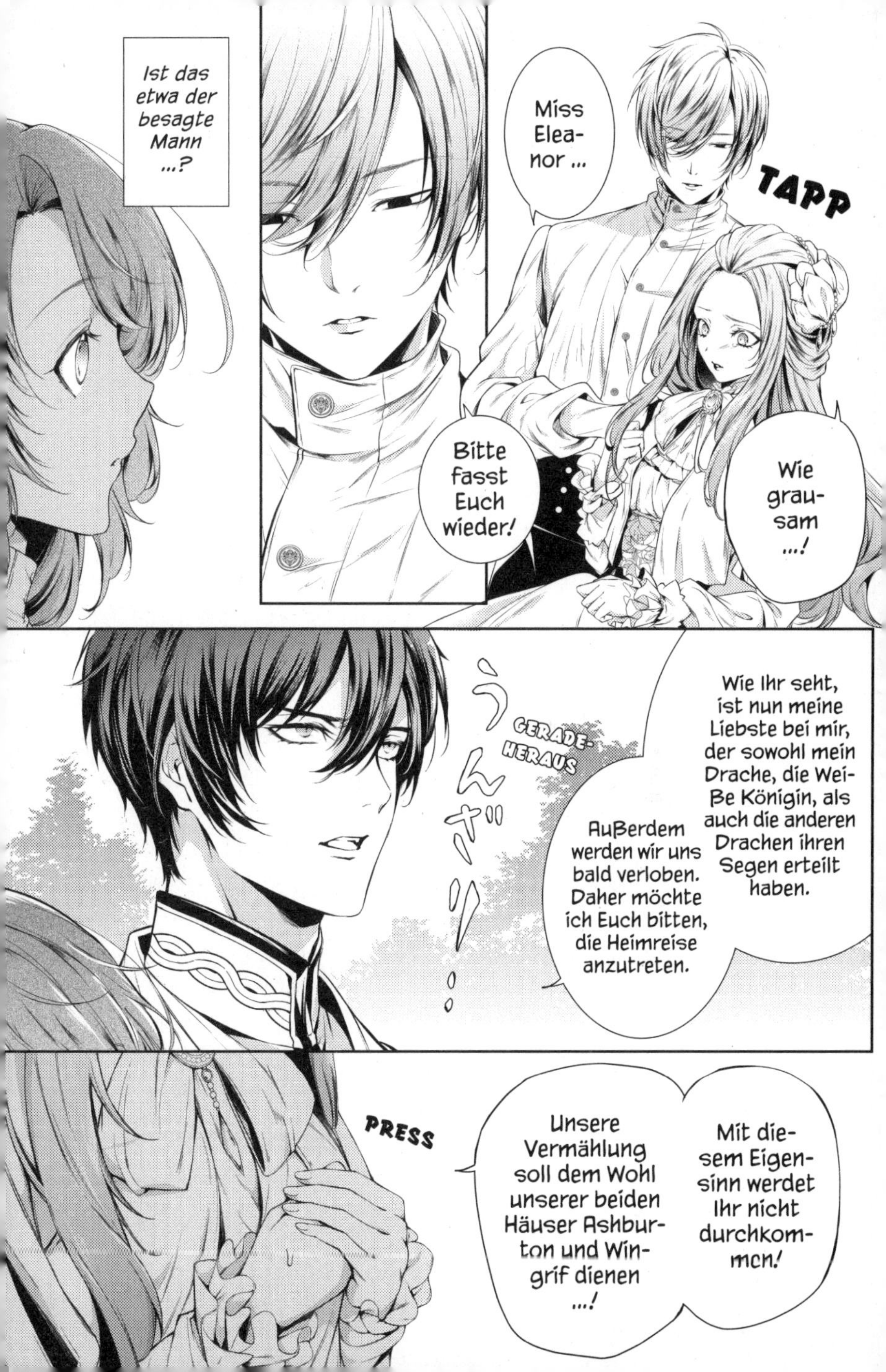
Miss Eleanor ...
TAPP
Wie grausam ...!
Bitte fasst Euch wieder!
Ist das etwa der besagte Mann ...?
Wie Ihr seht, ist nun meine Liebste bei mir, der sowohl mein Drache, die Weiße Königin, als auch die anderen Drachen ihren Segen erteilt haben.
Außerdem werden wir uns bald verloben. Daher möchte ich Euch bitten, die Heimreise anzutreten.
GERADE-HERAUS
うんざり
Mit diesem Eigensinn werdet Ihr nicht durchkommcn!
Unsere Vermählung soll dem Wohl unserer beiden Häuser Ashburton und Wingrif dienen ...!
PRESS

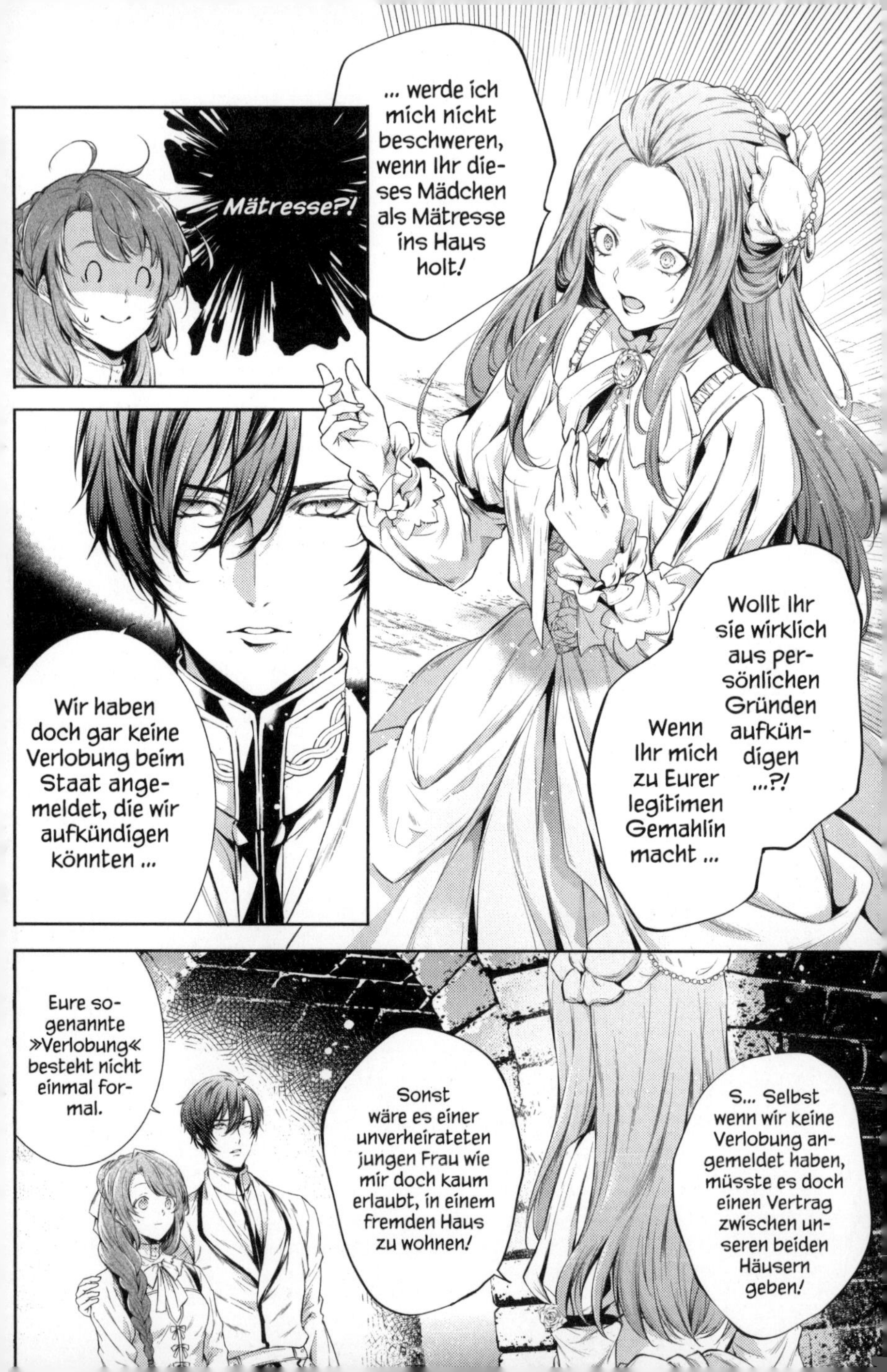

Wollt Ihr sie wirklich aus persönlichen Gründen aufkündigen ...?!
Wenn Ihr mich zu Eurer legitimen Gemahlin macht ...
... werde ich mich nicht beschweren, wenn Ihr dieses Mädchen als Mätresse ins Haus holt!
Mätresse?!
Wir haben doch gar keine Verlobung beim Staat angemeldet, die wir aufkündigen könnten ...
S... Selbst wenn wir keine Verlobung angemeldet haben, müsste es doch einen Vertrag zwischen unseren beiden Häusern geben!
Sonst wäre es einer unverheirateten jungen Frau wie mir doch kaum erlaubt, in einem fremden Haus zu wohnen!
Eure sogenannte »Verlobung« besteht nicht einmal formal.

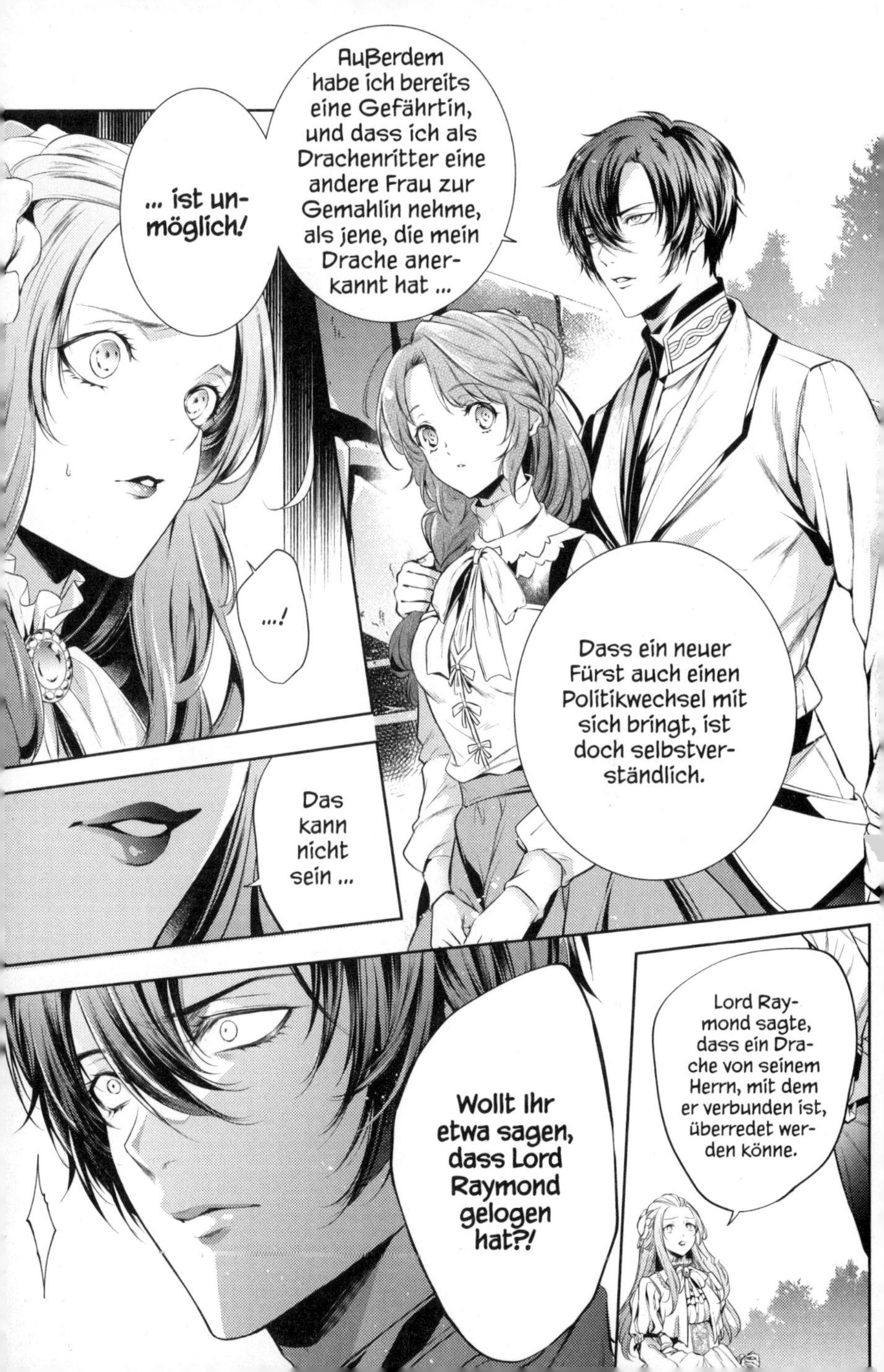
Außerdem habe ich bereits eine Gefährtin, und dass ich als Drachenritter eine andere Frau zur Gemahlin nehme, als jene, die mein Drache anerkannt hat ...
... ist unmöglich!
Dass ein neuer Fürst auch einen Politikwechsel mit sich bringt, ist doch selbstverständlich.
...!
Das kann nicht sein ...
Lord Raymond sagte, dass ein Drache von seinem Herrn, mit dem er verbunden ist, überredet werden könne.
Wollt Ihr etwa sagen, dass Lord Raymond gelogen hat?!

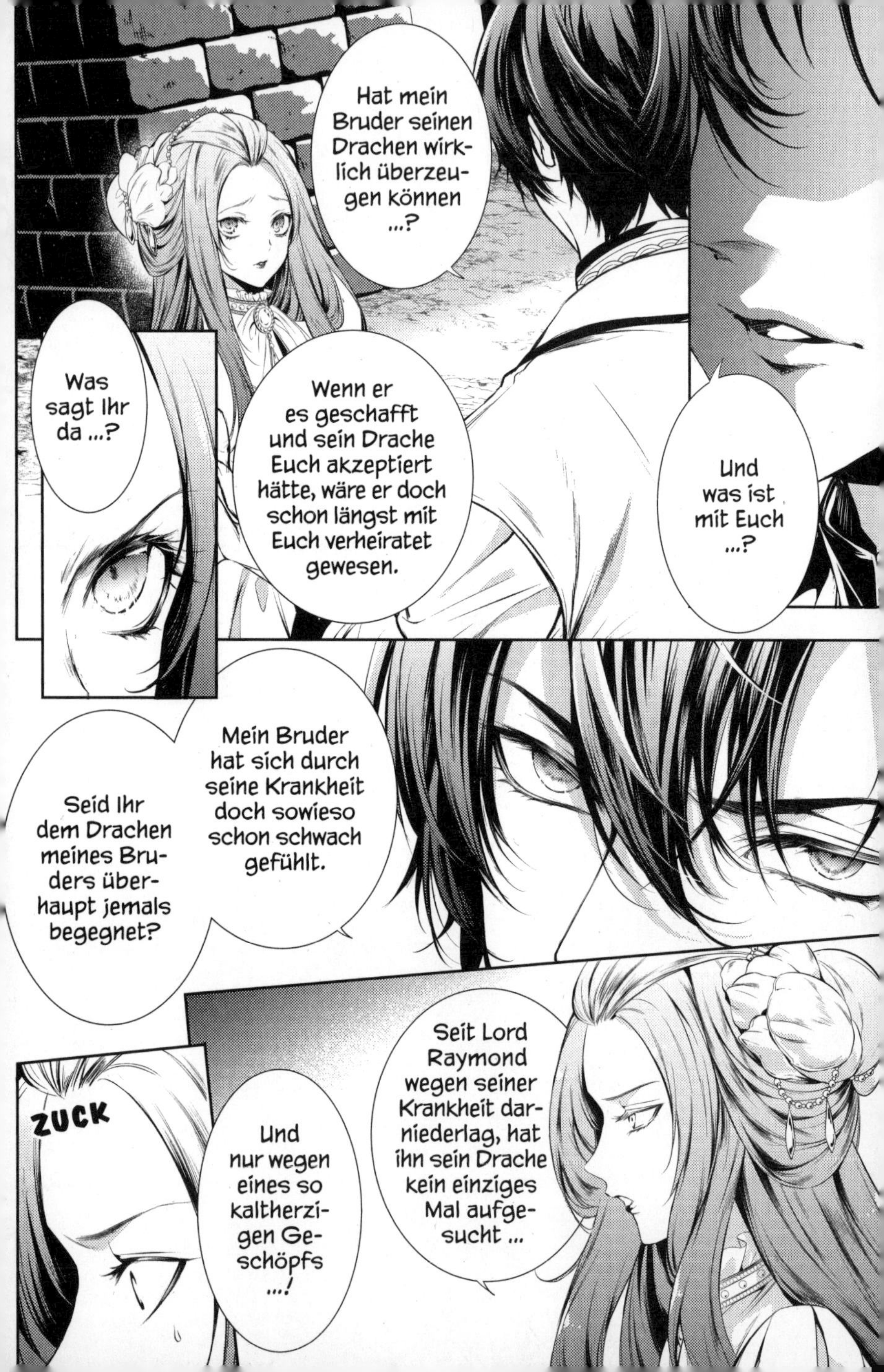
Hat mein Bruder seinen Drachen wirklich überzeugen können ...?
Und was ist mit Euch ...?
Wenn er es geschafft und sein Drache Euch akzeptiert hätte, wäre er doch schon längst mit Euch verheiratet gewesen.
Was sagt Ihr da ...?
Mein Bruder hat sich durch seine Krankheit doch sowieso schon schwach gefühlt.
Seid Ihr dem Drachen meines Bruders überhaupt jemals begegnet?
Seit Lord Raymond wegen seiner Krankheit darniederlag, hat ihn sein Drache kein einziges Mal aufgesucht ...
Und nur wegen eines so kaltherzigen Geschöpfs ...!
ZUCK

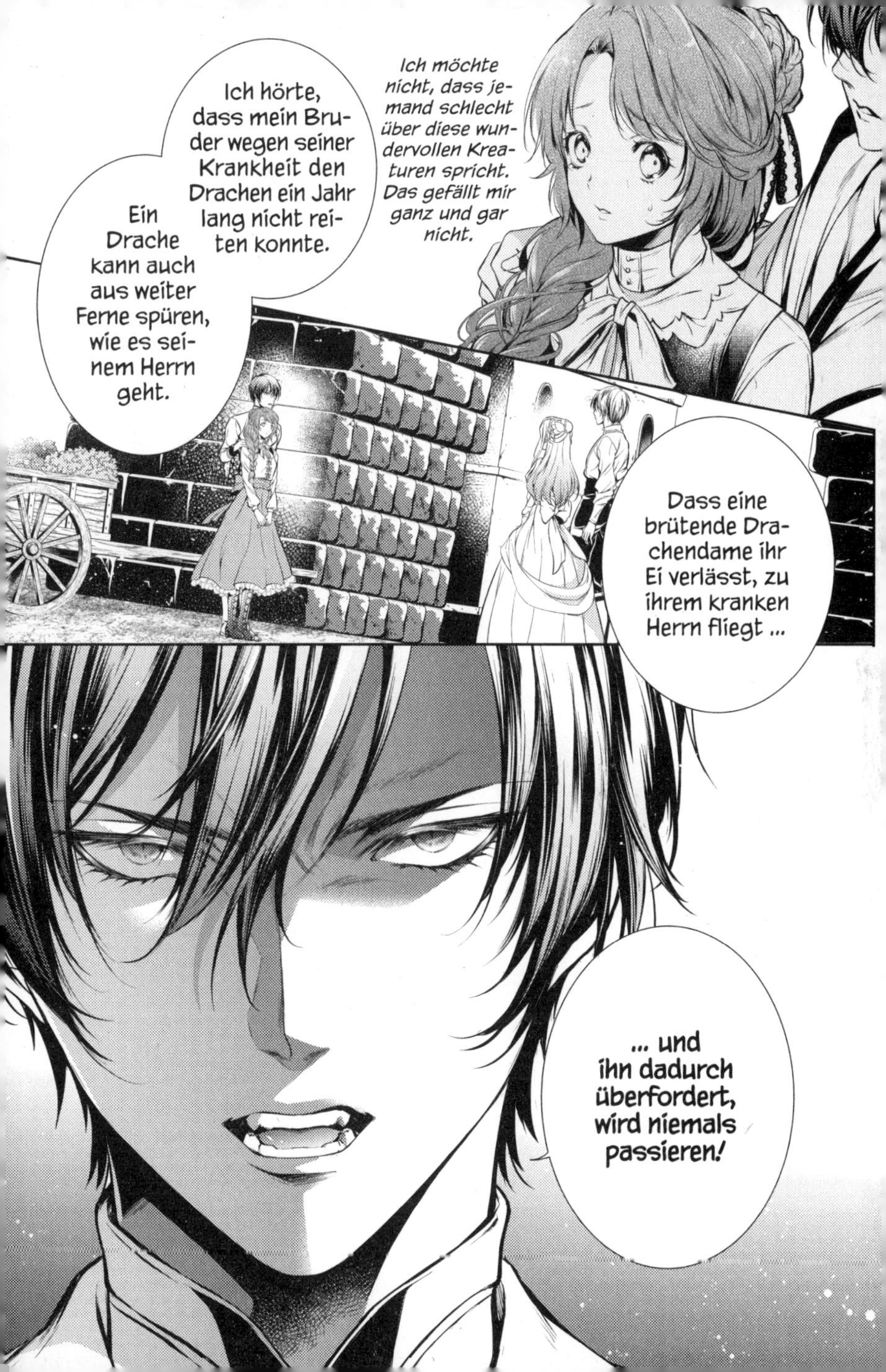
Ich möchte nicht, dass jemand schlecht über diese wundervollen Kreaturen spricht. Das gefällt mir ganz und gar nicht.
Ich hörte, dass mein Bruder wegen seiner Krankheit den Drachen ein Jahr lang nicht reiten konnte.
Ein Drache kann auch aus weiter Ferne spüren, wie es seinem Herrn geht.
Dass eine brütende Drachendame ihr Ei verlässt, zu ihrem kranken Herrn fliegt ...
... und ihn dadurch überfordert, wird niemals passieren!

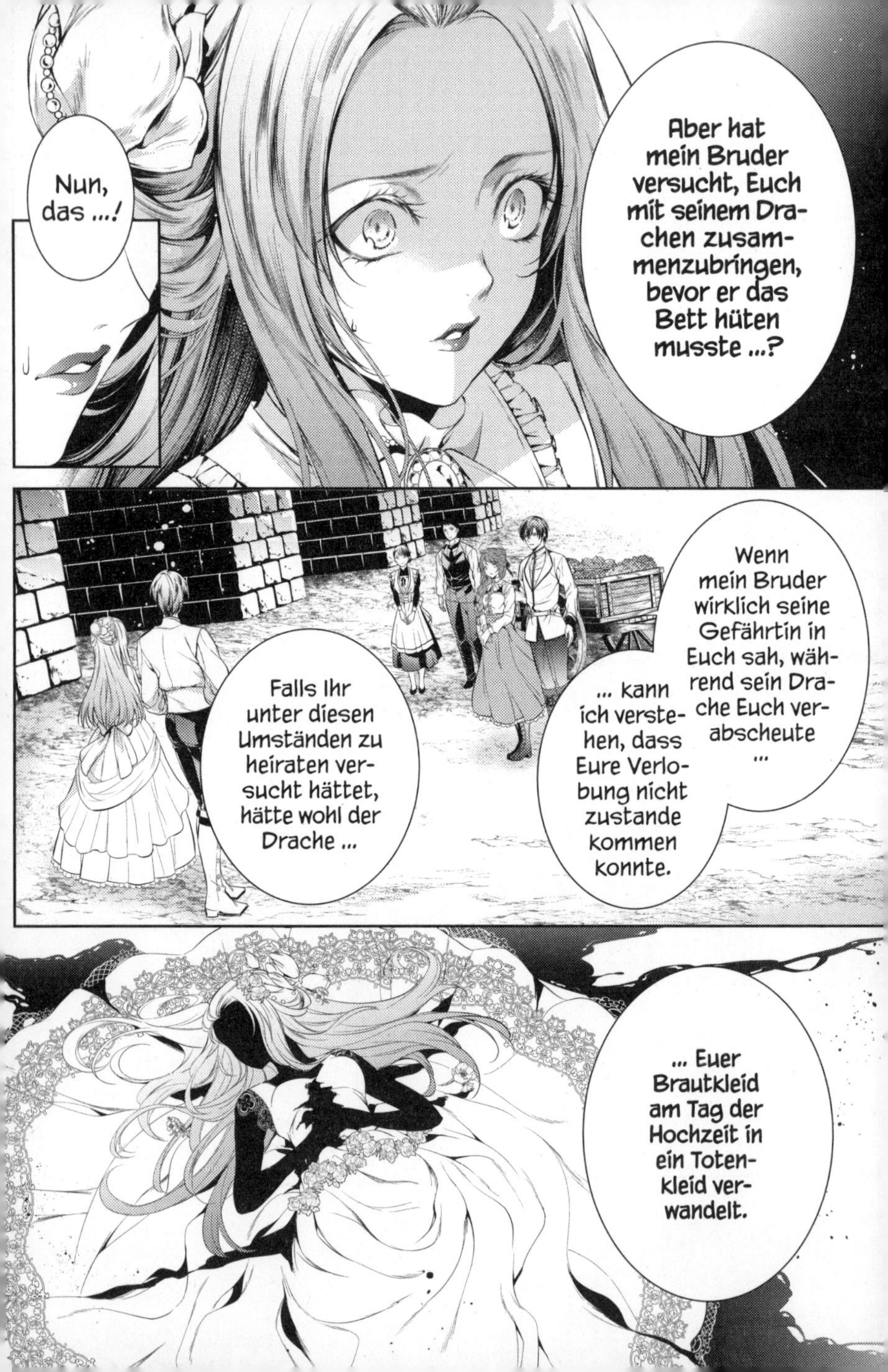
Aber hat mein Bruder versucht, Euch mit seinem Drachen zusammenzubringen, bevor er das Bett hüten musste ...?
Nun, das ...!
Wenn mein Bruder wirklich seine Gefährtin in Euch sah, während sein Drache Euch verabscheute ...
... kann ich verstehen, dass Eure Verlobung nicht zustande kommen konnte.
Falls Ihr unter diesen Umständen zu heiraten versucht hättet, hätte wohl der Drache ...
... Euer Brautkleid am Tag der Hochzeit in ein Totenkleid verwandelt.

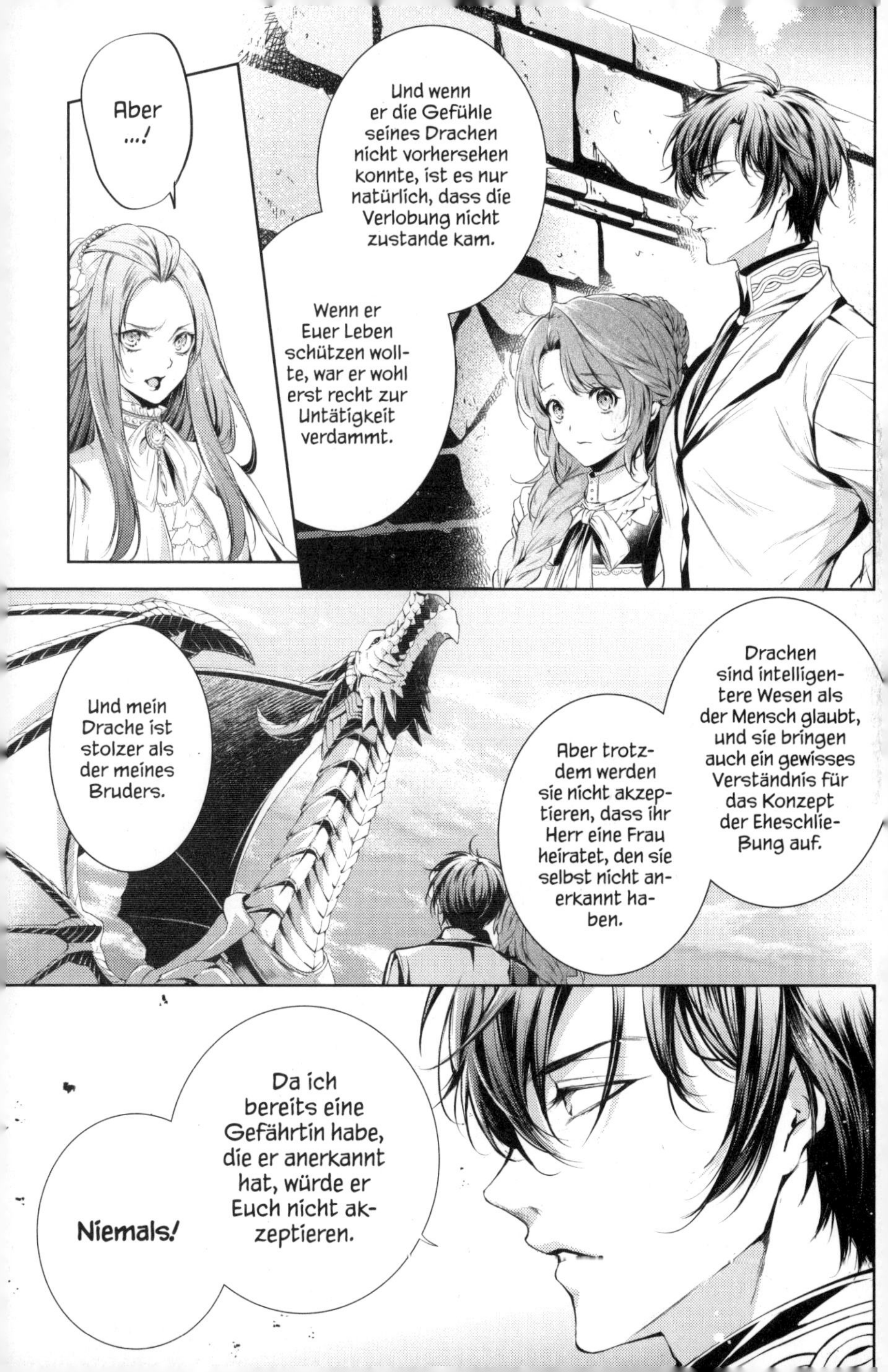
Aber ...!
Und wenn er die Gefühle seines Drachen nicht vorhersehen konnte, ist es nur natürlich, dass die Verlobung nicht zustande kam.
Wenn er Euer Leben schützen wollte, war er wohl erst recht zur Untätigkeit verdammt.
Drachen sind intelligentere Wesen als der Mensch glaubt, und sie bringen auch ein gewisses Verständnis für das Konzept der Eheschließung auf.
Aber trotzdem werden sie nicht akzeptieren, dass ihr Herr eine Frau heiratet, den sie selbst nicht anerkannt haben.
Und mein Drache ist stolzer als der meines Bruders.
Da ich bereits eine Gefährtin habe, die er anerkannt hat, würde er Euch nicht akzeptieren.
Niemals!

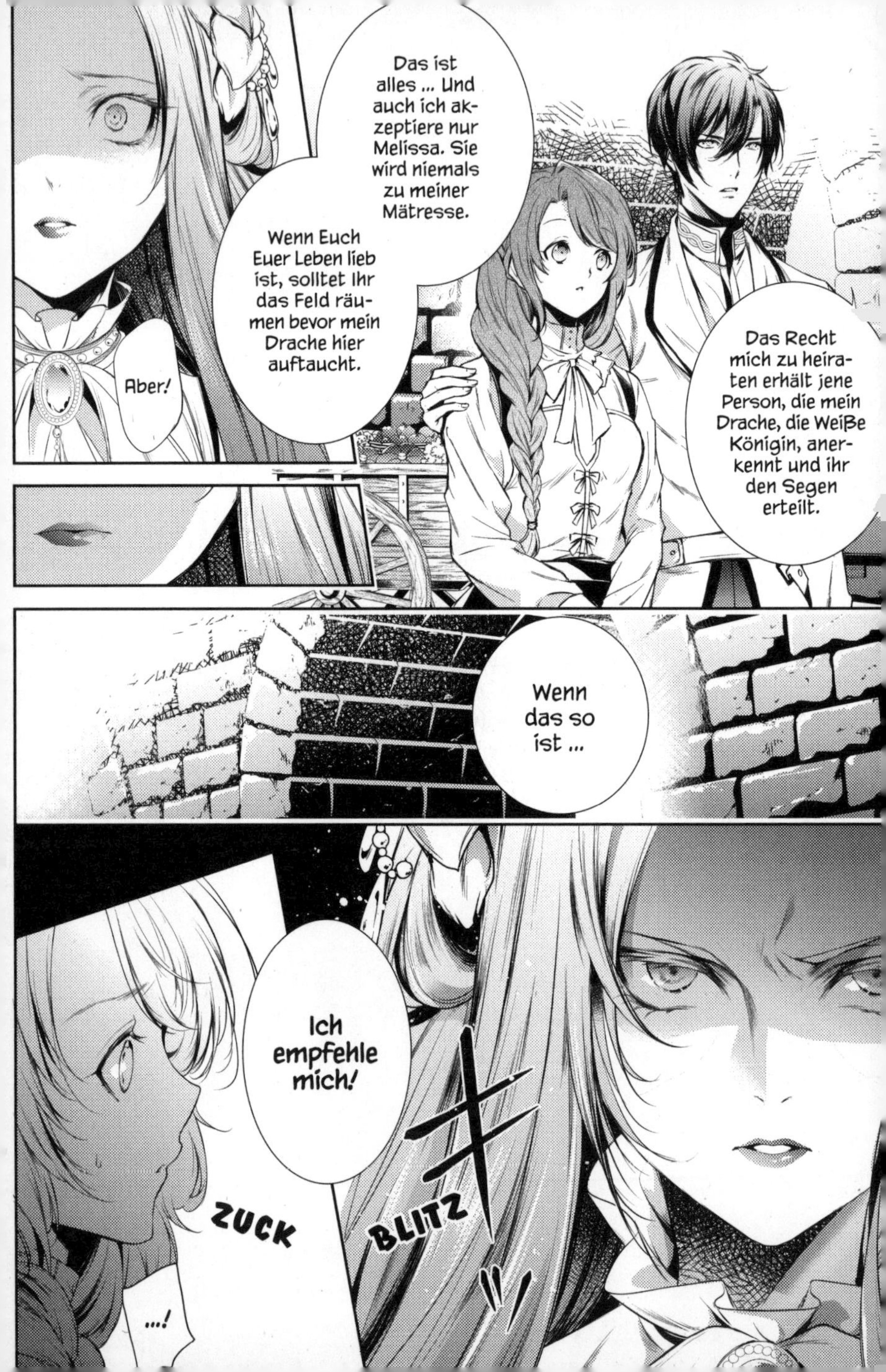
Das Recht mich zu heiraten erhält jene Person, die mein Drache, die Weiße Königin, anerkennt und ihr den Segen erteilt.
Das ist alles ... Und auch ich akzeptiere nur Melissa. Sie wird niemals zu meiner Mätresse.
Wenn Euch Euer Leben lieb ist, solltet Ihr das Feld räumen bevor mein Drache hier auftaucht.
Aber!
Wenn das so ist ...
Ich empfehle mich!
BLITZ
ZUCK
...!

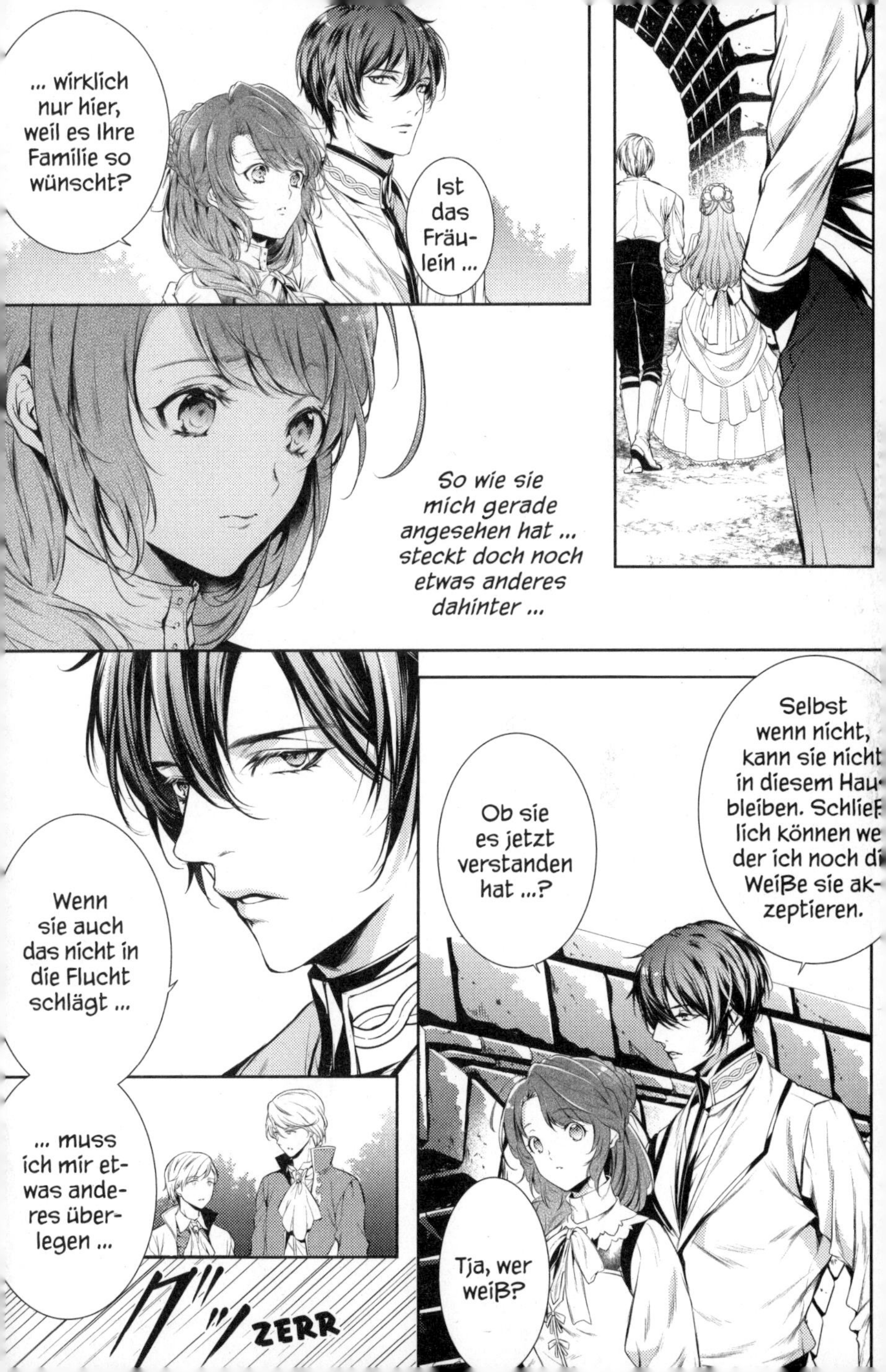
Ist das Fräulein ...
... wirklich nur hier, weil es Ihre Familie so wünscht?
So wie sie mich gerade angesehen hat ... steckt doch noch etwas anderes dahinter ...
Selbst wenn nicht, kann sie nicht in diesem Hau- bleiben. Schlie- lich können we- der ich noch di- Weiße sie akzeptieren.
Ob sie es jetzt verstanden hat ...?
Tja, wer weiß?
Wenn sie auch das nicht in die Flucht schlägt ...
... muss ich mir etwas anderes überlegen ...
ZERR

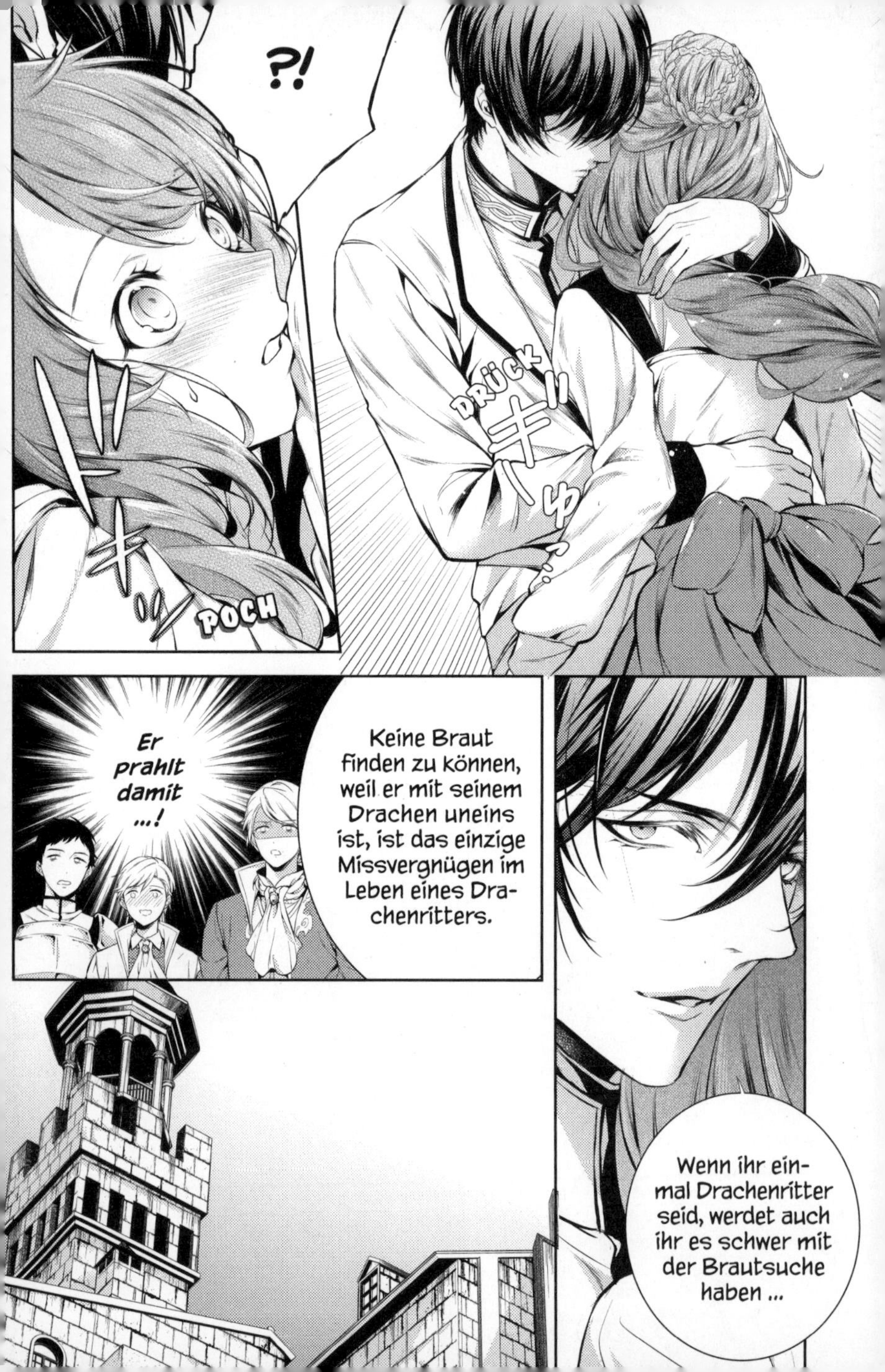
DRÜCK
?!
POCH
Keine Braut finden zu können, weil er mit seinem Drachen uneins ist, ist das einzige Missvergnügen im Leben eines Drachenritters.
Er prahlt damit ...!
Wenn ihr einmal Drachenritter seid, werdet auch ihr es schwer mit der Brautsuche haben ...

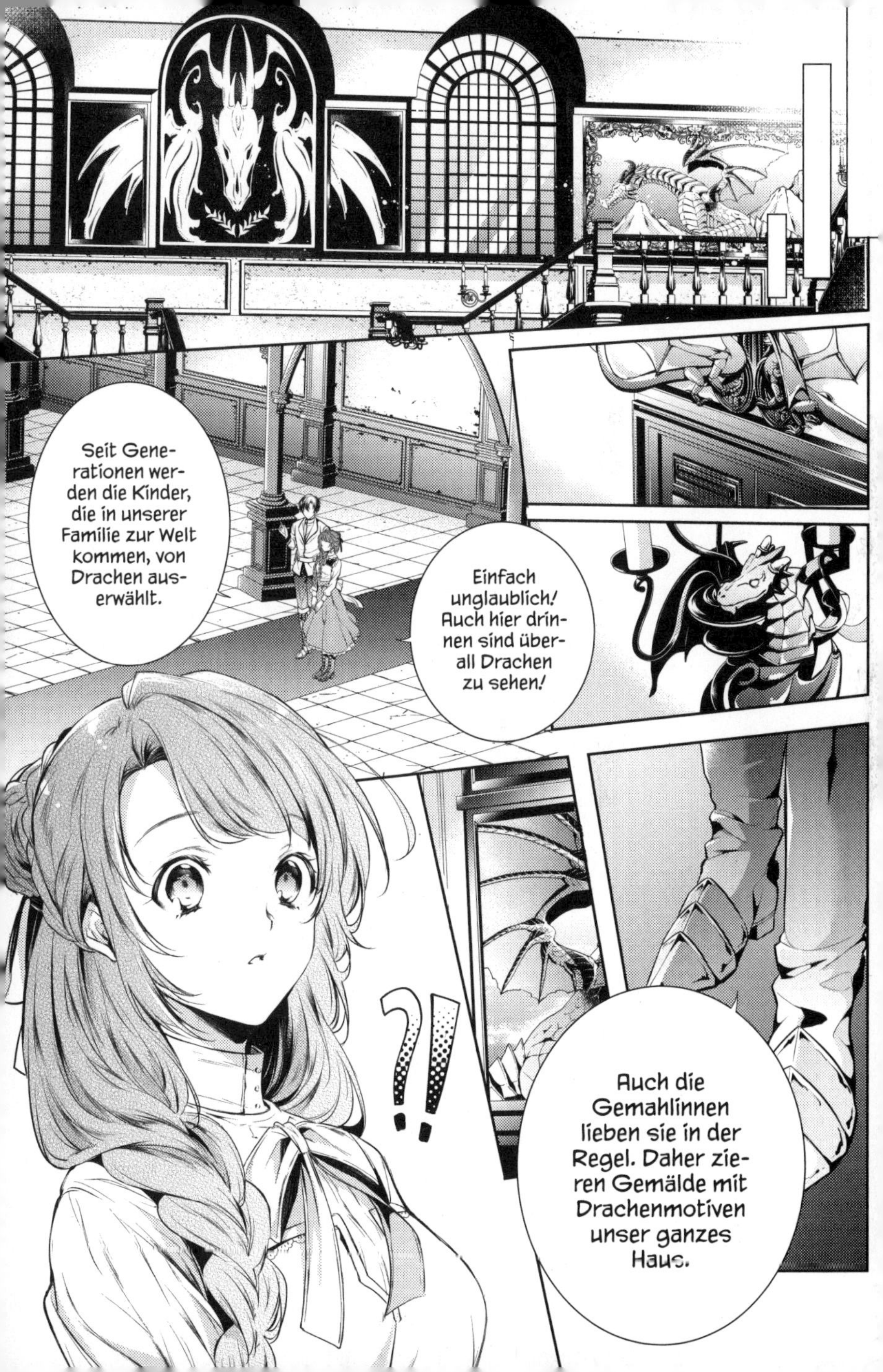
Einfach unglaublich! Auch hier drinnen sind überall Drachen zu sehen!
Seit Generationen werden die Kinder, die in unserer Familie zur Welt kommen, von Drachen auserwählt.
Auch die Gemahlinnen lieben sie in der Regel. Daher zieren Gemälde mit Drachenmotiven unser ganzes Haus.
?!!

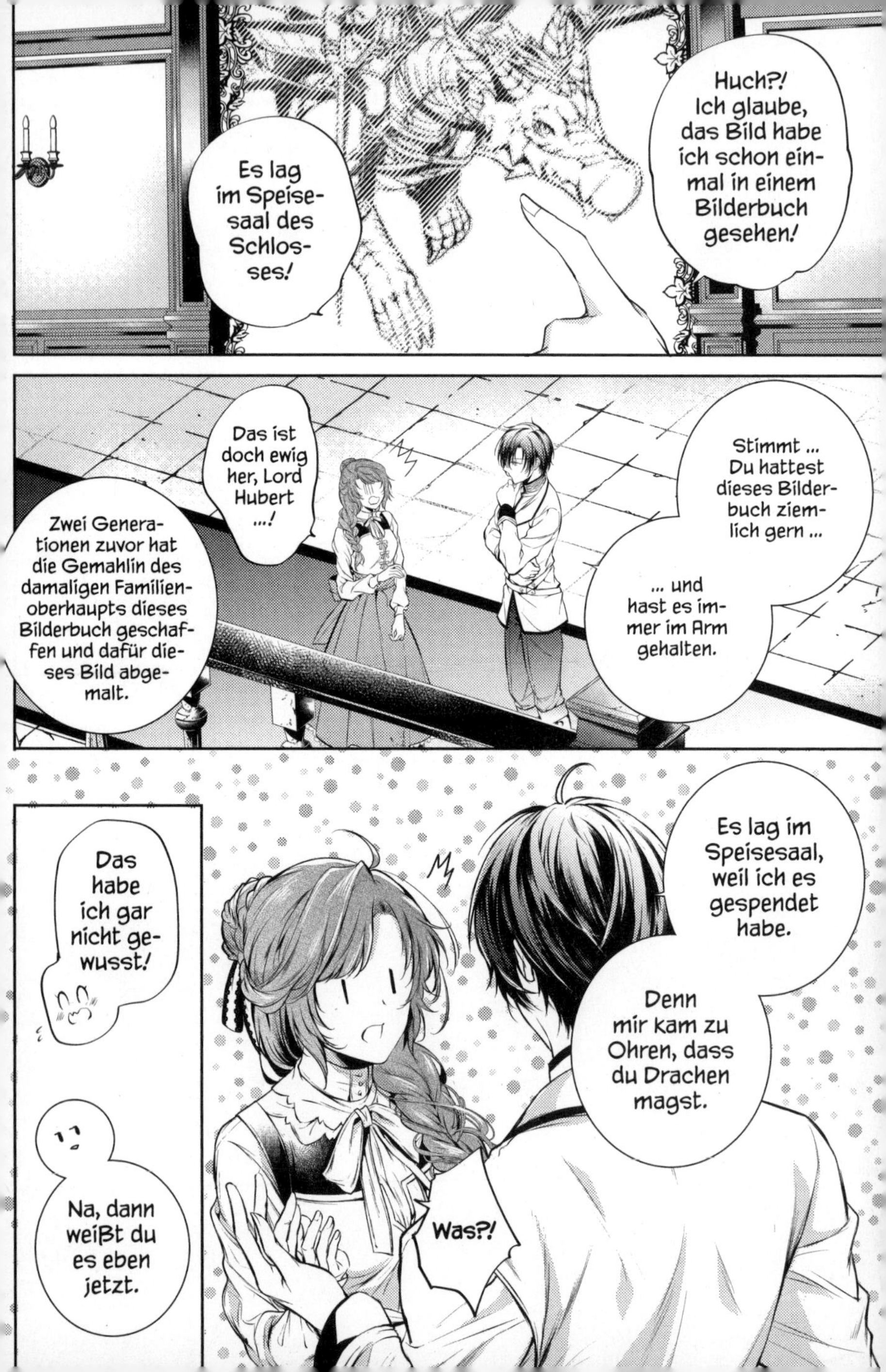

Huch?! Ich glaube, das Bild habe ich schon einmal in einem Bilderbuch gesehen!
Es lag im Speisesaal des Schlosses!
Stimmt ... Du hattest dieses Bilderbuch ziemlich gern ...
... und hast es immer im Arm gehalten.
Das ist doch ewig her, Lord Hubert ...!
Zwei Generationen zuvor hat die Gemahlin des damaligen Familienoberhaupts dieses Bilderbuch geschaffen und dafür dieses Bild abgemalt.
Es lag im Speisesaal, weil ich es gespendet habe.
Denn mir kam zu Ohren, dass du Drachen magst.
Was?!
Das habe ich gar nicht gewusst!
Na, dann weißt du es eben jetzt.

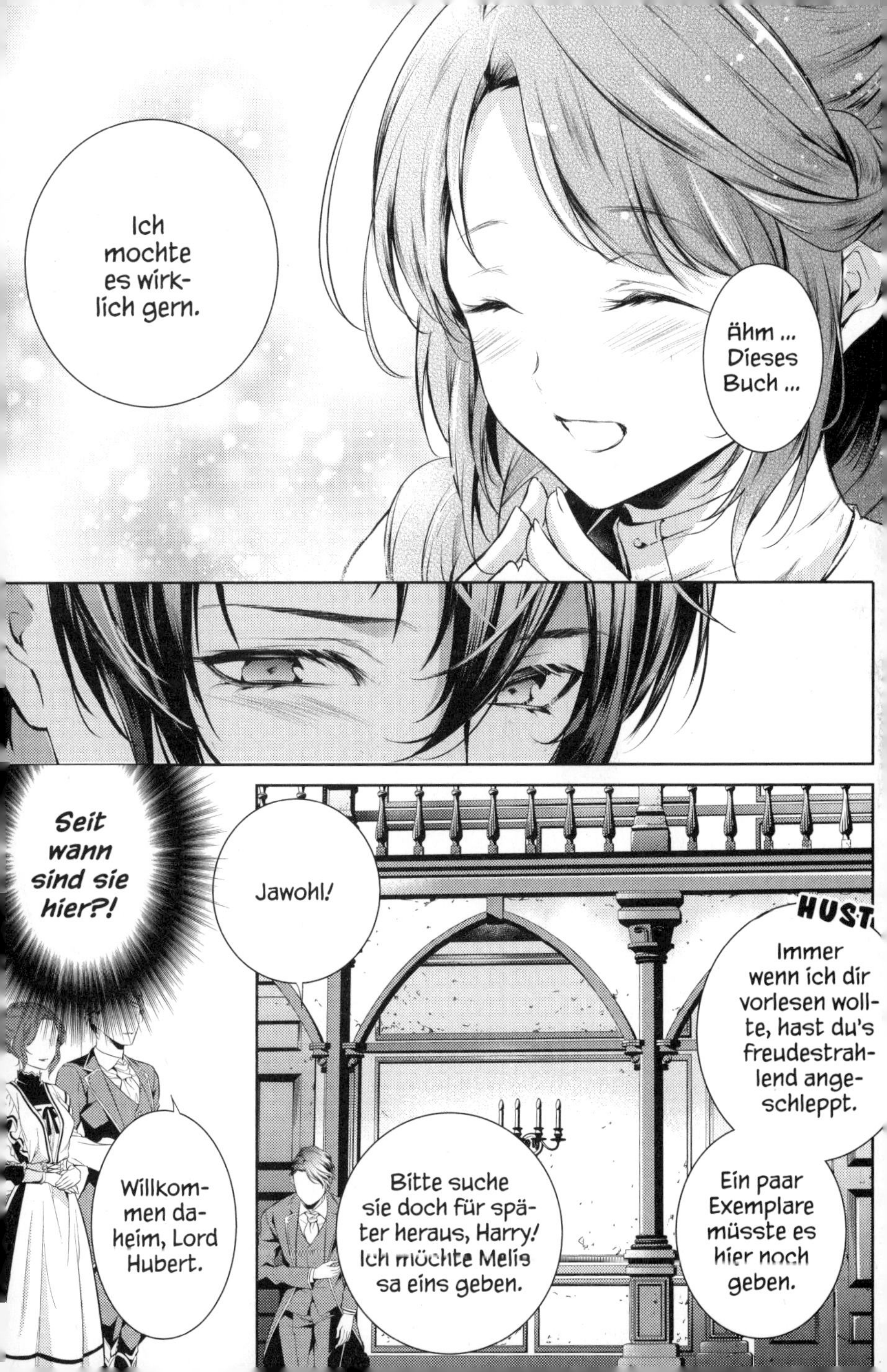
Ähm ... Dieses Buch ...
Ich mochte es wirklich gern.
HUST
Immer wenn ich dir vorlesen wollte, hast du's freudestrahlend angeschleppt.
Ein paar Exemplare müsste es hier noch geben.
Bitte suche sie doch für später heraus, Harry! Ich möchte Melissa eins geben.
Jawohl!
Seit wann sind sie hier?!
Willkommen daheim, Lord Hubert.

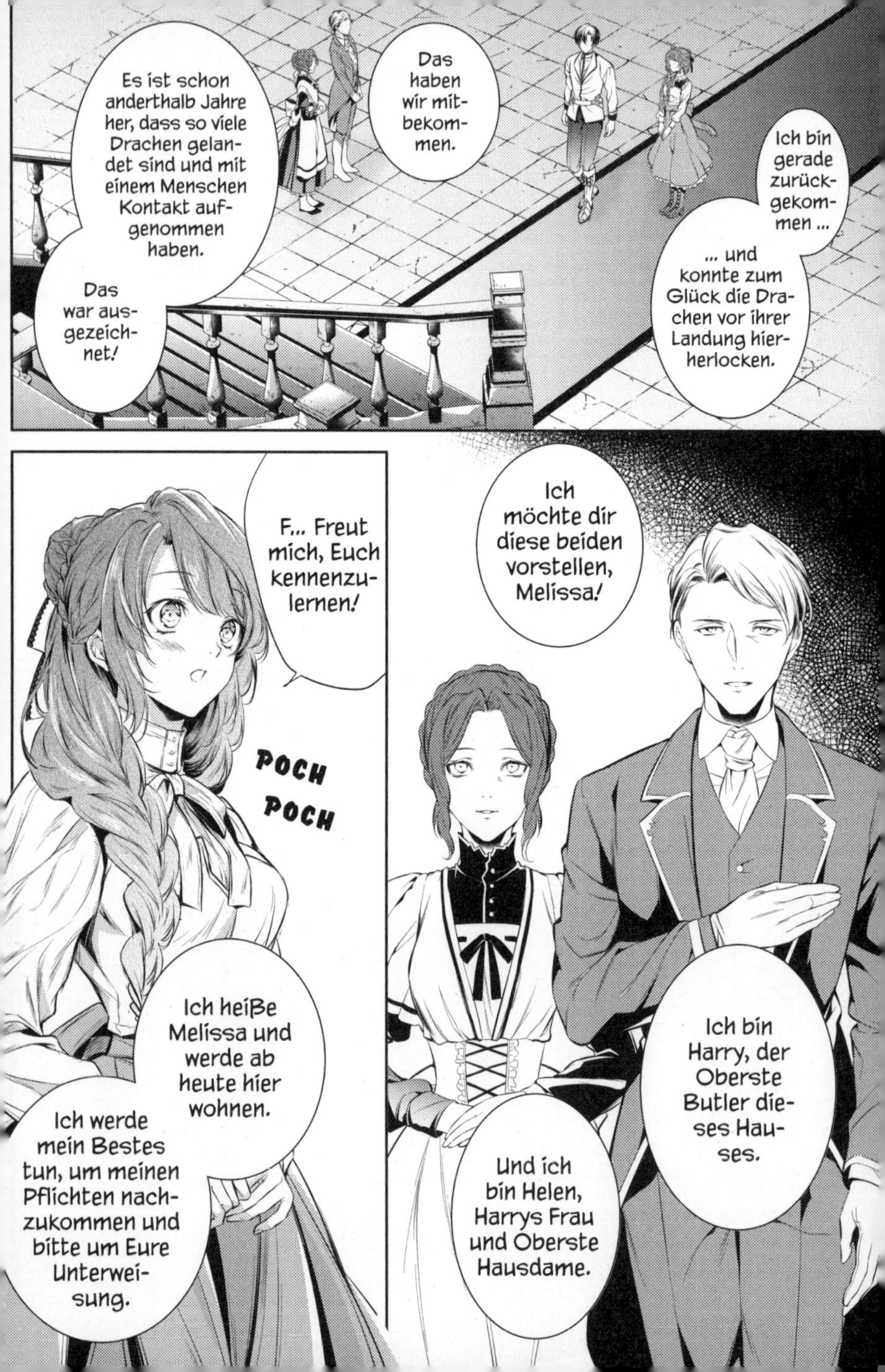
Ich bin gerade zurückgekommen ...
... und konnte zum Glück die Drachen vor ihrer Landung hierherlocken.
Das haben wir mitbekommen.
Es ist schon anderthalb Jahre her, dass so viele Drachen gelandet sind und mit einem Menschen Kontakt aufgenommen haben.
Das war ausgezeichnet!
Ich möchte dir diese beiden vorstellen, Melissa!
Ich bin Harry, der Oberste Butler dieses Hauses.
Und ich bin Helen, Harrys Frau und Oberste Hausdame.
F... Freut mich, Euch kennenzulernen!
POCH POCH
Ich heiße Melissa und werde ab heute hier wohnen.
Ich werde mein Bestes tun, um meinen Pflichten nachzukommen und bitte um Eure Unterweisung.

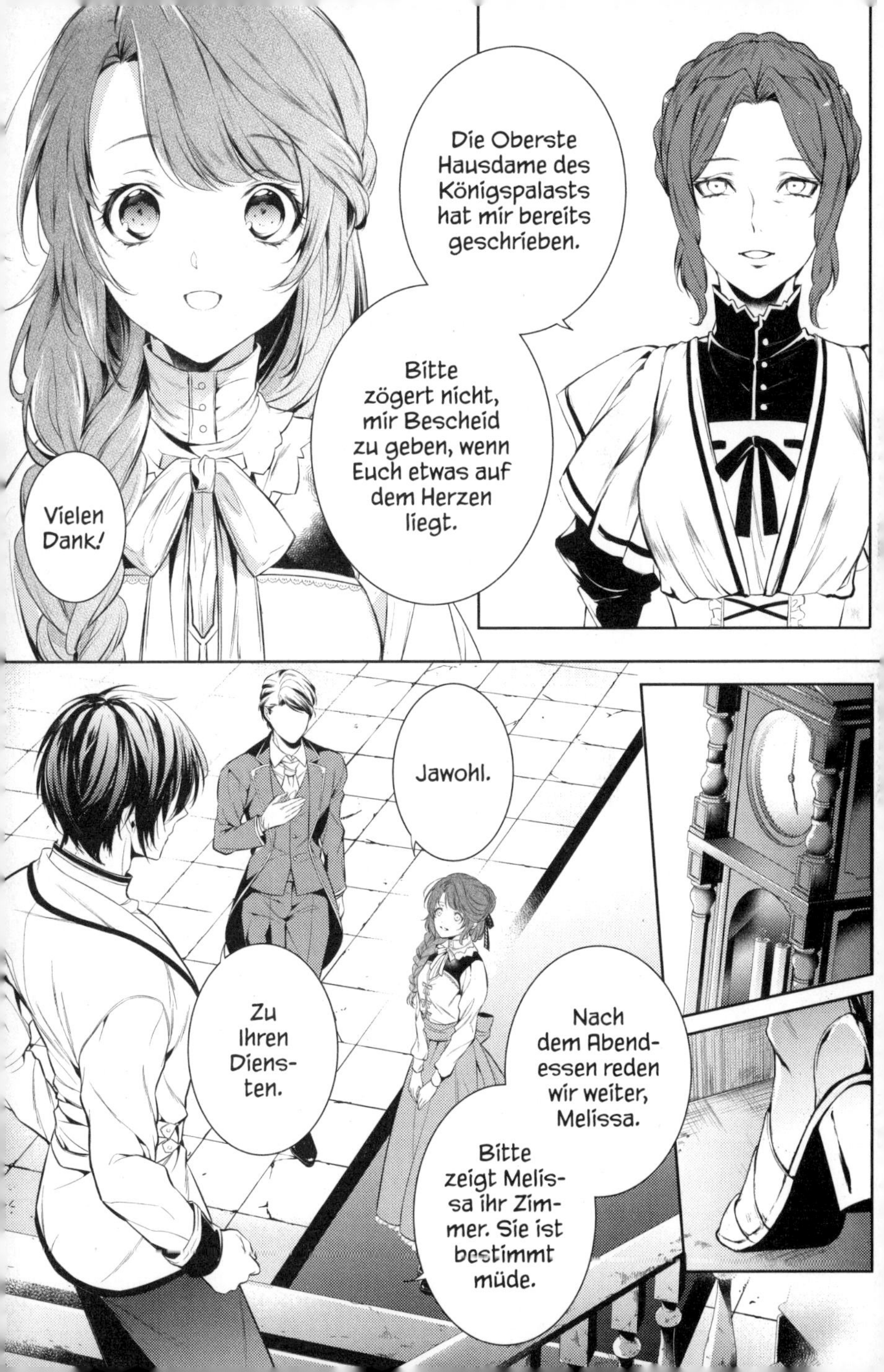
Die Oberste Hausdame des Königspalasts hat mir bereits geschrieben.
Bitte zögert nicht, mir Bescheid zu geben, wenn Euch etwas auf dem Herzen liegt.
Vielen Dank!
Nach dem Abendessen reden wir weiter, Melissa.
Bitte zeigt Melissa ihr Zimmer. Sie ist bestimmt müde.
Jawohl.
Zu Ihren Diensten.

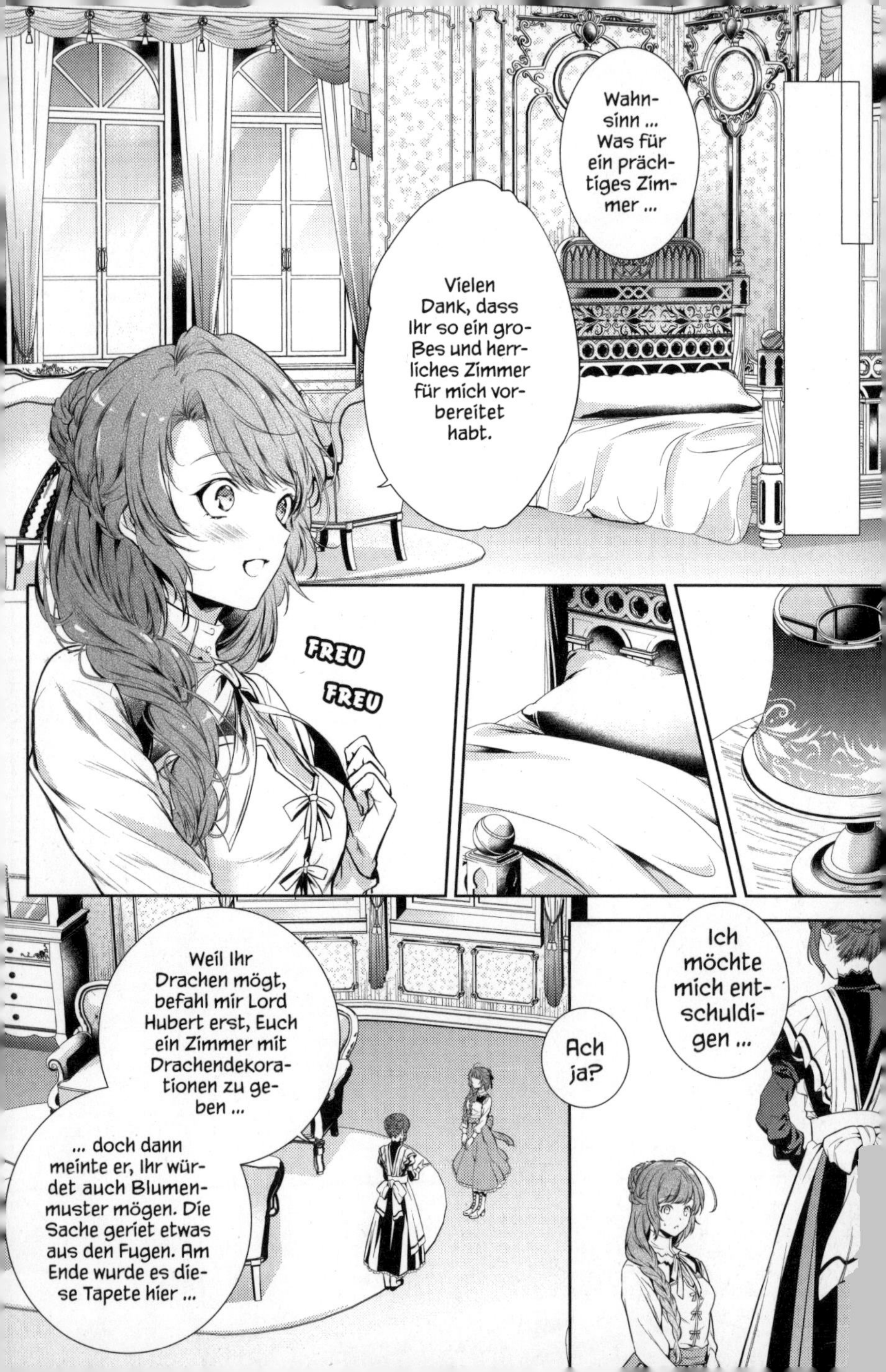
Wahnsinn ... Was für ein prächtiges Zimmer ...
Vielen Dank, dass Ihr so ein großes und herrliches Zimmer für mich vorbereitet habt.
FREU
FREU
Ich möchte mich entschuldigen ...
Ach ja?
Weil Ihr Drachen mögt, befahl mir Lord Hubert erst, Euch ein Zimmer mit Drachendekorationen zu geben ...
... doch dann meinte er, Ihr würdet auch Blumenmuster mögen. Die Sache geriet etwas aus den Fugen. Am Ende wurde es diese Tapete hier ...

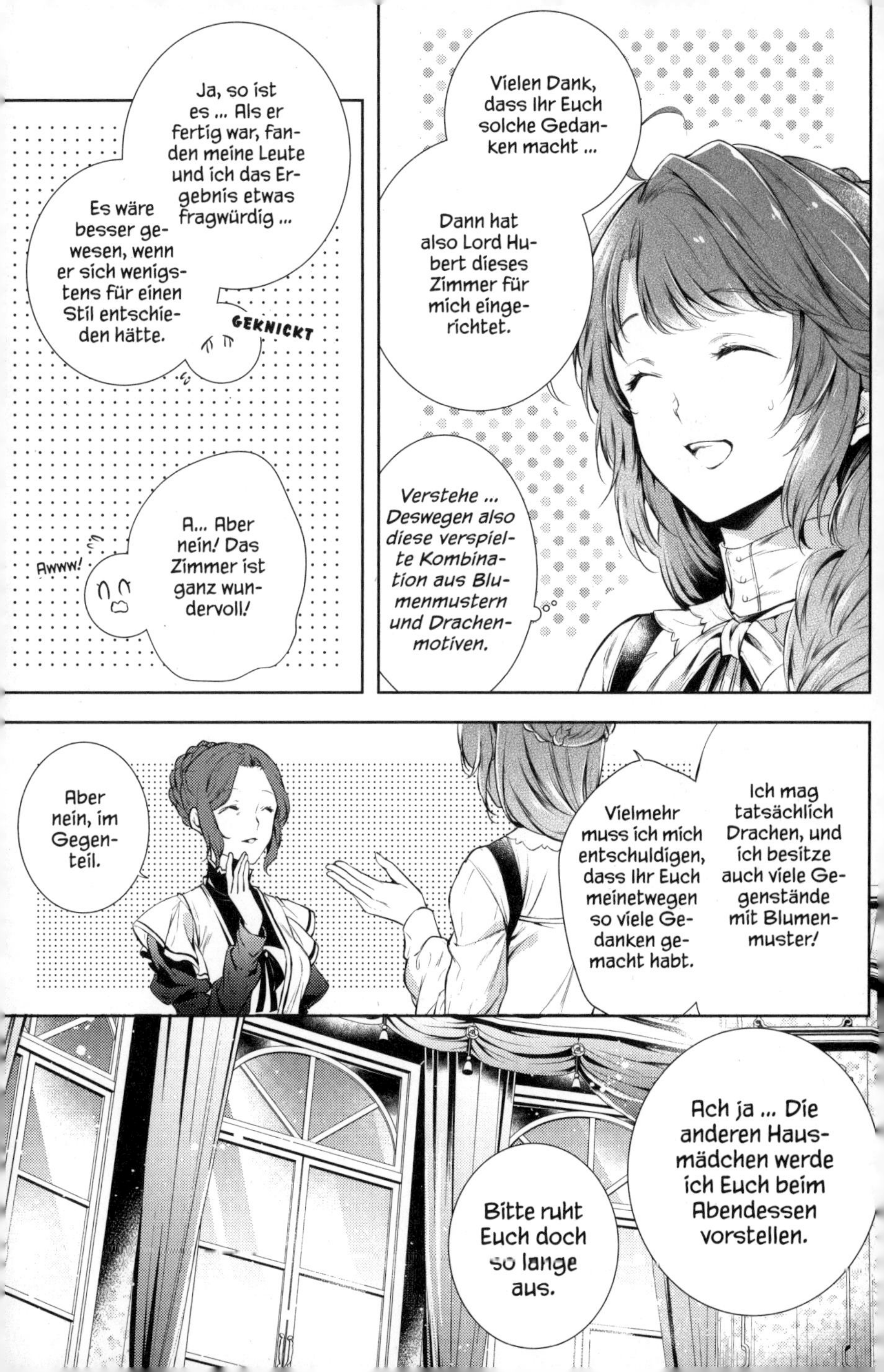
Vielen Dank, dass Ihr Euch solche Gedanken macht ...
Dann hat also Lord Hubert dieses Zimmer für mich eingerichtet.
*Verstehe ... Deswegen also diese verspielte Kombination aus Blumenmustern und Drachenmotiven.*
Ja, so ist es ... Als er fertig war, fanden meine Leute und ich das Ergebnis etwas fragwürdig ...
Es wäre besser gewesen, wenn er sich wenigstens für einen Stil entschieden hätte.
GEKNICKT
A... Aber nein! Das Zimmer ist ganz wundervoll!
Awww!
Ich mag tatsächlich Drachen, und ich besitze auch viele Gegenstände mit Blumenmuster!
Vielmehr muss ich mich entschuldigen, dass Ihr Euch meinetwegen so viele Gedanken gemacht habt.
Aber nein, im Gegenteil.
Ach ja ... Die anderen Hausmädchen werde ich Euch beim Abendessen vorstellen.
Bitte ruht Euch doch so lange aus.

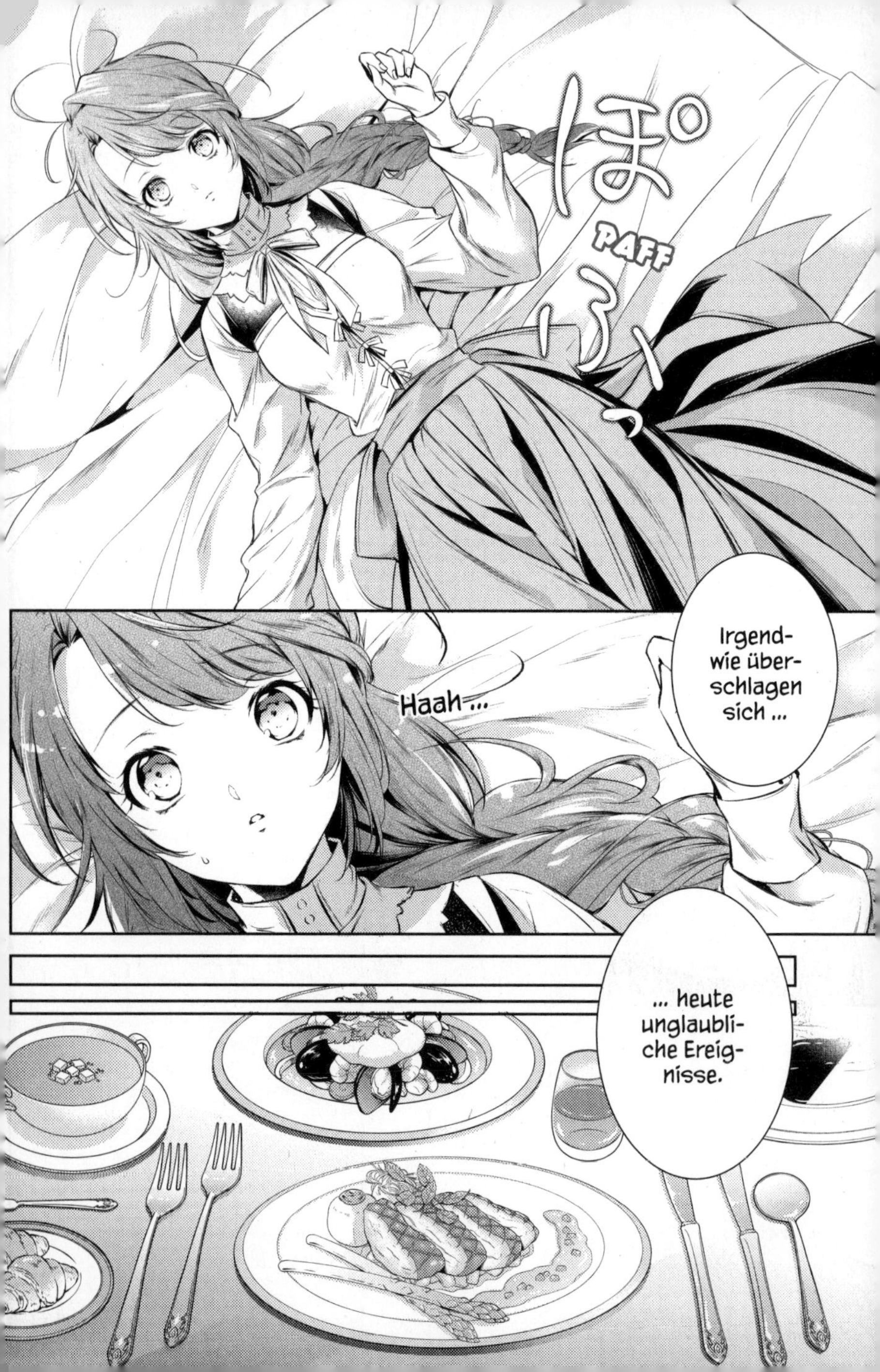
ぽふっ
PAFF
Haah ...
Irgend-
wie über-
schlagen
sich ...
... heute
unglaubli-
che Ereig-
nisse.

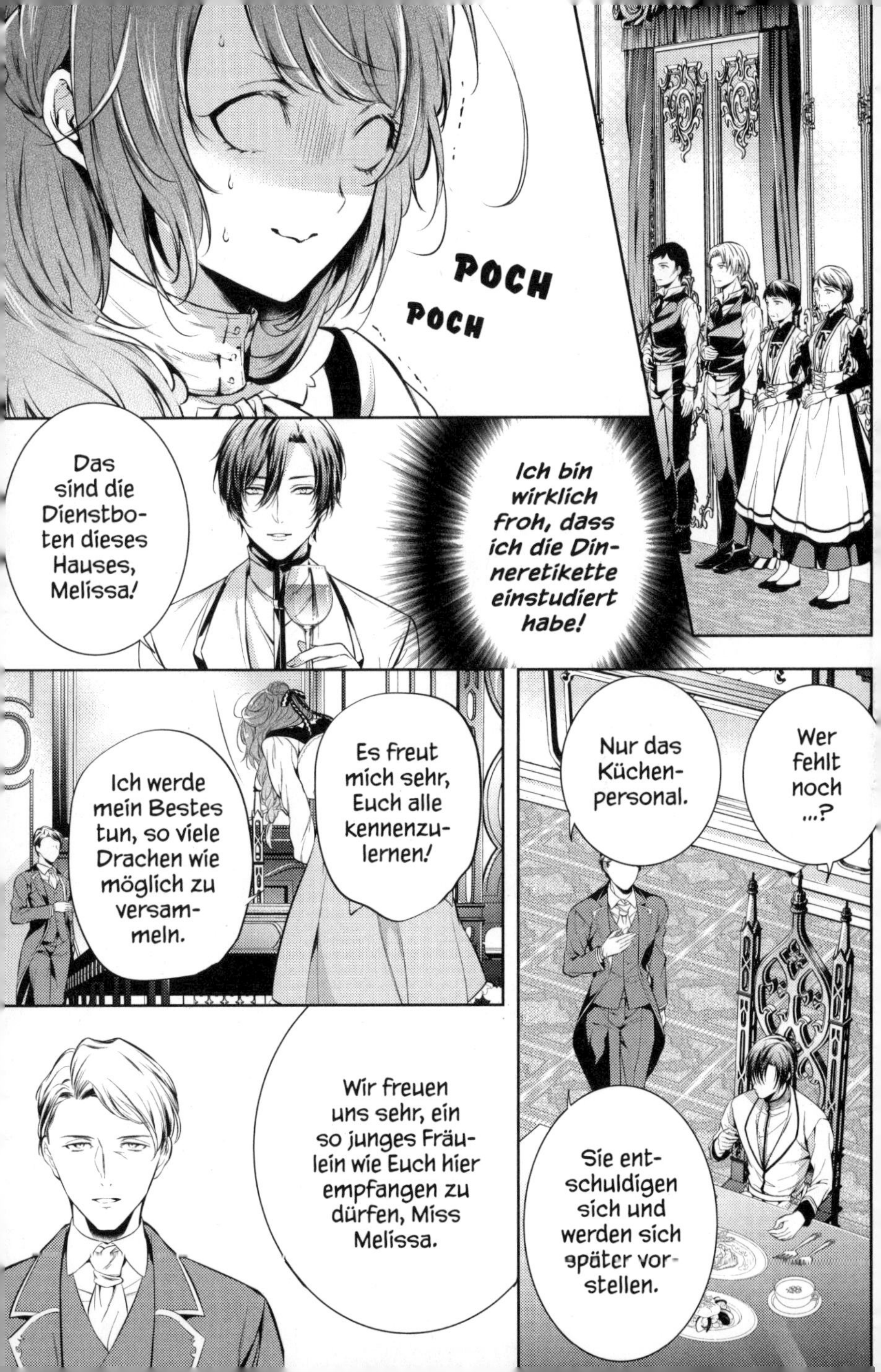
POCH
POCH
Ich bin wirklich froh, dass ich die Dineretikette einstudiert habe!
Das sind die Dienstboten dieses Hauses, Melissa!
Es freut mich sehr, Euch alle kennenzulernen!
Ich werde mein Bestes tun, so viele Drachen wie möglich zu versammeln.
Wir freuen uns sehr, ein so junges Fräulein wie Euch hier empfangen zu dürfen, Miss Melissa.
Wer fehlt noch ...?
Nur das Küchenpersonal.
Sie entschuldigen sich und werden sich später vorstellen.

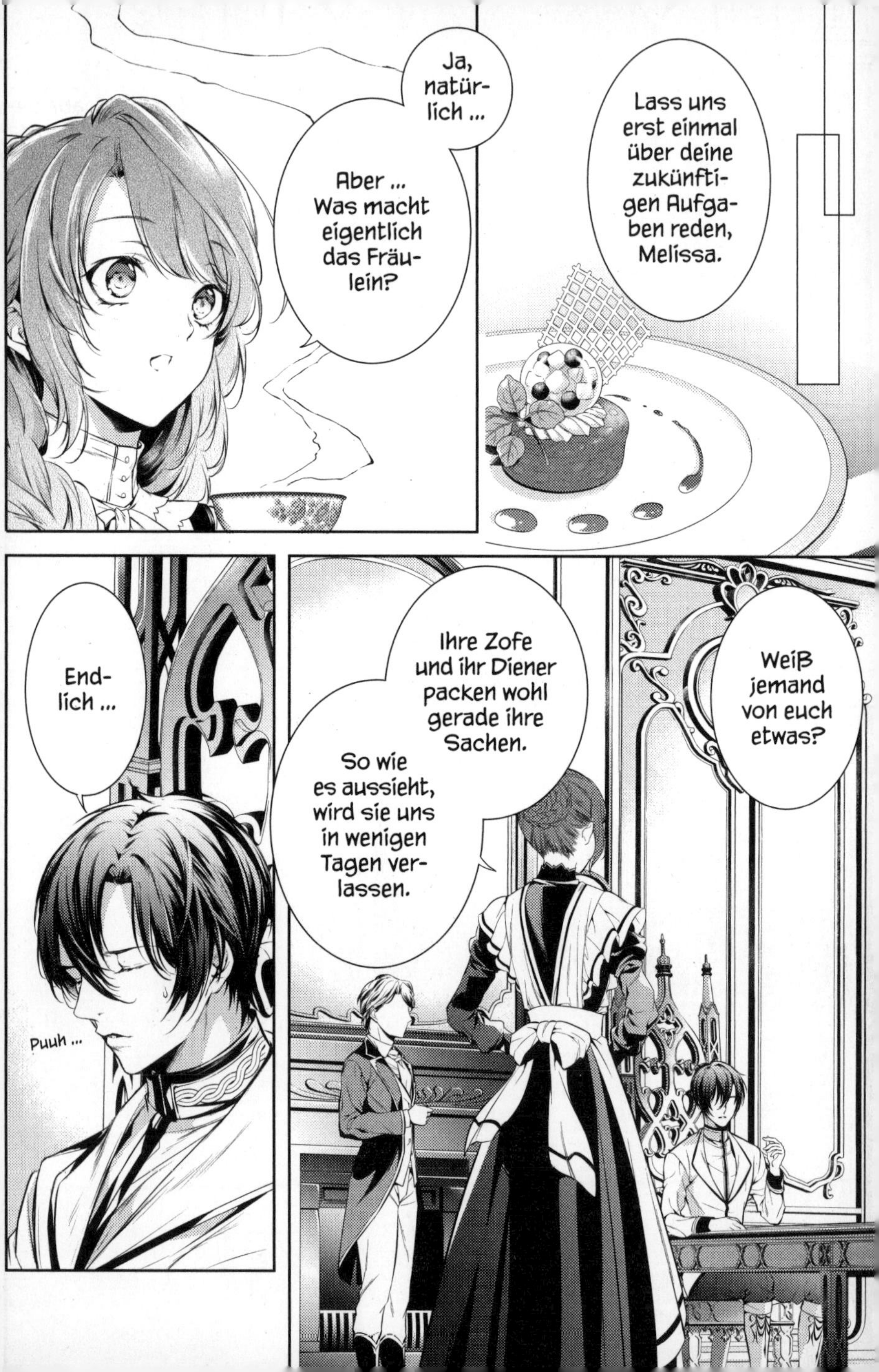

Lass uns erst einmal über deine zukünftigen Aufgaben reden, Melissa.
Ja, natürlich ...
Aber ... Was macht eigentlich das Fräulein?
Weiß jemand von euch etwas?
Ihre Zofe und ihr Diener packen wohl gerade ihre Sachen.
So wie es aussieht, wird sie uns in wenigen Tagen verlassen.
Endlich ...
Puuh ...

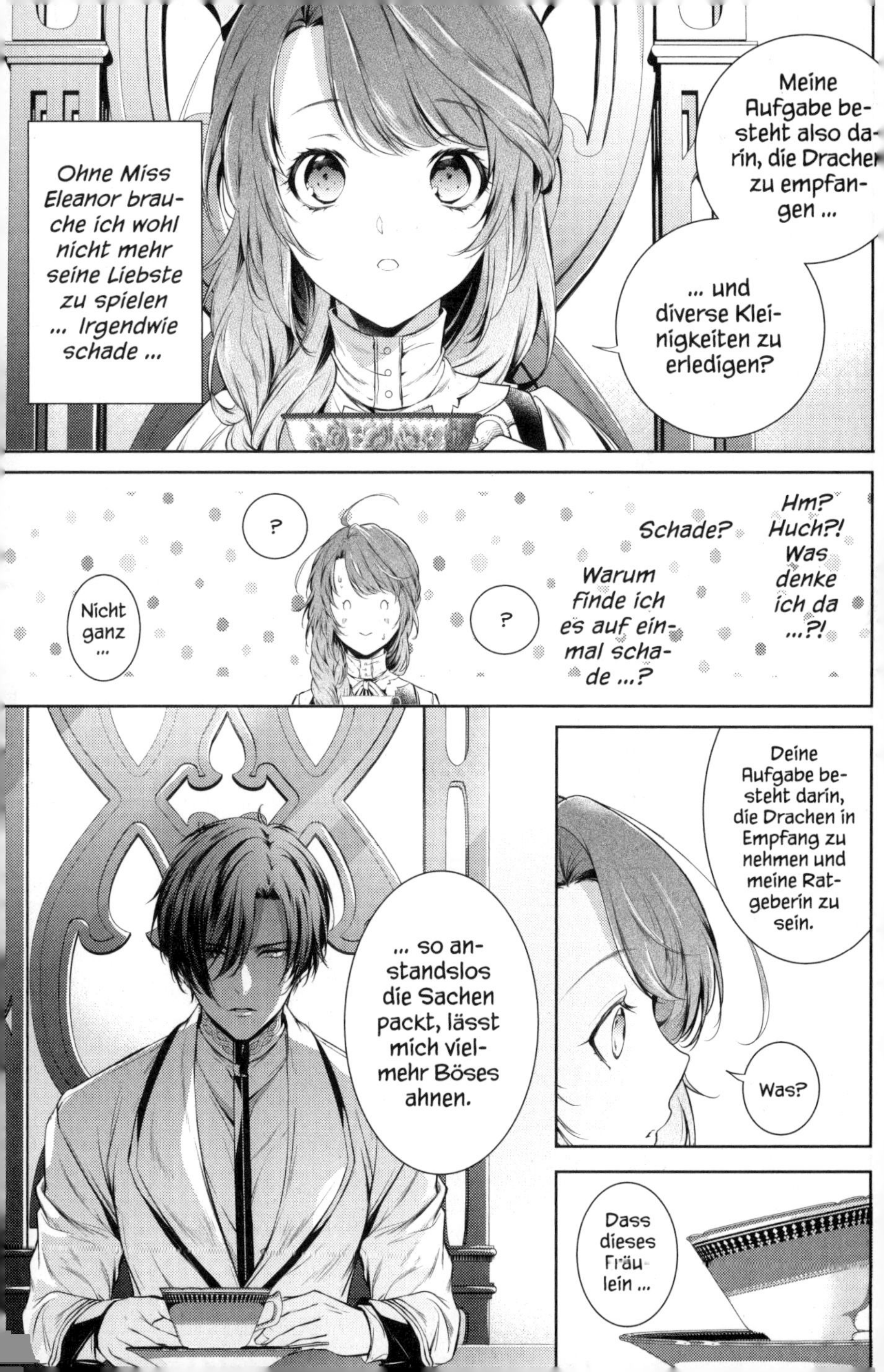
Meine Aufgabe besteht also darin, die Drachen zu empfangen ...
... und diverse Kleinigkeiten zu erledigen?
Ohne Miss Eleanor brauche ich wohl nicht mehr seine Liebste zu spielen ... Irgendwie schade ...
Schade?
Hm? Huch?! Was denke ich da ...?!
Warum finde ich es auf einmal schade ...?
?
?
Nicht ganz ...
Deine Aufgabe besteht darin, die Drachen in Empfang zu nehmen und meine Ratgeberin zu sein.
Was?
Dass dieses Fräulein ...
... so anstandslos die Sachen packt, lässt mich vielmehr Böses ahnen.

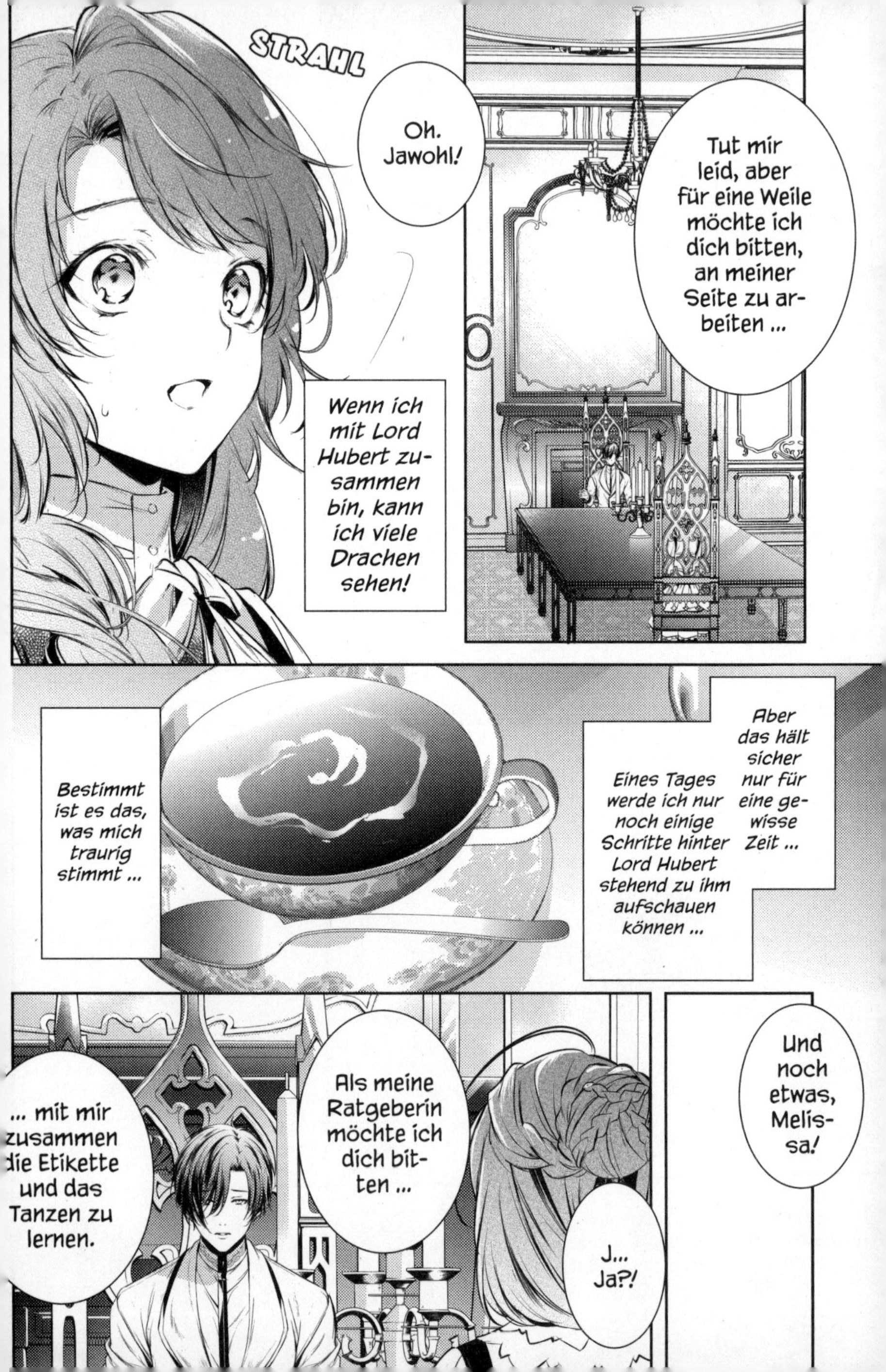
STRAHL
Oh. Jawohl!
Tut mir leid, aber für eine Weile möchte ich dich bitten, an meiner Seite zu arbeiten ...
Wenn ich mit Lord Hubert zusammen bin, kann ich viele Drachen sehen!
Bestimmt ist es das, was mich traurig stimmt ...
Eines Tages werde ich nur noch einige Schritte hinter Lord Hubert stehend zu ihm aufschauen können ...
Aber das hält sicher nur für eine gewisse Zeit ...
Und noch etwas, Melissa!
J... Ja?!
Als meine Ratgeberin möchte ich dich bitten ...
... mit mir zusammen die Etikette und das Tanzen zu lernen.

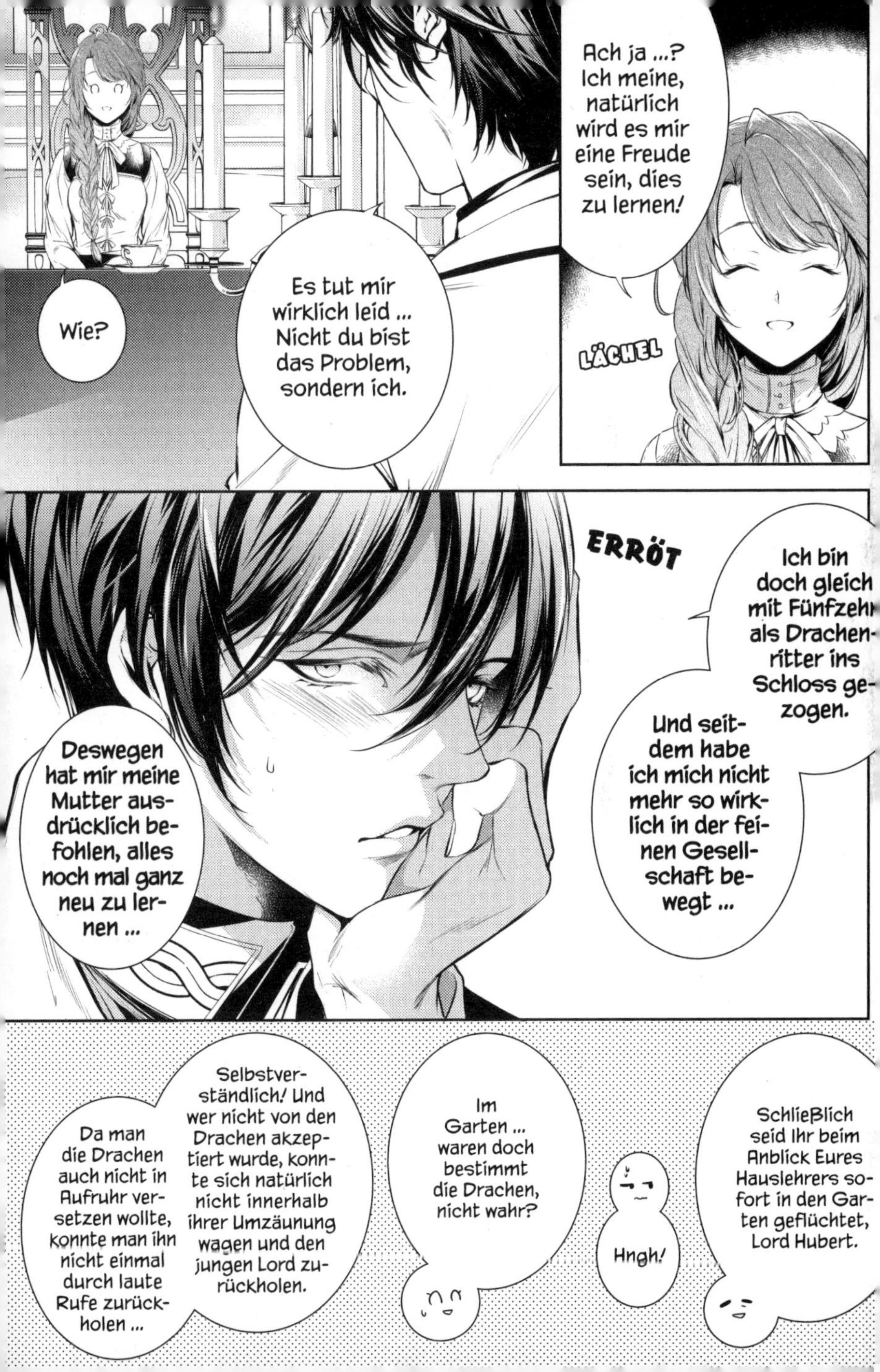
Ach ja ...? Ich meine, natürlich wird es mir eine Freude sein, dies zu lernen!
LÄCHEL
Es tut mir wirklich leid ... Nicht du bist das Problem, sondern ich.
Wie?
ERRÖT
Ich bin doch gleich mit Fünfzehn als Drachenritter ins Schloss gezogen.
Und seitdem habe ich mich nicht mehr so wirklich in der feinen Gesellschaft bewegt ...
Deswegen hat mir meine Mutter ausdrücklich befohlen, alles noch mal ganz neu zu lernen ...
Schließlich seid Ihr beim Anblick Eures Hauslehrers sofort in den Garten geflüchtet, Lord Hubert.
Hngh!
Im Garten ... waren doch bestimmt die Drachen, nicht wahr?
Selbstverständlich! Und wer nicht von den Drachen akzeptiert wurde, konnte sich natürlich nicht innerhalb ihrer Umzäunung wagen und den jungen Lord zurückholen.
Da man die Drachen auch nicht in Aufruhr versetzen wollte, konnte man ihn nicht einmal durch laute Rufe zurückholen ...

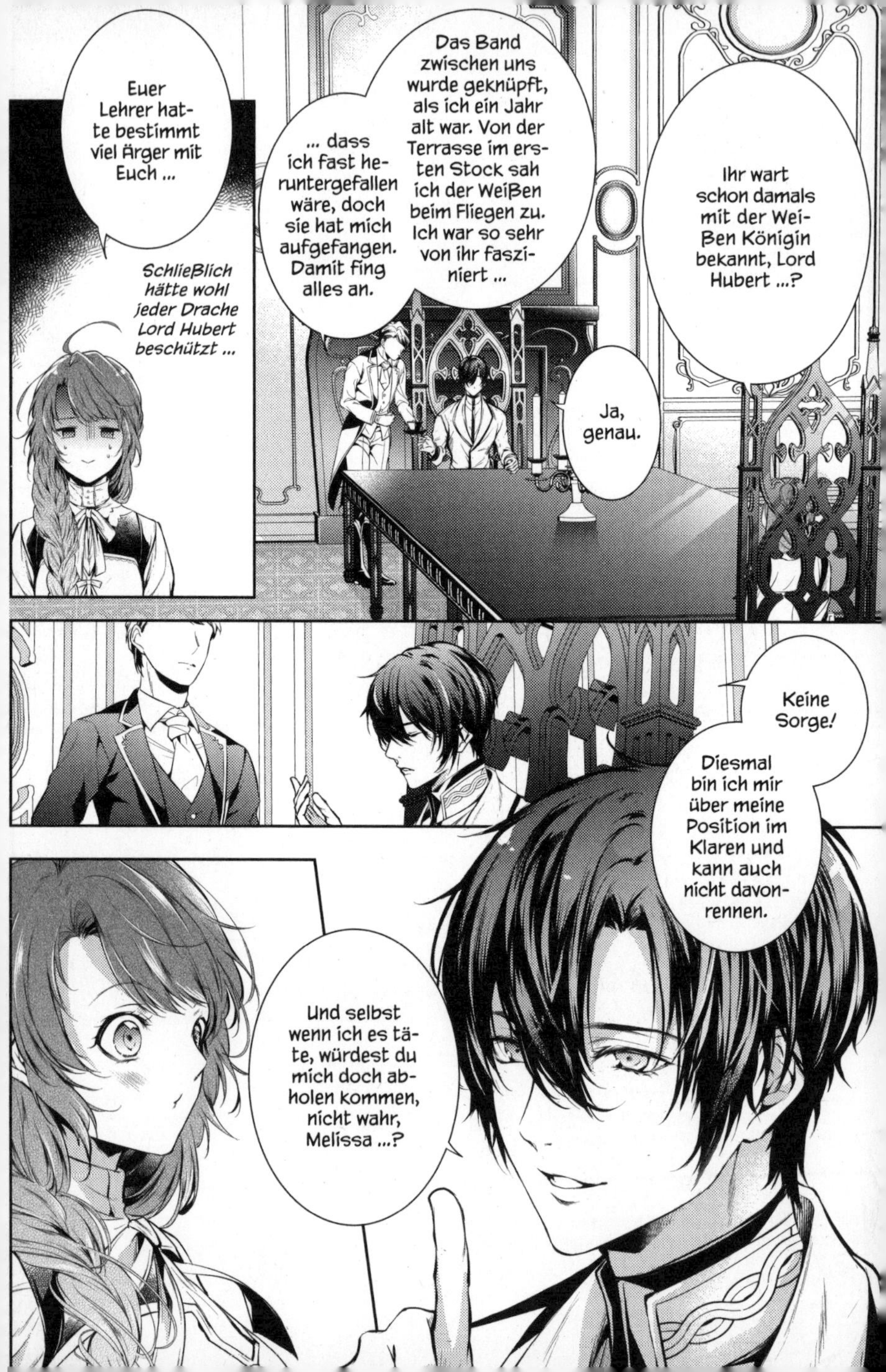
Ihr wart schon damals mit der Weißen Königin bekannt, Lord Hubert ...?
Ja, genau.
Das Band zwischen uns wurde geknüpft, als ich ein Jahr alt war. Von der Terrasse im ersten Stock sah ich der Weißen beim Fliegen zu. Ich war so sehr von ihr fasziniert ...
... dass ich fast heruntergefallen wäre, doch sie hat mich aufgefangen. Damit fing alles an.
Euer Lehrer hatte bestimmt viel Ärger mit Euch ...
Schließlich hätte wohl jeder Drache Lord Hubert beschützt ...
Keine Sorge!
Diesmal bin ich mir über meine Position im Klaren und kann auch nicht davonrennen.
Und selbst wenn ich es täte, würdest du mich doch abholen kommen, nicht wahr, Melissa ...?

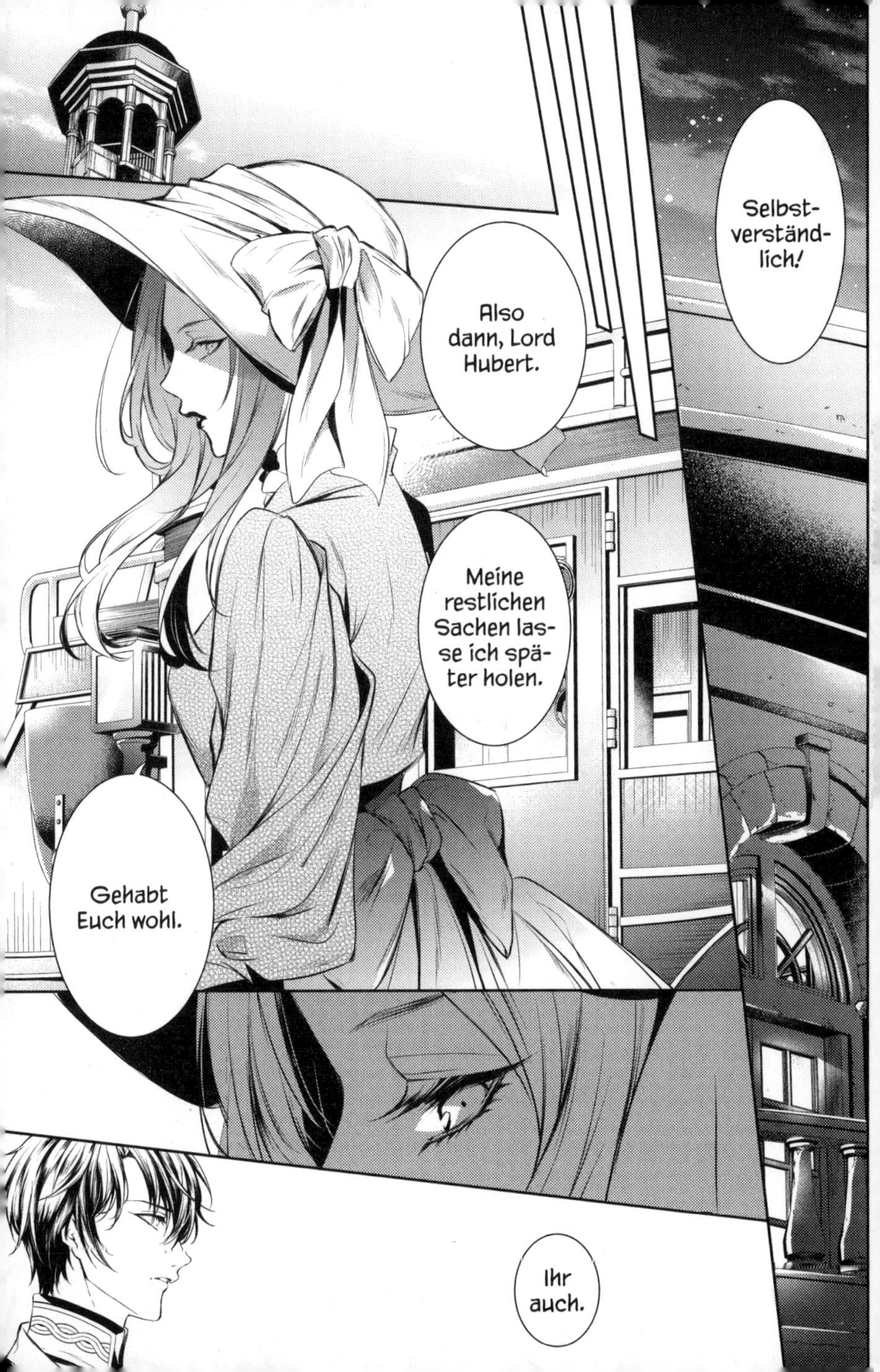
Selbstverständlich!
Also dann, Lord Hubert.
Meine restlichen Sachen lasse ich später holen.
Gehabt Euch wohl.
Ihr auch.

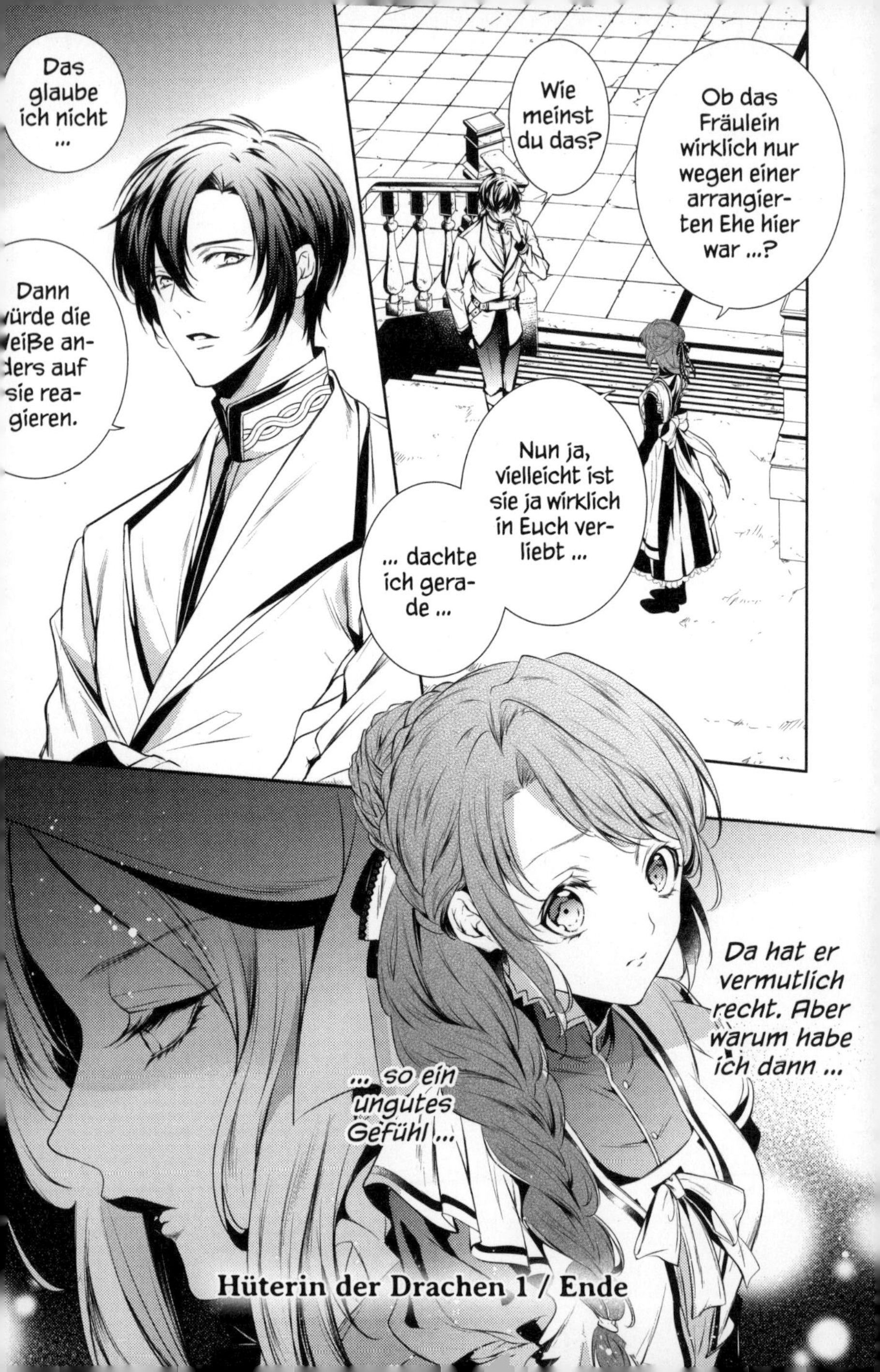
Ob das Fräulein wirklich nur wegen einer arrangierten Ehe hier war ...?
Wie meinst du das?
Nun ja, vielleicht ist sie ja wirklich in Euch verliebt ...
... dachte ich gerade ...
Das glaube ich nicht ...
Dann ürde die eiße anders auf sie reagieren.
Da hat er vermutlich recht. Aber warum habe ich dann ...
... so ein ungutes Gefühl ...
Hüterin der Drachen 1 / Ende

HÜTERIN DER DRACHEN

# HÜTERIN DER DRACHEN

## Neues Romankapitel

# Das Getuschel der Hausmädchen

ASAGI ORIKAWA

»So, meine lieben Lehrlinge! Jetzt wird dieses Zimmer hier geputzt! Beginnt mit dem Staubputzen an den Fenstern!«

Die fünf Hausmädchen in Ausbildung machten sich daran, dem Befehl des höhergestellten Hausmädchens nachzukommen. Gleichzeitig legten sie die anderen Putzwerkzeuge beiseite und fingen mit gezückten Staubwedeln an, die oberen Bereiche vom Staub zu befreien. Unter ihnen befand sich auch Melissa, ein etwas klein geratenes Mädchen mit karottenrotem Haar, das zu zwei Zöpfen geflochten war. Obwohl der Staubwedel ihren Arm verlängerte, konnte sie die Skulptur über dem Fenster nicht erreichen und sah mit gerunzelter Stirn zu ihr hinauf.

Melissa war gerade erst dreizehn geworden, während die anderen Hausmädchen schon fünfzehn waren und demnächst ihre Volljährigkeit erreicht haben würden. Somit war Melissa auch vom Alter her nicht mit ihren Kameradinnen zu vergleichen. Dass Melissa körperlich mit dieser Aufgabe überfordert war, ließ sich nun einmal nicht ändern.

»Ähm … Ich bin zu klein und komme da nicht dran. Darf ich mir einen Schemel besorgen?«, fragte Melissa das Aufsicht führende Hausmädchen, das gleich in ihrer Nähe stand. Diese schüttelte jedoch den Kopf und antwortete:

»Wenn du keinen sicheren Stand hast, könntest du ausrutschen und dich verletzen oder die Einrichtung beschädigen. Ein Mädchen, das groß genug ist, wird diese Arbeit übernehmen. Kümmere du dich bitte derweil um die staubigen Stellen, die du auch so erreichen kannst.«

»Jawohl!«

Melissa senkte gehorsam den Kopf und bearbeitete mit ihrem Staubwedel das Schmuckregal. Ihre Hausmädchenlehre hatte vor fast zwei

Monaten angefangen. Seit ihrem Entschluss, Hausmädchen zu werden und nach dem beratenden Gespräch mit der Obersten Hausdame, hatte man ihr schon ein wenig Wissen vermittelt. Doch die praktische Umsetzung hatte erst vor zwei Monaten begonnen. Trotz ihrer geringen Körpergröße war Melissa ausdauernd und stark, was vielleicht an ihrem Umgang mit den Drachen und ihren Rittern und Soldaten lag, die regelmäßig in den Speisesaal kamen. Jedenfalls war sie in der Lage, die Aufgaben eines Hausmädchens problemlos zu verrichten, und zusammen mit den anderen Mädchen staubte sie das Zimmer von oben bis unten ab.

Nach dieser ersten Reinigungseinheit hätte eigentlich eine aufs Putzen spezialisierte Hausmädchenkolonne den Raum betreten und die Lehrlinge ablösen müssen. Jene hätten sich darangemacht, die einzelnen Schmuckgegenstände und Ornamente zu polierten, doch diesmal kam alles ganz anders: Männliche Dienstboten trugen immer mehr Tische und Stühle hinein, als würde in diesem Raum gleich irgendein bedeutendes Ereignis stattfinden.

»Und jetzt sollt ihr dabei helfen, dieses Zimmer herzurichten! Denn als Nächstes wird das Zimmer vom Kommandanten der Drachenritter genutzt. Normalerweise wird für diese regelmäßig stattfindenden Sitzungen ein anderes Zimmer genutzt. Da heute aber auch der Kommandant der Drachenritter daran teilnimmt, kommt stattdessen dieses Zimmer mit Blick auf den Drachengarten zum Einsatz.«

Als Melissa dies hörte, machte sie vor Überraschung große Augen. Sie hatte sich so sehr auf ihre Arbeit konzentriert, dass sie gar nicht darauf geachtet hatte, was sich draußen vor dem Fenster abspielte.

Wenn der Kommandant der Drachenritter dieses Zimmer nutzt, musste man von hier aus den Drachengarten sehen können. Ein Drache wollte nämlich wissen, was sein Ritter so trieb. Eine längere Sitzung an ein und demselben Ort, den die Drachen nicht einsehen konnten, würde die Drachen unruhig werden lassen, wusste Melissa.

»Wenn der Kommandant der Drachenritter an der Sitzung teilnimmt, wird immer dieses Zimmer hier benutzt. Außerdem müssen wir auch die Fenster von außen schmücken, sodass man es vom Drachengarten aus sehen kann.«

Die anderen Hausmädchen hörten so etwas wohl zum ersten Mal. Anhand des Raunens im ganzen Raum ließ sich ablesen, wie verwundert sie sein mussten. Das beaufsichtigende Hausmädchen tadelte die Mädchen dafür, während sie aus dem Fenster sah, um die anstehende Arbeit unter ihnen aufzuteilen.

»…!«

Erschrocken duckte sich die Aufsicht hinfort und das Raunen verstummte. Ihnen allen hatte man beigebracht, dass ein Hausmädchen während der Arbeit keine Gefühle zeigen darf. Sie wurden dazu erzogen, in der Öffentlichkeit möglichst zu lächeln, doch jetzt lässt sich ein Hausmädchen so unverhohlen ihre Furcht anmerken, obwohl es schon so viele Jahre im Königspalast arbeitet, dachte Melissa und legte den Kopf schief.

Argwöhnisch sahen die Mädchen aus dem Fenster und erstarrten. Ihre Gesichter waren kreidebleich. Die Drachen, die sonst durch die Lüfte flogen und ihre Zeit nach Lust und Laune verbrachten, drängten sich nach und nach in den Drachengarten. In der Mitte der Herde befanden sich zwei Drachen, die Weiße Königin und der Violette Schild.

Die Blicke der beiden majestätischen Kreaturen waren zweifelsohne gen Palastzimmer im ersten Stock gerichtet und nahmen völlig ungerührt die Menschen darin in Augenschein. Wer im Palast arbeitete, hatte notgedrungen verinnerlicht, dass laute Schreie in Gegenwart von Drachen keine gute Idee waren. Ein jeder schwieg und presste sich die Hände verzweifelt vor den Mund, damit ihm bloß kein Laut entfuhr.

Nur Melissa, das kleinste Mädchen im Raum, blieb gelassen.

»Ähm ... Soll der Außenschmuck als Zeichen für die Weiße Königin angebracht werden?«

»J... Ja ... Der Schmuck soll zeigen, dass sich der Ritter der Weißen Königin in diesem Raum befindet. Dafür benutzen wir weiße Blumen. Bloß ... im Augenblick kommt es mir vor, als verhielten sich die Drachen ein wenig absonderlich. Die Sache wird wohl nicht so einfach. Nachdem sich die Drachen wieder ein wenig beruhig haben, wollen wir wohl besser jemand anderes darum bitten.«

»Ich stelle mich für diese Aufgabe zur Verfügung!«

Alle Männer und Frauen im Raum blickten überrascht zu Melissa.

»Ich bin ein Hausmädchen in Ausbildung, aber ich wohne im Speisesaal IV, der das Drachenquartier mit Gemüse versorgt. Ich bringe das Gemüse jeden Tag dorthin, und das kann ich nur, weil mich die Weiße Königin akzeptiert und ich berechtigt bin, das Drachenquartier zu betreten. Die Blicke der Drachen bin ich ebenfalls gewohnt, und da mich die Drachen kennen, glaube ich nicht, dass es für mich gefährlich ist, jetzt die Außenarbeiten zu übernehmen.«

Auf Melissa wirkten die Drachen überhaupt nicht aufgeregt. Sie schienen die Menschen nur voller Neugier zu beobachten.

Zwischen diesem Raum und dem Drachengarten lag die Unterkunft der Drachenritter, sodass die Drachen aus dem Schatten der Unterkunft heraus durchs Fenster blicken konnten. Von dort drüben bekämen die Drachen bestimmt nicht mit, wenn jemand in diesem Raum aufschrie. Und nichts, was hier geschah, könnte die Drachen in Aufregung versetzen. Die Aufsicht schien für eine Weile in Gedanken versunken, doch als wäre ihr plötzlich etwas in den Sinn gekommen, sah sie Melissa an und murmelte seufzend ihr Einverständnis.

»Jetzt fällt es mir wieder ein … Du bist doch die Tochter der Chefköchin vom Speisesaal IV. Dann bist du also auch mit den Drachen bekannt?«

»Ja. Ich kenne alle Drachen, die dort versammelt sind.«

»Dann möchte ich dir gern diese Aufgabe anvertrauen. Und wenn es etwas Schweres zu tragen gibt, bitte einen Diener um Hilfe.«

Und so wurde Melissa mit der Aufgabe betraut, den Blumenschmuck auf der Terrasse anzubringen, statt weiter im Gebäude zu arbeiten. Als Melissa die Blumen in Empfang nahm und das Fenster öffnete, hoben die Drachen die Köpfe, als hätte irgendetwas ihre Aufmerksamkeit erregt. Ein Diener, der hinter Melissa stand, stieß einen leisen Laut aus und zuckte zusammen. Seine Reaktion blieb Melissa jedoch nicht verborgen. Sie winkte der Weißen Königin heimlich zu, ohne dass jemand im Raum es sehen konnte.

Für die Sehkraft eines Drachen war die Entfernung zwischen ihnen so gut wie nicht vorhanden. Die Weiße Königin hatte ihr Winken ganz offensichtlich registriert. Sie kniff leicht die Augen zusammen und wedelte so mit ihrem Schwanz, dass Melissa es sehen konnte. Unter den wohlwollenden Blicken der Weißen Königin und der anderen Drachen schmückte Melissa die ganze Terrasse mit den Blumen für die Weiße Königin.

Die Mädchen putzten das Zimmer blitzblank und die Hofdamen setzten mit den Vorbereitungen für die Sitzung fort. Die Mädchen hatten ihre Arbeit für den Vormittag erledigt.

Melissa, die in der Mittagspause sonst immer nach Hause ging, blieb heute ungewohnterweise bei den anderen Hausmädchen.

»Sonst gehst du immer nach Hause, aber in einem anderen Speisesaal zu essen, ist dir doch nicht verboten, oder?«, fragte ein älterer Lehrling Melissa. Nachdem Melissa blinzelte und nickte, zog die Ältere sie kurzerhand in den Saal für Dienstboten, den sie selbst noch nie zuvor genutzt hatte. Dieser Speisesaal wurde vom Speisesaal III verwaltet, den hauptsächlich Bürokraten und Beamte nutzten. Er befand sich im Dienstbotenflügel und war den Lehrlingen des Küchenchefs vom Speisesaal III anvertraut. Anders als der Speisesaal IV waren die Türen des Dienstbotenspeisesaals nur vom späten Vormittag bis zum Abend geöffnet. Dort nahm Melissa nun zum ersten Mal in ihrem Leben eine Mahlzeit ein, die eine andere Person als ihre Mutter gekocht hatte.

Das Menü war für alle gleich. Als Hauptspeise gab es eine täglich wechselnde Suppe und Weißbrot. Die Suppe war gehaltvoll und ein bisschen süßer als die von Melissas Mutter. Melissa löffelte ihre Suppe. Vor ihr saßen drei Hausmädchenlehrlinge, die sich mit verträumten Gesichtern unterhielten. Die Speisen, die vor ihnen standen, hatten sie nicht einmal angerührt.

»Obwohl er der jüngste Ritterkommandant ist, ist er auch der Fähigste von allen. Und trotz seines guten Aussehens, prahlt er nicht wie die anderen Ritter mit seiner Stärke und hat auch keine groben Seiten. Außerdem steht er hoch in der Gunst des Königs. Seine Zukunft ist gesichert. Wenn es einen Haken gibt, dann ist es nur ein einziger: Für eine Heirat benötigt er angeblich die Erlaubnis seines Drachen.«

»Genau! Und deswegen suchen die Töchter des Hochadels mehrmals im Monat den Drachengarten auf.«

»Was …?«

Die älteren Hausmädchenlehrlinge ignorierten Melissas Reaktion und setzten ihre Unterhaltung fort, als würden sie sich gegenseitig bestätigen.

»Einige Fräuleins sollen sogar ins Schloss gekommen sein, um der Weißen Königin und Sir Hubert ihre Aufwartung zu machen. Doch wenn sie die Weiße Königin verärgern, können sie angeblich gleich wieder des Schlosses verwiesen werden.«

»Ich weiß zwar nicht, was sie angestellt hat, aber einmal soll die Tochter eines Grafen die Weiße Königin verärgert haben, und gleich danach wurde sie an einem Ort weit entfernt von der königlichen Hauptstadt verheiratet. War es nicht so?«

Diese stürmische Frage verwirrte Melissa, und sie versuchte, ihre Gedanken zu ordnen. Wenn Melissa bei der Weißen Königin war, tauchten immer wieder Adelstöchter von irgendwoher auf. Doch der Zweck dieser Besuche blieb ihr bislang verborgen.

»Diese Fräuleins wollten also die Weiße Königin und den Kommandanten besuchen?!«

Die hochwohlgeborenen Töchter, die mit ihren mit Rüschen besetzten Kleidern die Neugierde der Drachen entfachten und mit ihrem starken Parfümgeruch den Duft der Blumen um sie herum übertünchten, verärgerten die Kreaturen schon im Moment ihres Erscheinens.

Da es den Drachen auf dem Schlossgelände verboten war, auch nur eine Klaue durch den Zaun zu stecken, waren sie erst recht frustriert, dass sie sich nicht an diesen Fräuleins vergreifen konnten. Gereizt brüllten die Drachen auf, und die Fräuleins fielen prompt in Ohnmacht. Nach solchem Damenbesuch konnte Melissa die Drachenritter dabei beobachten, wie sie ihre Drachen wieder beruhigten. ›Wozu waren diese Fräuleins überhaupt hergekommen?‹, fragte sich Melissa jedes Mal verwundert.

»Na, so was! Du hast den Grund nicht gekannt?«

»Nein … Ich hatte ja keine Ahnung. Nach jedem Besuch dieser Fräuleins ist die Laune der Drachen so schlecht, dass die Drachenritter ganz schön ins Schwitzen kommen. Das war mein einziger Gedanke.«

»Aber du findest doch auch, dass Sir Hubert gut aussieht, nicht wahr?«

Diese Frage brachte Melissa erneut zum Nachdenken. Schließlich schoss ihr eine Idee durch den Kopf. Sir Hubert war für Melissa der Mann, der ihr am nächsten stand und nicht Teil ihrer Familie war. Er war gut zu ihr und wie ein großer Bruder, der sie zur Weißen Königin mitnahm. An sein Gesicht war sie von klein auf gewöhnt und hatte es noch nie als »gut aussehend« wahrgenommen.

War der Kommandant womöglich ein umwerfend gut aussehender Mann? Die verblüffte Melissa schien die drei älteren Hausmädchen immer mehr zu verunsichern. Die Älteren blickten sich gegenseitig an und kamen endlich auf den Hauptgrund zu sprechen, aus dem sie Melissa hergebracht hatten.

»Du hast doch auch zum Drachenquartier Zutritt, nicht wahr? Weißt du vielleicht, worüber sich die Weiße Königin oder Sir Hubert freuen könnten?«, fragten die Mädchen verlegen.

Obwohl selbst nicht von hoher Geburt, waren die Familien dieser Mädchen doch angesehen genug, um ihnen eine Anstellung im Königspalast zu verschaffen. Auch für diese Mädchen lag es im Bereich des Möglichen, die Braut des Drachenritters Hubert zu werden. Und das war wohl auch der Grund, aus dem die älteren Hausmädchen Melissa in diesen Speisesaal gebracht hatten.

Die Frage brachte Melissa dazu, ihren offenen Mund wieder zu schließen. Sie hielt ein wenig den Kopf schief und grübelte ein weiteres Mal.

»Die Weiße Königin mag Perlen und Opale … Und weiße Blumen. Sie mag lieber natürliche Gerüche und hasst Parfüm. Das habe ich jedenfalls gehört.«

»Na, so was! Dann sind diese Fräuleins ja schon gleich wegen ihres Parfüms durchgefallen!«

Auf Melissas Antwort hin nickten die älteren Mädchen einsichtig. Während Melissa die Gruppe beobachtete, zerbrach sie sich über die andere Frage noch mehr den Kopf. Die Vorlieben der Weißen Königin hatte sie sofort nennen können, doch auf die andere Frage war Melissa keine spontane Antwort eingefallen.

»Der Kommandant … mag Drachen.«

»Ja, das wird er wohl …«

»Klingt einleuchtend …«

Zwei Mädchen nickten einsichtig, doch die dritte fuhr hastig dazwischen.

»Ja, das ist uns schon klar, aber was mag er sonst noch?!«

»Irgendetwas muss es doch geben …«, murmelte Melissa leise vor sich hin.

Sie schloss für eine Weile die Augen und überlegte, während die drei Hausmädchen sie mit vorgebeugtem Körper und mit wie zum Gebet gefalteten Händen ansahen. Doch als sie gleich darauf die Gestalt hinter Melissa erblickten, erstarrten sie zu Eis.

»Mein Leibgericht ist die Hackfleischpastete der Chefköchin von Speisesaal IV.«

»Ach ja, richtig! Da war doch was!«

Endlich hatte Melissa ihre Antwort bekommen und hob ihr strahlendes Gesicht. Dann sah sie endlich die versteinerten älteren Mädchen. Ihre Blicke waren an einen Punkt oberhalb von Melissas Kopf geheftet. Ihren Blicken folgend, drehte Melissa sich um und sah der Person, die hinter ihr stand, direkt in die Augen.

»Kommandant!«

Dort stand Hubert mit seinem gewohnten Gesichtsausdruck. Aus unerfindlichen Gründen hielt er einen großen Strauß aus weißen Blumen in seinen Händen. Als Melissa diesen Strauß sah, stieß sie einen leisen Laut aus.

»Das sind doch die Blumen, mit denen ich vorhin die Terrasse geschmückt habe …«

»Ja, die Weiße bat mich darum, ihr die Blumen zu bringen, die du dort gerade angebracht hast. Ich habe um Erlaubnis gefragt und sie mir genommen.«

Als die älteren Hausmädchenlehrlinge sahen, wie Hubert lächelnd die Blumen in seiner Hand betrachtete, schnappten sie kurz nach Luft.

»Melissa. Könntest du das Schlafzimmer der Weißen mit diesen Blumen schmücken, wenn du später Zeit hast?«

»Gern! Heute Nachmittag habe ich nur noch Fremdsprachenunterricht. Wenn ich damit fertig bin, mache ich mich gleich auf den Weg«, antwortete Melissa munter und mit einem Lächeln.

Sir Hubert sah sie zufrieden an, strich ihr mehrmals über den Kopf und verließ den Speisesaal.

»Dann möchte ich mich für heute von euch verabschieden. Wir sehen uns bei der Arbeit!«

Melissa neigte kurz den Kopf und hastete aus dem Speisesaal zu ihrem theoretischen Unterricht. Wie schmelzendes Eis ließen die drei zurückgebliebenen Hausmädchen ermattet ihre Köpfe auf die Tischplatte fallen. Ja, sie hatten begriffen.

Nur der Gedanken an die Weiße Königin brachte die eisige Miene des weißen Drachenritters Hubert zum Schmelzen. Die drei Mädchen hatten sich an dieses Gerücht erinnert und fügten ihm eine weitere Information hinzu:

»Der Hausmädchenlehrling, der keine Angst vor Drachen hatte, brachte Sir Huberts eisgleiche Miene wie die Schneeschmelze im Frühling zum Schwinden.«

HÜTER DER DRACHEN

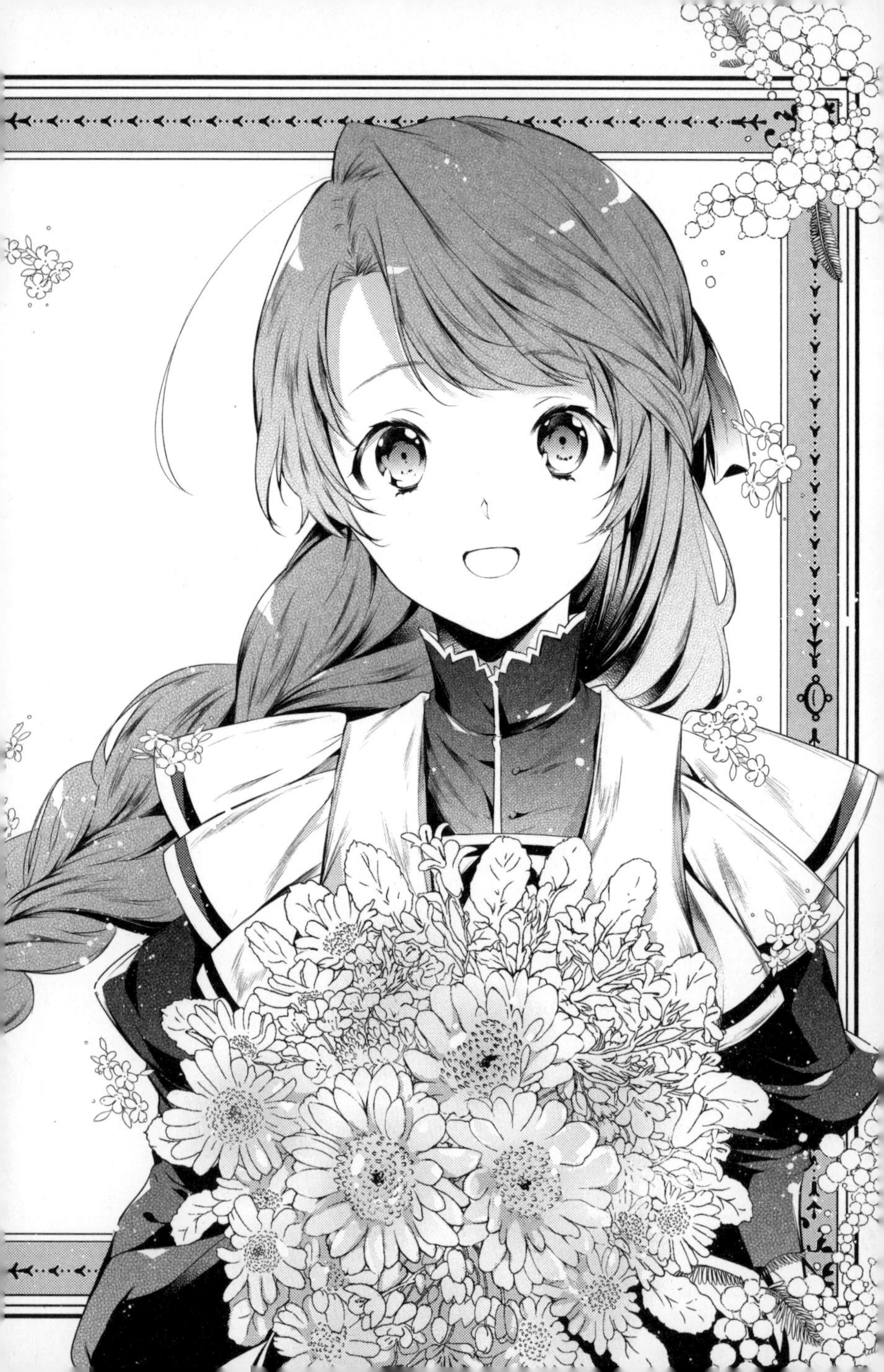

Hallo zusammen! Ich bin Ritsu Aozaki. Das ist Band 1 der Manga-Adaption von *Hüterin der Drachen*!

Bei der Lektüre der Romanvorlage fühlte ich mich richtig tief in diese Geschichte und ihre Welt hineinversetzt!

Das ist mein erster Manga mit Drachen, und ich würde mich freuen, wenn es mir gelänge, euch die wunderbare und großartige Welt der Vorlage so gut wie möglich zu transportieren ...! Die Weiße Königin ist auf dem Cover der Light Novel echt wunderschön. Ich mag sie im Übrigen sehr!

Im ersten Band hat er zwar noch keinen Auftritt, aber im zweiten Band wird ein blauer Drache vorkommen. Es wäre sehr schön, wenn ihr euch mit mir zusammen auf ihn freuen würdet!

Ritsu Aozaki

Von Orikawa-sensei, Autorin der Light Novel, habe ich dankenswerter Weise einen Kakioroshi*-Roman erhalten! Vielen herzlichen Dank noch mal!


**Staff**

◆Takatou-san
◆LUMI-san
◆Matsu-san
◆Dorayaki-san
◆Ruki-san
◆Moto-san

**Special Thanks**

◆Harugano-san
◆Nagi-san
◆Shino-san
◆Odayama-san


*»neu geschrieben«, »speziell angefertigt«

# Bonus

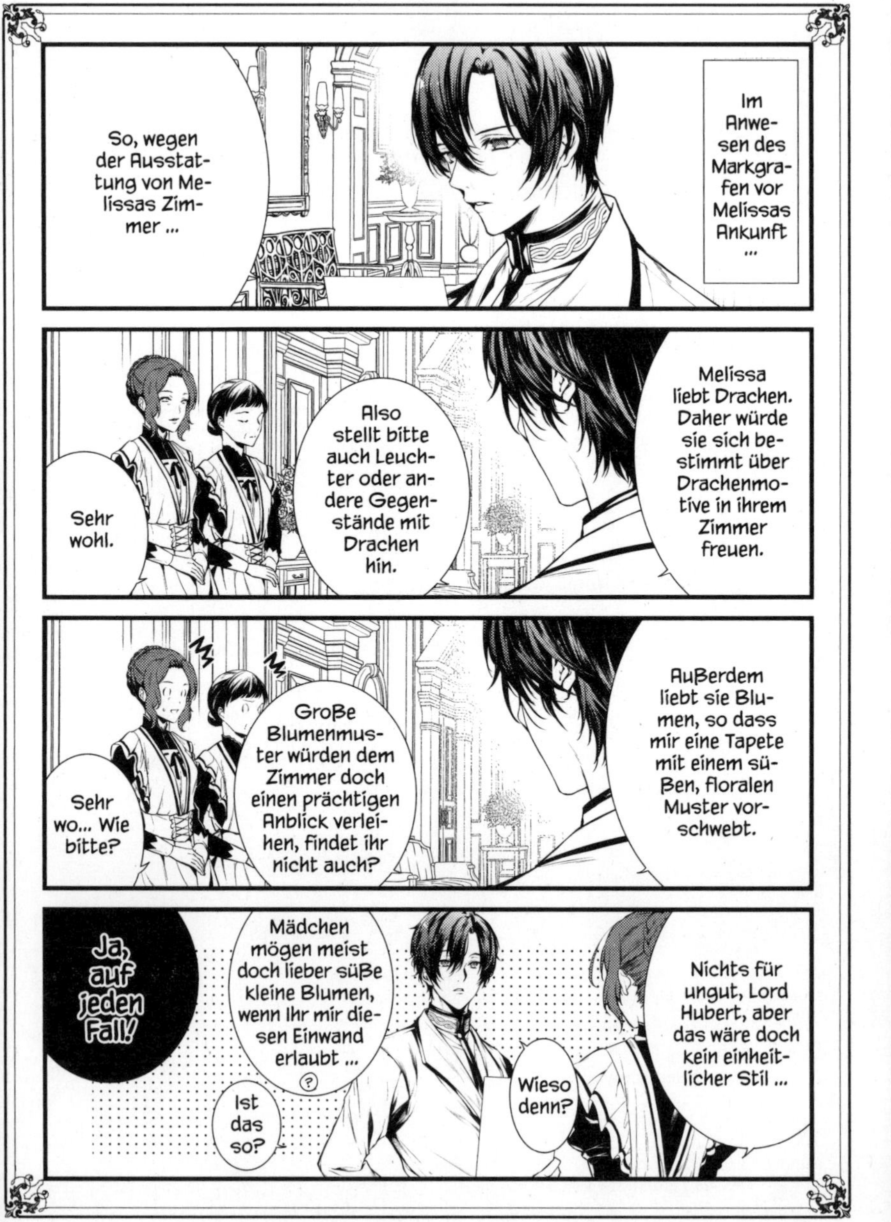

Im Anwesen des Markgrafen vor Melissas Ankunft ...
So, wegen der Ausstattung von Melissas Zimmer ...
Melissa liebt Drachen. Daher würde sie sich bestimmt über Drachenmotive in ihrem Zimmer freuen.
Also stellt bitte auch Leuchter oder andere Gegenstände mit Drachen hin.
Sehr wohl.
Außerdem liebt sie Blumen, so dass mir eine Tapete mit einem süßen, floralen Muster vorschwebt.
Große Blumenmuster würden dem Zimmer doch einen prächtigen Anblick verleihen, findet ihr nicht auch?
Sehr wo... Wie bitte?
Nichts für ungut, Lord Hubert, aber das wäre doch kein einheitlicher Stil ...
Wieso denn?
Mädchen mögen meist doch lieber süße kleine Blumen, wenn Ihr mir diesen Einwand erlaubt ...
Ist das so?
Ja, auf jeden Fall!

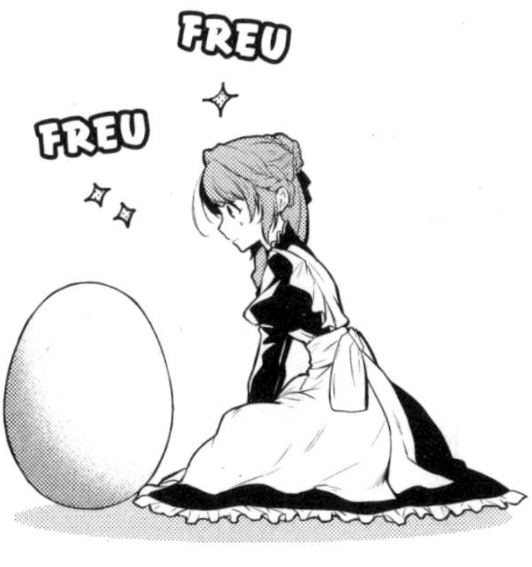


# HÜTERIN DER DRACHEN

## Kommentar der Mangaka

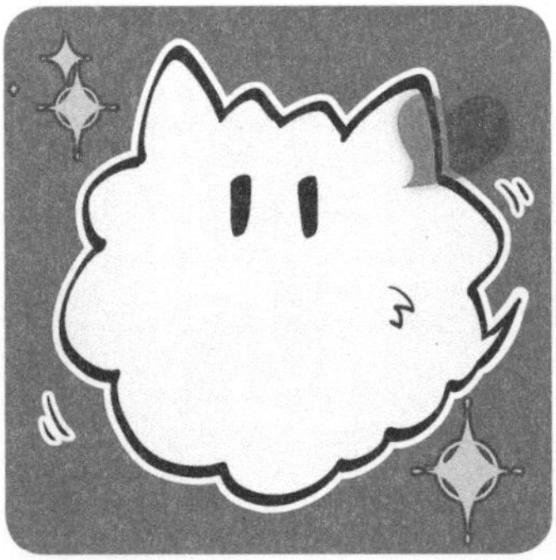

Dies ist Band 1 und somit der Verkaufsstart meiner neuen Serie *Hüterin der Drachen*! Ich würde mich freuen, wenn ihr an der Manga-Adaption dieser Geschichte eure Freude habt!

Ritsu Aozaki

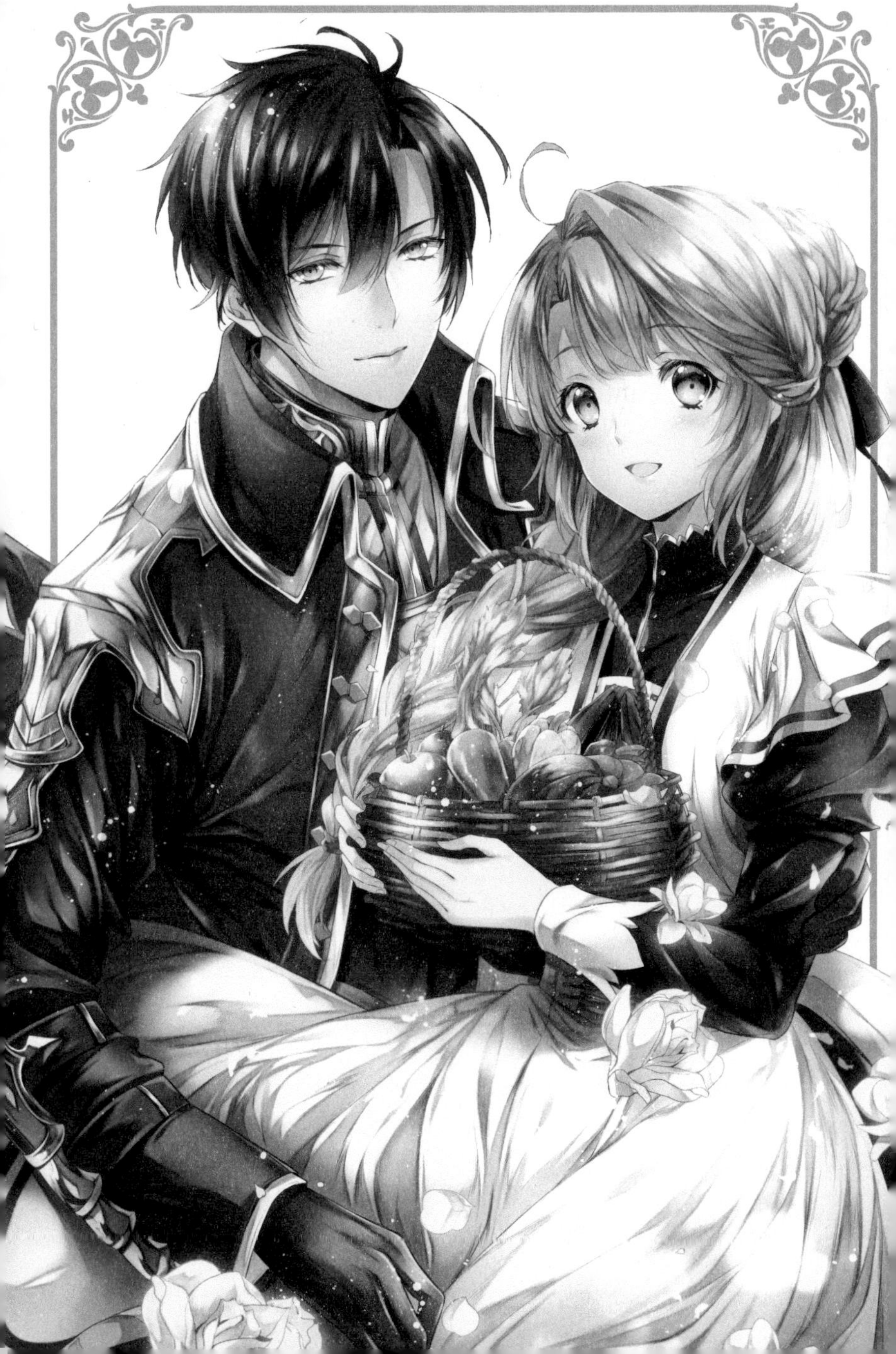

**TOKYOPOP GmbH**
**Hamburg**

TOKYOPOP
4. Auflage, 2025
Deutsche Ausgabe/German Edition
© 2022 TOKYOPOP GmbH, Curienstraße 2, 20095 Hamburg
Aus dem Japanischen von Sakura Ilgert

© 2019 Ritsu Aozaki, Asagi Orikawa, Akito Ito.
All rights reserved.
First published in Japan in 2019 by Ichijinsha Inc., Tokyo.
Publication rights for this German edition arranged
through Kodansha Ltd., Tokyo.

Redaktion: Benjamin Spinrath
Lettering: Vibrant Publishing Studio
Herstellung: Rita Geers
Druck und buchbinderische Verarbeitung:
CPI–Clausen & Bosse GmbH, Leck
Printed in Germany

MIX Papier FSC® C083411

Wir achten auf die Umwelt.
Dieses Produkt besteht aus FSC®-zertifizierten
und anderen kontrollierten Materialien.

Alle deutschen Rechte vorbehalten. Nachdruck, auch auszugsweise, verboten. Kein Teil dieses Werkes darf ohne schriftliche Genehmigung des Verlages in irgendeiner Form reproduziert oder unter Verwendung elektronischer Systeme verarbeitet, vervielfältigt oder verbreitet werden.

ISBN 978-3-8420-7946-5

**www.tokyopop.de**

HÜTERIN DER DRACHEN

# ELIANA – PRINZESSIN DER BÜCHER

## Yui Kikuta / Yui / Satsuki Sheena

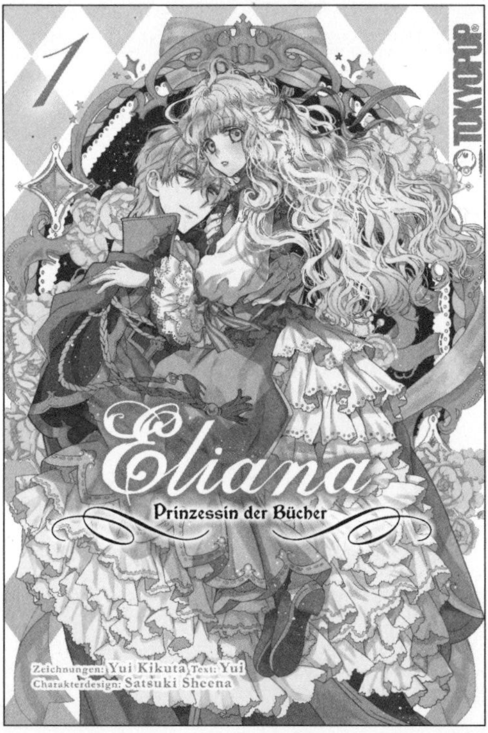


**Die düsteren Seiten der Aristokratie**

Die Familie von Eliana Bernstein ist als eine belesene Dynastie bekannt. Eines Tages möchte Prinz Christopher Eliana zu seiner Verlobten machen und ihr Zugriff auf die königliche Bibliothek gewähren. Auf Rat ihres Bruders willigt Eliana ein und verschlingt am Hof des Prinzen ein Werk nach dem anderen. Mit ihrem umfangreichen Wissen steht sie vielen Menschen im Palast zur Seite, sodass sie rasch hohes Ansehen genießt. Doch noch ahnt Eliana nicht, dass ihr Leben bald selbst einer Tragödie gleichen wird ...

TOKYOPOP®

**www.tokyopop.de**

# THE SAINT'S MAGIC POWER IS OMNIPOTENT

**Fujiazuki / Yuka Tachibana / Yasuyuki Syuri**

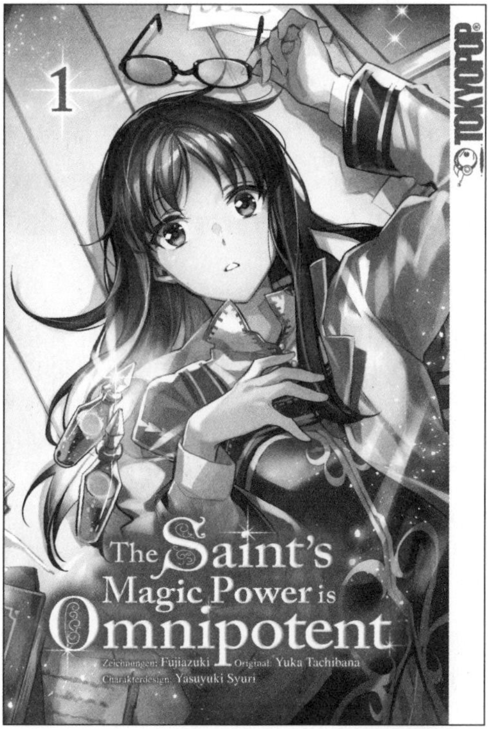


**Magie und Monster im Königreich Slantania**

Sei wird nach einem langen Arbeitstag von einem grellen Licht umhüllt und findet sich in einer Parallelwelt wieder. Schuld daran ist das »Ritual zur Beschwörung der Heiligen Maid«. Jene Maid soll die Kraft besitzen, die in diese Welt einfallenden Monster auszulöschen. Mit Aira Misono ist noch eine zweite Frau erschienen, die prompt zur Auserwählten bestimmt wird. Doch nachdem Sei ihre magischen Fähigkeiten entdeckt, glauben ihre Mitmenschen fest daran, dass sie die Heilige Maid ist.

TOKYOPOP®

www.tokyopop.de

# STOPP!

**Dies ist die letzte Seite des Buches!**
**Du willst dir doch nicht den Spaß verderben**
**und das Ende zuerst lesen, oder?**

Um die Geschichte unverfälscht und originalgetreu mitverfolgen zu können, musst du es wie die Japaner machen und von rechts nach links lesen. Deshalb schnell das Buch umdrehen und loslegen!

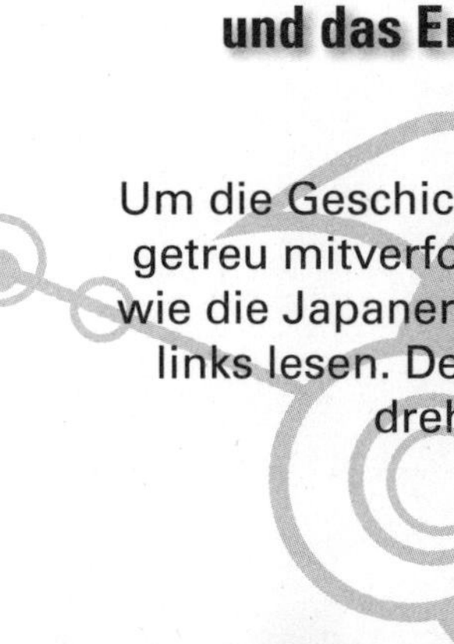


## So geht's:

Wenn dies das erste Mal sein sollte, dass du einen Manga in den Händen hältst, kann dir die Grafik helfen, dich zurechtzufinden: Fang einfach oben rechts an zu lesen und arbeite dich nach unten links vor. Viel Spaß dabei wünscht dir TOKYOPOP®!